U0557710

一个苏北经济薄弱村的
现代化探索之路

——基于李庄村的跟踪调查

徐志明 高 珊 等 著

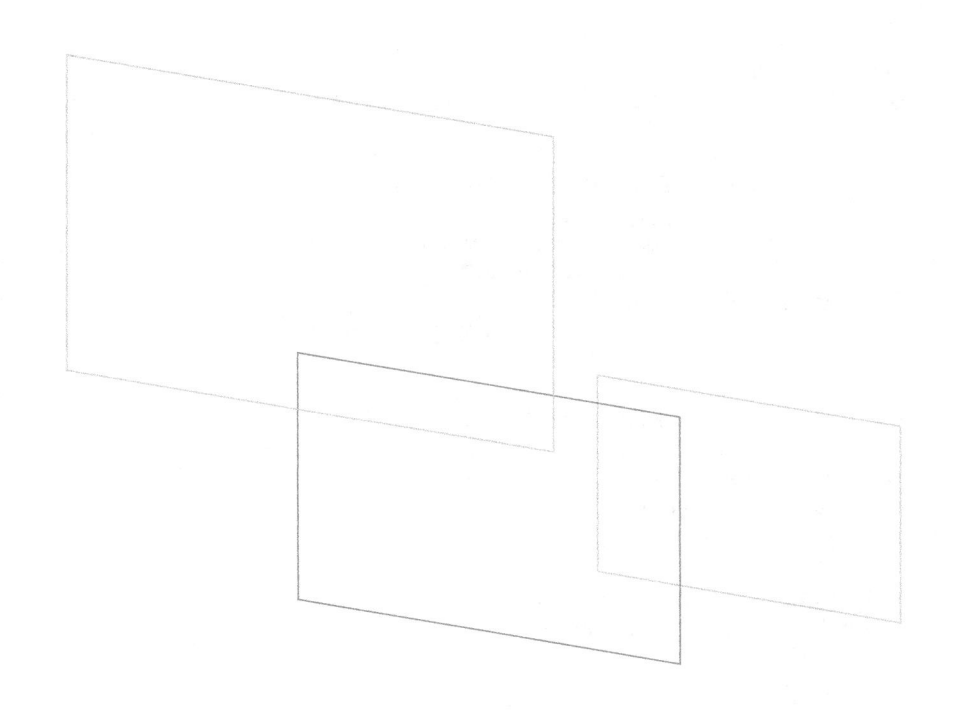

南京大学出版社

图书在版编目(CIP)数据

一个苏北经济薄弱村的现代化探索之路:基于李庄村的跟踪调查 / 徐志明等著. —南京:南京大学出版社,2024.7
ISBN 978-7-305-27693-4

Ⅰ. ①一… Ⅱ. ①徐… Ⅲ. ①农业现代化－现代化建设－研究－泗洪县 Ⅳ. ①F327.335

中国国家版本馆 CIP 数据核字(2024)第 032553 号

出版发行	南京大学出版社
社　　址	南京市汉口路 22 号　邮　编　210093
书　　名	一个苏北经济薄弱村的现代化探索之路 ——基于李庄村的跟踪调查 YIGE SUBEI JINGJI BORUO CUN DE XIANDAIHUA TANSUO ZHI LU ——JIYU LIZHUANGCUN DE GENZONG DIAOCHA
著　　者	徐志明　高　珊　等
责任编辑	田　甜　　　　　　　　编辑热线　025-83593947
照　　排	南京南琳图文制作有限公司
印　　刷	苏州市古得堡数码印刷有限公司
开　　本	718 mm×1000 mm　1/16　印张 20.75　字数 286 千
版　　次	2024 年 7 月第 1 版　2024 年 7 月第 1 次印刷
ISBN	978-7-305-27693-4
定　　价	78.00 元

网址:http://www.njupco.com
官方微博:http://weibo.com/njupco
官方微信号:njupress
销售咨询热线:(025) 83594756

＊版权所有,侵权必究
＊凡购买南大版图书,如有印装质量问题,请与所购
　图书销售部门联系调换

2007年前的旧村部

2008年村庄居住环境

2008年村庄主要道路

2008年的农田水利设施

2022年村庄居住环境

2022年村庄主要道路

2022年的村部

课题组成员调研合影

目 录

第一章 导 论 …………………………………………………… 1
  第一节 研究目的 …………………………………………… 1
  第二节 研究主题 …………………………………………… 3
    一、农业农村现代化的演变规律 ………………………… 3
    二、农业农村现代化的发展动力 ………………………… 6
  第三节 研究方法 …………………………………………… 9
    一、案例选择 ……………………………………………… 9
    二、分析方法 ……………………………………………… 11
    三、调研过程 ……………………………………………… 12
    四、主要章节 ……………………………………………… 13

第二章 村情分析 ……………………………………………… 17
  第一节 研究区域概况 ……………………………………… 17
    一、泗洪县概况 …………………………………………… 17
    二、双沟镇概况 …………………………………………… 19
    三、李庄村概况 …………………………………………… 21
  第二节 经济社会发展水平的区域比较 …………………… 28
    一、江苏农村收入、消费的区域差异 …………………… 28
    二、李庄村与邻近村庄发展条件比较 …………………… 30

第三章 从小农生产迈向现代农业 …………………………… 36
  第一节 农业现代化的相关理论与政策变迁 ……………… 37

一、小农走向与现代农业相关理论……………………………… 37
二、农业发展主要政策梳理……………………………………… 39
三、当前现代农业发展主要特征………………………………… 42

第二节 农业新产业与新业态…………………………………… 43
一、农业生产与结构进一步优化………………………………… 43
二、农产品加工与销售成为重要支撑…………………………… 44
三、农业规模化特征明显………………………………………… 45
四、农业绿色化得到重视………………………………………… 47

第三节 农业生产要素与生产效率……………………………… 47
一、农田基础设施更加完善……………………………………… 48
二、农业机械化水平与利用效率提高…………………………… 49
三、农业劳动力供给更高效……………………………………… 50
四、农业生产效率大大提升……………………………………… 50

第四节 小农与新型农业经营主体……………………………… 53
一、龙头企业成为关键枢纽……………………………………… 54
二、专业（股份）合作社还处于初级阶段……………………… 55
三、家庭农场发展迅速…………………………………………… 56
四、小农生产不断边缘化………………………………………… 59

第五节 稳步推进农业现代化的思考与展望…………………… 60
一、李庄村农业产业发展效果的反思…………………………… 60
二、传统小农转型中需要重点关注的几个问题………………… 62
三、现代农业的未来走向………………………………………… 64

第四章 集体产权与资源开发…………………………………… 67

第一节 土地资源利用概况………………………………………… 68
一、耕地资源开发与利用………………………………………… 68
二、非耕地资源开发与利用……………………………………… 71

第二节 土地承包、流转与经营…………………………………… 72
一、土地确权情况………………………………………………… 73

二、土地承包情况 …………………………………… 73
　　三、承包地流转情况 …………………………………… 74
　　四、承包地经营情况 …………………………………… 82
　第三节　农地所有权与土地制度认知 ……………………… 86
　　一、农户对承包地权属的认知 ………………………… 87
　　二、农户对宅基地权属的认知 ………………………… 88
　第四节　村集体资产管理与开发成效 ……………………… 90
　　一、村集体收入稳步提升 ……………………………… 90
　　二、村集体支出大幅减少 ……………………………… 91
　第五节　集体产权与资源开发展望 ………………………… 93
　　一、完善农村产权制度改革 …………………………… 94
　　二、释放乡村土地资源效能 …………………………… 95
　　三、提升内生发展动力潜力 …………………………… 95
　　四、培育布局优势产业项目 …………………………… 96
　　五、创新集体经济发展模式 …………………………… 97

第五章　人力资源与就业结构 …………………………………… 99
　第一节　农村人力资源状况及其变动趋势 ………………… 99
　　一、农村人力资源综合开发情况 ……………………… 100
　　二、人口数量、结构及其变动 ………………………… 101
　　三、人口质量、结构及其变动 ………………………… 109
　　四、人力资源的演变特点 ……………………………… 116
　第二节　劳动力资源配置及其变动趋势 …………………… 117
　　一、县域优化农村劳动力资源配置的公共政策 ……… 117
　　二、劳动力资源的配置情况与变动趋势 ……………… 119
　第三节　农村劳动力深度转移的社会经济影响 …………… 129
　　一、农村家庭实现了由农业收入向非农收入的转变 … 129
　　二、农村儿童留守比例较高，实现全面发展的风险加大 …… 130
　　三、村庄离婚率攀升，婚姻不稳定成乡村治理难题 ……… 131

四、农村老年人就业难度加大，生活质量不高 …………… 132
第四节 构建农村劳动力高质量就业的政策支持体系………… 134
一、打造农村劳动力全生命周期的终身教育体系 ………… 134
二、率先实现县域经济社会高质量发展 …………………… 135
三、构建有利于农村儿童全面发展的社会支持体系 ……… 135
四、建立健全以人为本的农村养老服务体系 ……………… 136
五、弘扬传统优秀婚恋文化，加强农村和谐家庭建设 …… 137

第六章 村庄拆迁与农民集中居住………………………………… 138
第一节 农村宅基地制度与住房政策变迁…………………… 139
一、宅基地和房屋严格管控阶段 …………………………… 140
二、城乡建设用地市场试点探索阶段 ……………………… 142
三、积极纠偏与深化改革阶段 ……………………………… 145
第二节 村庄拆迁及其对农民宅基地与居住的影响………… 147
一、地方政策的形成与推进 ………………………………… 147
二、李庄村拆迁历程 ………………………………………… 150
三、农民居住现状 …………………………………………… 153
第三节 拆迁中农民的认知与行为…………………………… 157
一、农民对宅基地与房屋产权的认知 ……………………… 158
二、农户对拆迁政策的了解程度 …………………………… 160
三、农户在拆迁时所持态度与心理状态 …………………… 161
四、影响农户拆迁决定的因素 ……………………………… 162
五、农户拆迁过程中的行为表现 …………………………… 163
六、拆迁政策执行过程中存在的主要问题 ………………… 164
第四节 村庄拆迁导致的问题与农户现实困境……………… 165
一、"自上而下"强制性的宅基地制度变迁，加速了农村居民离土离乡 ……………………………………………………… 165
二、相关规划和配套政策的缺乏，忽视了农民生产生活的新困难 …………………………………………………………… 166

三、初期拆迁政策和操作的不完善,激发了农民的抵触情绪 …… 167

第五节　村庄拆迁与集中居住展望 …… 168
　　一、重新审视"城市中心论",坚持走城乡融合发展之路 …… 168
　　二、因地制宜地推进政策实施,避免"一刀切" …… 169
　　三、应充分尊重农民意愿,最大程度地保障农民利益 …… 169
　　四、稳中求进,积极探索更为多样的村庄发展模式 …… 170

第七章　从生存性需要到发展性需要 …… 171

第一节　居民对美好生活的向往与追求 …… 172
　　一、"美好生活需要"的内涵特征 …… 172
　　二、共同富裕的内涵 …… 173
　　三、生活消费需求相关理论 …… 174

第二节　居民收入实现新突破 …… 176
　　一、收入水平及结构特征 …… 176
　　二、收入水平及结构的横向比较 …… 177
　　三、收入水平及结构的纵向演变 …… 179
　　四、家庭负债情况 …… 182

第三节　居民消费结构优化升级 …… 183
　　一、消费水平及结构特征 …… 183
　　二、消费结构的时序特征 …… 184

第四节　生活质量迈上新台阶 …… 188
　　一、恩格尔系数小幅下降,生活水平有所提升 …… 188
　　二、居住条件有所改善,居住环境与品质持续向好 …… 189
　　三、耐用消费品升级换代,生活设施城乡接轨 …… 189
　　四、交通通信消费快速增长,汽车拥有量不断增加 …… 190
　　五、教育文化娱乐需求增强,教育消费占比不断上升 …… 191
　　六、医疗保健消费较快增长,健康意识逐步增强 …… 191

第五节　提升居民生活质量的路径与建议 …… 192

一、持续聚焦务工人群，不断筑牢增收根基……………… 192
　　二、构建现代乡村产业体系，促进农民增收致富………… 193
　　三、盘活农村资产资源，激发农民增收活力……………… 194
　　四、降低不确定性风险预期，增加农民消费信心………… 194
　　五、倡导新的消费理念，促进消费结构优化升级………… 194
　　六、优化消费环境，促进潜在消费活力不断释放………… 195

第八章　从传统习俗迈向乡风文明…………………………… 196
第一节　乡风文明建设的政策演变与时代内涵………………… 196
　　一、乡风文明的基本概念……………………………………… 197
　　二、乡风文明建设的政策演变………………………………… 197
　　三、乡风文明的时代内涵……………………………………… 201

第二节　婚姻、家庭与邻里关系………………………………… 201
　　一、村民婚姻状况……………………………………………… 202
　　二、村民家庭与代际关系……………………………………… 207
　　三、村民邻里关系……………………………………………… 212

第三节　宗教信仰………………………………………………… 215
　　一、村民宗教信仰概况………………………………………… 215
　　二、村民接受宗教信仰的动机………………………………… 217
　　三、宗教徒的行为规范………………………………………… 218

第四节　移风易俗与村民生活方式转变………………………… 219
　　一、村庄公共文化服务供给与村民需求……………………… 219
　　二、婚丧嫁娶等风俗的转变…………………………………… 221
　　三、村民生活方式转变及原因………………………………… 225

第五节　新时代文明实践活动…………………………………… 226
　　一、新时代文明实践站主要情况……………………………… 227
　　二、新时代文明实践活动开展情况…………………………… 227
　　三、新时代乡风文明建设的总抓手…………………………… 228
　　四、村级新时代文明实践活动的提升路径…………………… 229

第九章　生态环境的绿色转变 ·················· 231
第一节　生态振兴与美丽乡村战略 ·············· 231
一、农村生态文明思想与生态环境治理 ·········· 232
二、地方实践及主要做法 ···················· 234
第二节　保护生产环境 ························ 239
一、农业生产环境有所改善 ·················· 239
二、非农业生产环境仍有污染源 ·············· 241
三、存在问题及根源 ························ 242
第三节　美化生活环境 ························ 244
一、居住卫生条件好转 ······················ 245
二、生活垃圾集中处理 ······················ 247
三、生活污水管网连通 ······················ 247
四、存在问题及根源 ························ 248
第四节　加强防灾减灾 ························ 250
一、绿化交通设施优良 ······················ 250
二、防洪水利设施较为完善 ·················· 251
三、存在问题及根源 ························ 252
第五节　农村生态环境治理展望 ················ 254
一、生态环境治理形势分析 ·················· 254
二、农村生态环境治理共性难题 ·············· 255
三、农村生态环境治理现代化提升路径 ········ 258

第十章　从村民自治到"三治结合" ················ 262
第一节　乡村治理的背景与政策 ················ 262
一、乡村治理面临的内外部社会环境变化 ······ 263
二、从"自治"到"三治结合"的政策历程 ······ 267
第二节　治理之本：村民自治 ·················· 272
一、自治现状 ······························ 272
二、自治现状的成因分析 ···················· 278

第三节　治理之基：乡村法治 …………………………… 282
　　　　一、法治现状 ………………………………………… 282
　　　　二、法治现状的成因分析 …………………………… 284
　　第四节　治理之魂：乡村德治 …………………………… 287
　　　　一、德治现状 ………………………………………… 287
　　　　二、德治现状的成因分析 …………………………… 290
　　第五节　乡村治理的未来展望 …………………………… 290
第十一章　结　语 …………………………………………… 293
　　　　一、村庄现代化的现状评估 ………………………… 293
　　　　二、村庄现代化的结构演进 ………………………… 299
　　　　三、村庄现代化的动力转换 ………………………… 302

参考文献 …………………………………………………… 306
索　引 …………………………………………………… 316
后　记 …………………………………………………… 320

第一章 导 论

党的二十大提出,到 2035 年基本实现社会主义现代化,到本世纪中叶把我国建成富强民主文明和谐美丽的社会主义现代化强国。实现中国式现代化,短板在农业,难点在农村,实现农业农村现代化成为实现国家现代化的关键。村庄现代化是农业农村现代化的微观基础。对李庄村现代化进程的考察与评估,对于认识经济薄弱村庄现代化的基本特征和演变规律有重要意义。

第一节 研究目的

改革开放以来,家庭联产承包责任制的推行,推动中国农村经济实现高速增长,经济社会结构出现急剧转变。1979—2021 年,全国国内生产总值年均增长 9.2%,第一产业增加值年均增长 4.4%,农村居民人均可支配收入年均增长 7.6%。① 在经济快速发展的同时,经济结构出现急剧变化,农业在国民经济总量中的比重不断下降。第一产业增加值在国内生产产值中的比重由 1978 年的 27.7% 下降到 2021 年的 7.3%。第一产业劳动力占总劳动力的比重由 70.5% 下降到 22.9%。农业内部,种植业比重不断下降,林牧渔业比重不

---

① 数据均来源于《中国统计年鉴 2022》,由中国统计出版社于 2022 年 9 月出版。

断上升。农林牧渔业产值结构由80.0∶3.4∶15.0∶1.6调整为53.3∶4.4∶27.1∶9.9(注：自2003年起，总产值包括农林牧渔业及辅助性活动产值)①。

同时也要看到，城乡二元结构依然存在，农业农村现代化面临着农业边缘化、农村空心化、农民原子化等多重挑战。一是产业竞争力问题。家庭联产承包责任制极大地调动了农民生产积极性，粮食连年增产，农民连年增收。但小规模农业经营的格局并没有根本改变，农业劳动生产率、土地效益不高，农业就业结构转变滞后于产业结构转变，农业劳动力比重偏高。二是环境污染问题。在人多地少的背景下，增产成为粮食生产主要目标，化肥、农药超量使用，在粮食增产、经济发展的同时，土地、水源污染不断加剧。三是社会公平问题。改革开放以来，农村教育、医疗、养老等公共服务水平有了较大提高，但城乡公共服务仍存在较大差距。四是文化传承问题。经济社会发展在带来现代文明的同时，也导致农村传统文化的消失。农业农村现代化过程中，如何在吸收先进文化的同时传承农村优秀传统文化，成为广大农村面临的巨大挑战。五是基层治理问题。工业化、城市化过程中，大量青壮年劳动力外出打工，农村空心化现象日益显现，农村人口以留守老人、妇女、儿童为主，治理积极性不高。农民集中居住，新型社区大量出现，对行政村传统治理机制提出挑战。

本研究试图通过李庄村典型个案调查研究，系统收集大量第一手农村改革和发展资料，作为学术研究的公共资源；同时，跟踪研究从欠发达村庄向现代化村庄转变过程中，农村经济与社会结构演变、生态环境保护、农村优秀文化传承、基层治理能力现代化等问题，进而总结经济欠发达地区农业农村现代化的主要特征和演变规律。

---

① 数据均来源于《中国统计年鉴2022》，由中国统计出版社于2022年9月出版。

第二节 研究主题

自党的十九大报告提出"加快推进农业农村现代化"以来,农业农村现代化已经成为理论界的研究热点。农业农村现代化是个大课题,需要研究的主题有很多,本书侧重于从村庄现代化的基本特征、演变规律、发展动力等方面加以研究。

一、农业农村现代化的演变规律

学术界对农业农村现代化的基本内涵、主要特征、评价指标、演变历程等问题进行了研究,并提出了各种不同的观点。这些研究将为本课题的研究提供重要参考。

1. 农业农村现代化的基本内涵

由于视角不同,学术界对农业农村现代化的理解也有不同,有农业现代化、农村现代化"二点论",也有农业现代化、农村现代化、农民现代化"三点论",还有农业现代化、农村文化现代化、生态环境现代化、农民生活现代化、乡村治理现代化"五点论",等等。农业现代化是指以增加农产品有效供给、提高农民收入、促进农业可持续发展为目标,以现代科学技术和物质装备为手段,不断完善农业基本经营制度,充分发挥市场在资源配置中的决定性作用和政府的支持保护作用,构建现代农业产业体系、生产体系、经营体系,提高土地产出率、资源利用率和劳动生产率,增强农业质量、效益和竞争力。农业现代化与农村现代化既有联系,也有区别。魏后凯(2019)认为,农业农村现代化并不是农业现代化与农村现代化内容的简单叠加,而是由二者有机耦合而成的互有联系、彼此促进、相互交融的有机整体。姜长云等(2021)认为,农业现代化是农业农村现代化之"根",农村居民生活品质的现代化是农业农村现代化之"本",农民现代化是农村现代化之"魂"。李周等(2021)认为,农业现代化是产业现代化的概念,农村现代化则诠释了地域现代化的概念,包括农村文化、生态环境、农民生活和乡村治理的现代化,更包括涵盖广大农民的人的现代化。叶兴庆等(2021)认为,新发展阶段农业农村现代化的内涵特征,可以概括为农业产业体系现代化、农业生产体系现代化、农业经营体系现代化、农村基础设施和公共服务现代化、农村居民思想观念和生活质量现代化、农村治理体系和治理能力现代化。虽然各位学者基于不同的分类,对农业农村现代化的内涵与外延提出不同的观点,但其实质并没有太大的差异。

2. 农业农村现代化的主要特征

学术界对农业农村现代化的基本特征和中国式农业农村现代化的主要特征进行了概括。郑丁豪、朱世欣(2023)认为,中国式农业农村现代化包括以下 6 个主要特征:坚持世界第一人口大国自立自强目标的农业农村现代化、以不断完善农村土地制度为根基的农业农村现代化、以确保国家粮食安全为根本前提的农业农村现代化、以千方百计保护农民利益为中心的农业农村现代化、城乡一体化与共同富裕的农业农村现代化、实现人与自然和谐共生可持续发展的农业农村现代化。从世界经验看,农业农村现代化通常会表现出"同步性、异步性、专业化、可达性、一体化"等标志性特征,但各个国家选择的发展道路却不尽一致(陈明,2022)。中国人多地少的基本国情以及不同的社会制度导致农业农村现代化的目标、实现路径会与发达国家有所不同,但机械化、信息化、城乡一体化等是所有国家农业农村现代化都必须具备的基本特征。

3. 农业农村现代化的水平测度

为顺利推进新发展阶段的农业农村现代化,有必要设置评价体系以明确目标任务、把握推进进度、弥补短板弱项。叶兴庆等立足对新发展阶段农业农村现代化内涵特征的认识,构建了一套包括农业现代化(农业产业体系现代化、农业生产体系现代化、农业经营体系现代化)、农村现代化(农业基础设施和公共服务现代化、农村居民思想观念和生活质量现代化、农村治理体系和治理能力现代化)、底线任务3个层级、34项具体指标在内的农业农村现代化评价体系,并设定了各指标2035年基本实现现代化和2050年实现现代化的目标值(国务院发展研究中心农村经济研究部课题组 等,2021)。谢会强等(2023)将农业农村现代化评价指标体系划分为目标层、准则层和指标层3个层次。目标层是农业现代化和农村现代化评价指标体系的构建;准则层分为农业产业现代化、农业生产体系现代化、农业经营体系现代化、农村基础设施和公共服务现代化、农村居民思想观念和生活质量现代化以及农村治理体系和治理能力现代化共6个趋向指标;指标层是各准则层的分解指标,共设立24个指标。虽然评估一个国家或一个地区农业农村现代化水平的指标体系并不能直接用来评估一个村庄的现代化水平,但指标体系涉及的农业农村现代化的具体内容,对于我们认识村庄现代化的内涵有重要参考价值。

4. 农业农村现代化的演变历程

学术界对于农业农村现代化的发展历程有不同的观点。2018年中央一号文件将农业农村现代化与国家现代化并提,并将推进农业农村现代化发展划分为打基础阶段、基本实现阶段和全面实现阶段。山东省潍坊市政府在《潍坊市全面推进乡村振兴加快实现农业农村现代化指标体系》中将农业农村现代化划分为起步、转型跨越、基本实现、全面实现四个阶段(张志龙 等,2021)。从"长时段"的时间维度来看,农业农村现代化经历了"初探—转型—深化"的演进历程,在不同阶段嵌入并助力国家现代化建设(姜力月,2022)。农业农村现代化既是发展的目标,也是发展的过程。虽然不同国家、不同区域基于不同的资源禀赋和初始条件,实现农业农村现代化的过程会有所不同,但都有一个起步、基本实现、实现的过程。

农业农村现代化基本理论研究为我们拓宽了研究视野,但已有研究也存在宏观研究多、微观研究少,理论研究多、实证研究少的问题。农业农村现代化既是经济社会水平不断提高的过程,也是经济社会结构急剧转型的过程。现代化过程中,农业在国民经济中的比重不断下降,但农业的生态功能、社会功能、文化功能逐步增强。为适应消费结构升级,种植业比重下降,林牧渔业比重上升。农业劳动力、农村人口的比重随着农业比重的下降而下降。农业、农村、农民现代化相互联系、相互促进,农业现代化将推动农村现代化、农民现代化,但三者并非齐头并进。村庄现代化是农业农村现代化的基础,本书将以实证研究为主要研究方法,研究村庄现代化过程中,农业现代化、农村现代化、农民现代化的相互关系和演变规律。

二、农业农村现代化的发展动力

农业农村现代化的发展动力既可以来自农村内部,也可以来自农村外部,由此形成了农业农村发展的内生发展理论、外生发展理论、新内生发展理论。

1. 三种发展理论

内生发展理论最初于20世纪70年代出现在社会学领域,其关注点集中在现代化发展途径和国际关系方面。1969年,日本社会学者鹤见和子提出,现代化的深化过程根据初始状态的不同可以大致分为两类:"外发的发展"和"内发的发展"。

随着工业化、城镇化、市场化、全球化进程的加速,乡村与城镇的联系越来越紧密。在全球经济增长过程中,城市的中心地位不断强化,资本的"虹吸效应"使得农村面临着日益严重的边缘化、空心化、衰竭化等问题。在这一过程中,对经济增长结果的重视取代了可持续发展思想,以自由资本主义为哲学基础的外生发展模式(如乡村开发思想等)被广泛运用到农村发展的具体实践中,其核心假设是认为外部力量介入能够刺激农村的发展(张文明 等,2018)。主流的外生发展理论认为,乡村的发展必须依靠城市,同时政府鼓励乡村劳动力和资本外流。外生式发展的典型特征是自上而下的发展,乡村的发展依赖于外部的持续补贴和政府的决策;重视农业的生产,忽略乡村、农民的发展;以外部专家和规划者的知识作为发展的支配力,而忽视乡村内部的地方性知识(王兰,2020)。历史发展过程中,自上而下、政府主导的外生发展模式,会衍生出诸如地区发展主体性的丧失、掠夺性的经济增长、不可持续与贫困循环、忽视非经济因素的破坏式发展等诸多问题(乔鑫 等,2022)。

基于对外生发展模式副作用的种种反思,同时在全球化、新自由主义,特别是地方自治社会思潮的影响下,20世纪70年代末,内生发展思想开始被广泛关注并被应用于讨论如何扭转农村的颓势、实现乡村振兴和发展的具体实践中。相比外生发展"自上而下"的特征,内生发展实现了"由下而上"的转换,强调应该坚持地方在农村发展中的角色和作用,充分发挥社区的作用并以此作为驱动力量,强调地方对发展选项的决定权、对发展进程的控制权、对发展利益的享有权。内生发展的关键准则为开发本土资源、实现地方的可持续发展,重视地方力量的作用,通过增能和赋权,提升地方参与经济活动的能力,主要发展多元化的服务型经济以及基于本土资源的产业,并强调本土组织建设的意义。内生发展更加强调从地方(特别是"人的主体性视角")的视角推动农村摆脱发展困境。但是,在以内生发展理论来讨论发展问题的早期,研究者过多地强调了地方的权力,而对其与外部的关联则持有"持续的偏见",使得该理论在实践中遇到了诸多的瓶颈,带有较强的"理想化"色彩(张文明 等,2018)。

外生发展强调"自上而下",内生发展强调"自下而上"。外生发展与内生发展都有局限性,在此基础上形成了内外联结的新内生发展理论。新内生发展理论的核心前提为目前农村面临的发展困境能够通过采取行动得到改善。新内生发展同样以地方参与和地方资源为前提,但也尊重地方与其所处环境之间的动态互动。新内生发展在捍卫内生发展所表达的价值立场外,承认并接纳超地方因素在农村发展中的作用,这使得外生与内生之间的对立互斥状态在对新内生发展理论的讨论中得以消解,也使农村发展被置于整体的、互联的、动态的视角下得到实践意义层面的讨论。新内生发展被定义为一种扎根于本土的过程,以提高当地民众的生活质量为宗旨,以当地的自然与文化资源为路径依赖,发掘本土内部潜力,合理有效利用外部经济、技术、智力资源提升内生发展能力,重点在于对当地收入、资本积累、创业精神、能力建设、社会活动、制度与文化、灵活的生产组织以及发掘地理优势的投入。要激活乡村内生动力、实现全面小康、留住美丽乡村,就必须全社会联动,重视乡村发展的关键变量——认同、赋权、创新、合作的作用,并处理好彼此之间的复杂关系。杨锦秀等(2022)认为,乡村振兴新内源式发展路径的实现依赖于赋能、参与、认同的渐进式治理。其中,赋能是根本目的,其实现过程是村民参与的过程,也是文化认同的形成过程。

新内生发展理论为我们理解农村发展的动力源泉提供了一个可行视角,但目前的相关研究较多体现在理论层面,对于外部如何通过精准帮扶推动农村内生发展没有提出可供操作的对策建议。

2. 村庄现代化的内生动力

村庄现代化的动力既来自内部,也来自外部。村庄现代化不仅与本国现代化水平相关,也与世界现代化水平相关。国家经济、政治、文化、生态、治理等现代化水平,区域工业化、城镇化水平、公共服务水平、政府扶持政策等,对一个村庄的现代化水平有重要影响。因此,地处经济发达地区的村庄更容易实现现代化。外因是变化的条件,内因是变化的根据。同样的区位条件,可能会有不一样的现代化水平,内因是村庄现代化的决定因素。村庄现代化不是齐头并进的,土地资源丰富、劳动力充足、支部班子能力强等内部条件较好的村庄会率先实现现代化。

欠发达村庄由于自身条件相对较差,现代化受外界的影响会更大。一个村庄的发展离不开良好的外部环境与外部帮扶,但内生发展能力才是一个村庄振兴的关键。无论是脱贫攻坚,还是乡村振兴、实现农业农村现代化,即使政府投入巨大财力、物力、人力,但如果外部输入不能与当地资源结合,不能形成当地的内生能力,不仅无法推动村庄发展与农民收入增长,还可能造成村庄发展对外部帮扶的依赖性。所以,政府赋权、增能应与经济薄弱村内部改革结合起来,提升经济薄弱村内生发展的动力与内生发展的能力。外部输入,不仅是输入物质、能力,还有赋权、文化培育等。要加快农村"三变"改革,由此推动农村发展的动力变革、结构变革、效率变革。

面广量大的基层乡村是农业农村现代化的基础,而经济薄弱村又是农业农村现代化的难点。内生发展能力不足是经济薄弱村乡村振兴面临的主要难题。为了打破内部低水平循环,各级政府积极开展帮扶,但经济薄弱村往往有消极依赖心理,表现为内生发展动力和能力不足。"外动而内不动"是一种普遍现象(杨锦秀 等,2022)。为此,中央提出农业农村优先发展方针,优先考虑"三农"干部配备、优先满足"三农"要素配置、优先保障"三农"资金投入、优先安排"三农"公共服务。通过政府的精准帮扶,将外部输入转化为内生发展能力,成为经济薄弱村实现农业农村现代化的关键。

第三节 研究方法

据第三次全国农业普查,截至 2016 年年底,全国有村级单位 60.37 万个。全国农业农村现代化是建立在大量村庄现代化基础之上的。英国人类学家布·马林诺夫斯基指出:"通过熟悉一个小村落的生活,我们犹如在显微镜下看到了整个中国的缩影。"(费孝通,2001)调研典型村庄对中国式农业农村现代化研究具有重要价值。

一、案例选择

研究农业农村现代化,可以从国家、区域、村庄多种角度加以切入。宏观、中观、微观不同空间尺度上,农业农村现代化的目标、实现路径、评价标准会有所不同。学术界较多从宏观角度研究现代化的内涵、特征、评价标准、发展路径,较少从微观角度研究;较多研究发达地区的农业农村现代化,较少研究欠发达地区的农业农村现代化。显然,不能按一个国家或一个省的农业农村现代化标准来评价一个村。一个村庄不可能有一个国家或一个地区那么全的产业体系,而且村庄的教育、医疗、社会保障等水平主要取决于区域发展水平,所以农业农村现代化与区域发展水平有较大的关系。尽管如此,研究不同类型村庄现代化的特征、实现路径对于研究农业农村现代化依然具有重要意义。

李庄村所处的苏北地区,发展程度在江苏省处于较低水平,但在全国处于中等水平。"十一五"时期以来,李庄村从一个省定经济薄弱村发展到苏北中等发达村庄。进入"十四五"时期,李庄村现代化进入结构转型阶段,发展目标由脱贫攻坚向基本实现现代化转型,发展动力由外生发展向内生发展转型,产业结构由农业单一结构向农村一、二、三产业融合发展转型。李庄村发展历程对全国经济薄弱村的发展有启发意义。

选择李庄村的另一个重要原因是,该村是江苏省社会科学院"十一五""十二五"时期挂钩帮扶单位,也是长期固定观察点,既有研究的基础,也为我们深入调研提供了便利。2006—2007年,时任农村发展研究所副所长徐志明研究员在该村蹲点帮扶2年。2008年,农村发展研究所全所科研人员曾先后三次赴李庄村进行深入调研,对167个农户进行了问卷调查,出版专著《发达地区贫困村的艰难起飞——江苏泗洪李庄村》,并发表了系列论文。2022年的调查是14年以后的跟踪调查,旨在跟踪观察李庄村经济、社会、文化、生态、治理等各个方面的演变过程及演变规律。需要说明的是,家庭生产经营、土地利用、人口就业等数据均为调查前一年年度数据,即2007年、2021年的数据,住房、环境、文化、治理等数据多为调查当年数据,即2008年、2022年的数据。

二、分析方法

通过典型村庄调研，深入了解国情是社会科学常用的研究方法。早在20世纪80年代，中国社会科学院就进行了百村调研。以一个典型村庄来研究一个地区的农业农村现代化，可以深入农户、家庭农场、行政村等微观主体的内部，发现其基本特征、个体行为及演变规律。本书以李庄村为调研对象，在分析方法上注重三个结合：

1. 微观分析与宏观分析相结合

村庄现代化既是村庄基于自身条件自然演化的结果，也离不开各级政府的政策推动。人口、农户、行政村是农村经济社会的细胞，本研究既调研农户和行政村等微观主体的行为与特征，又调研中央、省、市、县、镇各级政府农业农村政策对李庄村发展演变的影响。将李庄村作为一个经济薄弱村现代化的范本，分析其对于全国经济薄弱村现代化的典型意义和启示。

2. 静态分析与动态分析相结合

现代化是一个过程，因此对一个地区进行跟踪研究对于现代化研究十分必要。2008年，课题组设计了详细的农户问卷调查表和行政村调查表，并调研了167个农户。本研究以2022年问卷调研的130个农户和行政村调查表为分析依据，又注重与2008年的调研情况进行比较研究，分析村庄现代化的演变历程。跟踪研究是本研究的最大特点。

3. 定性分析与定量分析相结合

本研究既注意收集农户与行政村相关数据，以此了解农户的人口、劳力、生产、生活等特征和行政村经济、社会、文化、生态、治理等特征，又注重对数据背后的原因进行政策和理论上的分析，力争在村庄现代化的特征、动力、成效、问题等方面有新的发现，并对其成因做出新的现实与理论解释。

三、调研过程

课题组于 2022 年 3 月、6 月、9 月先后 3 次赴李庄村及所在的泗洪县、双沟镇进行调研。通过问卷调研、深度访谈、查阅村情历史资料等田野式调查方法,详尽反映了李庄村的农业生产、农村经济运行和农民生活的基本状况及其变化趋势,农村人口及劳动力资源配置情况,农村生态、文化、治理现状与变化趋势。全部调研可以分为四个阶段。

1. 问卷设计阶段

问卷质量是本研究能否成功的一个关键。本研究的有利条件是 2008 年调研时已经设计了详细的问卷调研表。与 2008 年调研时相比,农村经济社会发生了巨大变化,如绝大部分农户已经集中居住、大部分农户已经不再从事农业生产,为此,需要对 2008 年的调研表进行较大的修改。2021 年 9 月—2022 年 2 月,课题组修改完善了农户调查问卷和行政村调查表。农户调查问卷的内容几乎包括了农户、人口生产、生活的各个方面,主要涉及人口就业信息、农村财产拥有与生活质量情况、教育医疗及社会保障情况、农户收入和支出情况、生产性固定资产拥有与折旧情况、农户土地承包经营及征用情况、农户金融活动情况、农业生产经营情况、参加政治活动和社会活动情况、乡村文化民风民俗宗教信仰情况、村庄环境情况等 10 多个方面;行政村调查表内容包括村居基本特征、土地资源利用情况、劳动力与收入情况、村级金融发展情况、经济活动特征、社区基础设施与社会服务供给情况、政治状况、文化教育科技情况、社会稳定情况、宗教信仰情况、村集体财务情况、近年公共事务开展与农民集资情况、农村社会保障情况等 10 多个方面。

2. 试调研阶段

为了检验问卷的可行性并对问卷进行必要的补充和完善,2022 年 3 月 10 日—11 日,课题组 3 名骨干赴李庄村,对初步设计的农户调查问卷和行政村调查表进行了试调研,试调研了3个农户,并与村书记进行了座谈。调研回来后,课题组对问卷进行了反复的讨论和修改。

3. 正式调研阶段

2022年6月13日—16日,全所出动12名科研人员赴李庄村开展正式调研。先与村支书进行了座谈,详细了解了村基本情况、产业发展、生态文明、文化建设、村庄治理、农民收入等信息,然后进行农户问卷调研。在全村680个农户中,按5个农户抽取1个农户的比例,共问卷调研了127个农户,加上预调查时的3个农户,共计130个农户。问卷调研1个农户,长的需要3个小时,短的也要一个半小时。这些农户居住在李庄村、罗岗村、汤南村及镇区等不同居民点,既有低收入户,也有中高收入户。之后进行种粮大户、企业访谈。访谈了2个种粮大户、1家农产品加工企业,并对种粮大户与小农户的种粮成本进行了比较,同时调研了农产品加工企业与农户的关系、发展现状与发展前景。最后是赴双沟镇政府进行调研。调研了镇政府农业农村、民政、人保、文化宣传、统计、环保等部门,收集了双沟镇发展规划、人口和收入统计资料、农业农村相关政策。

4. 补充调研阶段

2022年9月22日—23日,课题组先到泗洪县委、县人民政府召开座谈会,与县委办公室、农业农村局、住建局、文旅局、人社局、生态环境局、统计局分管负责人进行座谈,了解农业农村相关规划与政策。然后到镇政府召开座谈会,了解镇级层面农业农村相关政策。最后与村支书、农户进行深度的补充访谈。

四、主要章节

本书是继《发达地区贫困村的艰难起飞——江苏泗洪李庄村》后的又一本专著,这一特性规定了我们的研究视角,力求从产业、社会、文化、生态、治理等角度研究经济薄弱村的现代化演变历程。全书包括导论、结语在内共 11 章。

第一章"导论",主要介绍本书的研究目的、研究主题与研究方法。本书以村庄现代化为研究主题,从村庄现代化的基本特征、演变规律、发展动力等方面加以研究;在研究方法上以案例研究和问卷调研为主要手段,注重微观分析与宏观分析、静态分析与动态分析、定性分析与定量分析相结合。

第二章"村情分析",主要介绍李庄村的由来、现状以及发展水平(即在全省、苏北地区的位置)。首先分析了泗洪县、双沟镇、李庄村的基本情况;其次分析了李庄村的历史演变和布局现状;最后对李庄村的农民收入水平、消费水平与宿迁市、苏北地区、苏中地区、苏南地区进行了比较,对李庄村的生产、生活条件与周边村庄进行了比较。

第三章"从小农生产迈向现代农业",首先介绍了从传统小农迈向现代农业的相关理论和相关政策;其次分析了李庄村农业产业体系、生产体系、经营体系的转变过程;最后对李庄村产业发展过程中存在的问题进行了反思,并提出了相应对策。

第四章"集体产权与资源开发",结合调查数据,系统梳理了李庄村集体土地资源整理的现状与成效。本章分别从耕地、宅基地和集体经营性建设用地三个方面研究李庄村土地产权制度与资源开发利用的现状与模式,阐释李庄村集体资源资产开发利用成效,以期以李庄村为样本,为城乡深度融合背景下提升乡村土地资源开发利用效能提供参考。

第五章"人力资源与就业结构",本章以李庄村为样本,分析了该村 2007—2021 年人口数量、质量与结构的变化趋势,重点探讨了农村人口就业结构的变动及其对农村经济社会的影响,以期总结在城镇化快速推进的过程中我国东部农村地区人力资源的变化状况、就业结构的演变规律,为后续研究者提供基本素材与经验的同时,为我国农村社会的和谐稳定与可持续发展献计献策。

第六章"村庄拆迁与农民集中居住",本章以李庄村为案例,对过去 10 多年因为"土地增减挂钩"和"农民集中居住"等政策带来的村庄拆迁和农民居住状态的改变进行描述，并对其造成的影响进行分析。首先从宏观层面对近十几年来我国农村宅基地和住房制度的变迁进行政策梳理；其次，利用实地调查资料对李庄村的拆迁历程和居民的居住现状进行描述；再次，通过问卷调查和访谈资料分析李庄村拆迁和集中居住过程中遇到的问题和困境；最后，在上述分析的基础上，对李庄村居民宅基地变迁及住房条件改善的现实结果进行总结，展望未来李庄村农民住房条件改善的方向，并就未来经济欠发达地区农村居民住房条件改善以及自然村庄拆并提出相应的政策建议。

第七章"从生存性需要到发展性需要"，本章重点研究分析李庄村的居民收入、消费水平及结构与十多年前相比发生了哪些变化，与江苏其他区域居民生活质量相比还有多大差距，并就提升李庄村居民生活质量提出了相应的路径与建议。

第八章"从传统习俗迈向乡风文明"，本章主要从我国乡风文明建设的政策演变与时代内涵，婚姻、家庭与邻里关系，村民的宗教信仰，移风易俗与居民生活方式转变，新时代文明实践活动五个方面描述和探讨李庄村在农业农村现代化过程中乡风文明的变化情况，以及李庄村乡风文明建设对于助力乡村振兴和"强富美高"新江苏社会主义现代化建设的启示。

第九章"生态环境的绿色转变"，本章首先从农村生态环境治理政策变迁及地方实践入手，分析宏观背景演变历程；其次，着重利用实地调查访谈资料，概述李庄村的生产、生活环境及防灾设施等建设情况，系统比较、阐述发生的变化及问题的根源；最后，根据新形势及共性难题，提出脱贫乡村生态环境治理现代化的相关建议。

第十章"从村民自治到'三治结合'"，本章以李庄村为案例，主要讨论当前乡村基层治理的情况，试图理解和讨论近十年的中国社会发生了哪些重要变化，这些变化又是如何影响乡村社会治理的，然后从自治、法治、德治三个方面分析了李庄村的治理特点、成效、问题及成因,最后提出提升基层治理水平的对策建议。

第十一章"结语",本部分主要分析李庄村的现代化水平、经济结构演变、动力机制转换。近10多年来,李庄村现代化水平快速提升,但农业、农村、农民现代化进程并不同步,农业现代化程度最高,农民现代化程度最低。现代化进程中,李庄村的产业结构、就业结构、收入结构、消费结构不断演进,现代化的主要动力已由外生力量转变为内生力量。

第二章 村情分析

李庄村隶属江苏省宿迁市泗洪县双沟镇。由于历史基础、资源禀赋、地理位置等因素,宿迁市属于江苏的欠发达地区。2021年,宿迁市GDP总额高达3 719.01亿元,人均GDP为7.45万元,低于苏北平均水平(8.93万元),与2007年相比,人均GDP增速明显。2022年,宿迁市各项经济指标在全省13个地级市中排在末位,但也是全国百强地级市之一,排在第76位。泗洪是宿迁市下辖的三县之一,2021年,泗洪县实现GDP总值584.42亿元,人均GDP为6.80万元。泗洪县农村居民人均可支配收入为21 175元,比上年增长11.1%。城乡居民收入比(1.58∶1)相比上年度(1.61∶1)降低0.03个百分点。130个样本农户调查显示,2021年李庄村人均可支配收入为18 006元,低于全县平均水平。

第一节 研究区域概况

本节主要利用《泗洪县志》《双沟镇志》等文献资料和课题组调研资料,介绍泗洪县、双沟镇、李庄村经济社会概况,为课题研究提供背景。

一、泗洪县概况

泗洪县于1996年8月由淮阴市划属宿迁市,位于江苏省西北部、淮河下游，东临洪泽湖，西与安徽泗县相邻，地理坐标为东经117°56′~118°46′，北纬33°08′~33°44′（见图2.1）。泗洪县地处苏北平原西部，宿迁市最南端，县域内南北最大纵距为67.1千米，东西最大横距为78.5千米，总面积达2 731平方千米。截至2021年10月，泗洪县下辖3个街道、12个镇、4个乡，户籍总人口约109万人，常住人口86.09万人。全县年平均气温14.6℃，无霜期210天左右，年均降雨量890毫米左右，年均日照总时数2 326.7小时，属于东亚季风区，又属北亚热带和北暖温带的过渡区，季风显著，四季分明，雨热同季，冬冷夏热，光能充足，热量富裕。泗洪县丰富的光能资源和热量条件，适宜"麦—稻"一年两熟种植制度，有利于合理安排蔬菜等种植茬口，增加农作物的产量。

泗洪县恰好地处"秦岭—淮河分界线"，兼具南北气候与农业文化的特征，处于长三角经济区和淮河生态经济带交叉辐射区域，是中国名酒之乡、生态旅游之乡、螃蟹之乡、中国生态示范区、国家园林县城、全国最美健康养生旅游名县、全国"绿水青山就是金山银山"实践创新基地。泗洪县历史悠久、人杰地灵，是人类祖先发源地之一，草湾遗址、双沟醉猿化石、韩井遗址、顺山集文化孕育出优秀的徐国文化。泗洪县是世界上古稻田的发源地，培育出"泗洪大米"本地农产品品牌。上塘镇垫湖村在全省率先展开农村"大包干"行动，是江苏农村改革第一村，推动泗洪现代文明不断前行。

"十三五"期间，全县农林牧副渔总产值不断增加，占宿迁市总产值1/4左右。2020年，全县实现农林牧副渔总产值149.08亿元，较2015年（114.03亿元）增长30.7%，农林牧渔业增加值91.65亿元。全县地区农业生产结构逐步优化，产业发展基础扎实，粮食生产能力稳中有升。特色农产品优势凸显，畜牧生产安全稳定，水产产业发展成效斐然，农产品加工业逐步壮大，乡村旅游与休闲农业发展迅速。农业产业布局相对明确，逐步形成了西南部林果种植和畜牧养殖、东部水稻种植和水产养殖的格局。

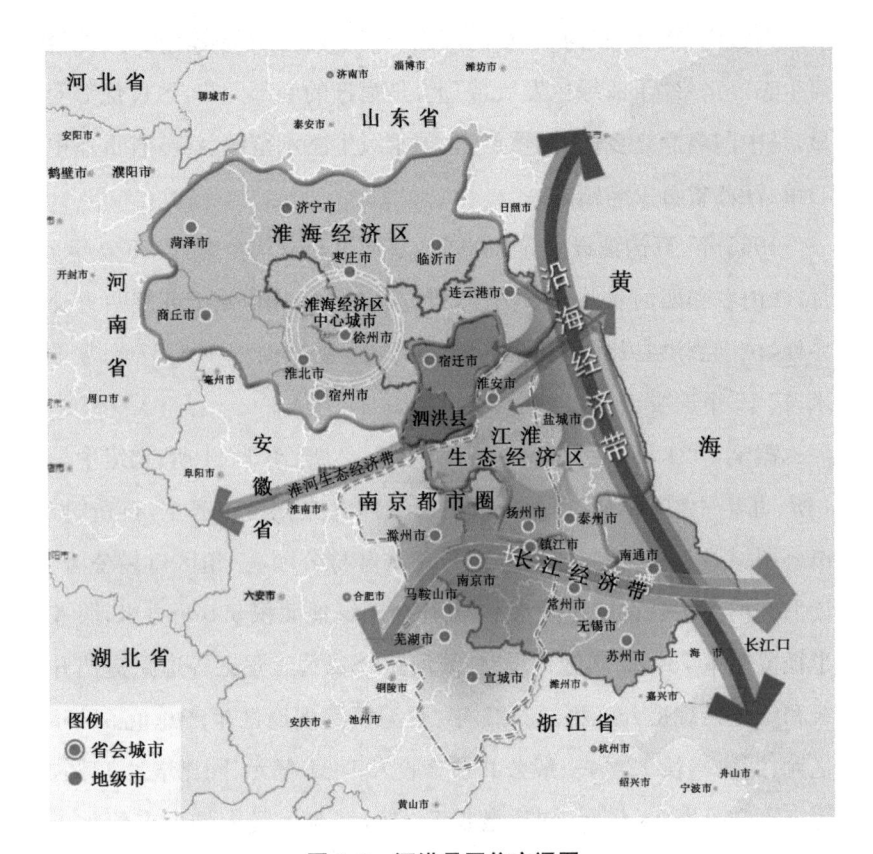

图 2.1　泗洪县区位交通图

"十三五"期间,泗洪县先后出台 30 多份扶贫帮扶政策,推进"6+1"挂钩帮扶到村工程、"五个一"精准帮扶到户工程等。全县全面完成脱贫攻坚任务,3.8 万户、11.8 万低收入人口全部脱贫,村集体经济发展稳中有升,县内 35 个省定经济薄弱村全部达标,脱贫攻坚工作连续三年获得省政府表彰,其中党建+保险"扶贫 100"精准扶贫模式列入国家扶贫典型示范案例 100 例;在全省率先提出"集采直供+消费扶贫"模式;"服务区+精准扶贫"新模式——"水韵泗洪"扶贫馆开进服务区,成为全国首例。

二、双沟镇概况

双沟镇由宋代形成的集市演化而来,因被洪水冲刷在东西两侧形成两道沟,得名"双沟"。双沟镇位于苏皖两省四县交汇处,地处淮河生态经济带"干流绿色发展带"上,是宿迁的南部门户,区位优势明显,是中国名酒之乡、全国重点镇、国家级生态示范镇、江苏省重点中心镇、江苏省百家名镇之一。

1965年,双沟镇设立。1989年,双沟镇与双沟乡合并,2020年7月,峰山乡和四河乡并入双沟镇,设立新的双沟镇,处于苏皖两省交界处,位于泗洪县的西南,距县城25千米,镇域面积193.57平方千米,辖16个居委会,21个村委会,共10.21万人。

截至2021年年底,双沟镇有幼儿园22所、小学14所、初级中学4所、九年一贯制学校4所。镇内公共体育文化设施齐全,打造"城市公园绿地10分钟服务圈",提升龙城健身公园、三角区口袋公园、读书广场等基础设施建设水平,人均公园绿地面积5.5平方米,服务半径覆盖率75%。实施建设路、滨河路、S121、三角区等道路提档升级和绿化景观提升工程。2021年,双沟镇实现地区生产总值51.55亿元、同比增长12%,一般公共预算收入1.31亿元、同比增长14%,固定资产投资14亿元、同比增长7.4%,城乡居民人均可支配收入2.19万元、同比增长6%。双沟镇成功入选江苏省美丽宜居小城市建设试点乡镇。

2015年,双沟镇低收入农户实现全部脱贫,7个经济薄弱村全部达标。2021年,双沟镇特色农业发展势头良好,完成2个亿元以上农业招商项目——正源白酒糟综合利用项目、农耕文化产业融合项目。双沟镇建设2万亩高标准农田,为粮食安全生产和现代农业提供保障;农村集体经济持续发展,2021年,双沟镇辖区内有10个村庄村集体经济收入超过100万元,有32个村庄村集体经济收入超过50万元,发生农村产权交易421笔,成交总金额高达1 519.68万元;农村乡村文明焕发新生,升级1所37站农村新时代文明实践中心,有2个村(社区)获得市级示范站,开展"我们的节日"主题活动7次、全民阅读行为240次、道德讲堂228次;人居环境有所改善,清理河道有害水草及岸边堆积物、整治农村公共区域乱堆乱放、推动垃圾集中处理与垃圾分类、整改村庄雨水管道等。

截至2021年,老旧小区、村庄用水实现自来水网全覆盖;镇教育水平在全县综合排名第一,吸引邻省300多户家庭落户入学;全镇884名退捕渔民完成转产就业,并全部纳入社会保障;开展月嫂育婴、养老护理、电子商务等非农技能培训,带动就业2100人,新增创业主体820人。

三、李庄村概况

李庄村是苏北地区一个普普通通的村落,直到21世纪前10年,农村经济依然以农业为主。自2009年以来,随着城镇化不断推进,双沟镇经济发展迅速,李庄村经济发展、生活习惯发生了翻天覆地的变化。一是农村青壮年劳动力转移到城镇工作,农民的收入逐步提高,非农收入已成为农民收入的主要来源;二是这个普通的村落开启了集中居住模式,原有住房逐渐被拆除,集中居住在村集中居住区的楼房、县城或镇上的商品房等;三是农户农地大多数流转到村委会,再由村委会出租给种植大户,实现农业生产规模经营。在"十三五"初期已摆脱贫困,从一个传统的村落逐步走上共同富裕的道路。

1. 自然资源

(1)区位条件。李庄村隶属于江苏省宿迁市泗洪县双沟镇,位于双沟镇的北部,南距双沟镇区5千米,北距泗洪县城区25千米,地处东经118°10′38″、北纬33°13′32″,周围与罗岗、草湾、高套等村(居委会)相邻,属于平原地区,有利于农业生产经营。交通较为便利,G235国道从村西侧南北方向穿过,S49新扬高速从村东侧南北方向穿过。截至2021年年底,李庄村仅有7户农民的原宅基地及房屋没有拆迁,其他全体农民基本上实现了在本村或其他社区集中居住或异地分散居住。随着双沟镇经济迅速发展,美阳农林、德康双沟饲料公司等企业落地李庄村,实现产、供、管、销及农产品深加工一体发展,带动李庄村就业,促进农民增收。伴随着经济发展,收入持续增加,村民的整体素质有了很大的提高,村容村貌日趋整洁,村民生活质量有所提高。

(2)土地资源。泗洪县土壤类型分为黄潮土、砂礓黑土、淋溶褐土3大类,31个土种。双沟镇拥有泗洪县面积最大的土壤类型——黄褐土,其土壤耕层深厚,容易耕作,肥力比黄潮土强,但分布地势较高,灌溉能力差,适宜麦豆、麦玉米轮作及花生、棉花等旱作物种植,有灌溉水源的地方适宜种植水稻。李庄村东西横距约4.5千米,南北纵深约3千米,地势西高东低,东部为湖滨滩涂,西部属低矮岗坡,地面标高为13.5～39.0米。村域土质均为黏性土,遇水会有微膨胀,滨湖地区地基承载力为每平方米8～10吨,岗坡地地基承载力为每平方米16～20吨,地震基本强度为8级。李庄村耕地资源较为丰富,但土壤质量不高,农作物主要以小麦、水稻、花生和大豆等经济作物为主。

截至2021年年底,李庄村土地总面积11 200亩,已确权土地总面积9 500亩,占总面积的84.8%,非养殖水域面积3 500亩,商业设施用地面积350亩,全村居民点用地48亩。全村耕地总面积10 300亩,承包地为9 500亩,占耕地总面积的92.2%,其中灌溉水田4 700亩,占耕地总面积的45.6%,旱地5 600亩,占耕地总面积的54.4%,见表2.1。

表2.1 李庄村土地资源利用情况[①] 单位:亩

	2021年	2007年
全村土地总面积	11 200	7 320
已确权土地总面积	9 500	—
商业设施用地	350	—

---

① 详细解释参见第四章第一节。

(续表)

	2021年	2007年
居民点用地	48	900
居住区空闲地	—	97.5
工矿工地	—	86
交通用地	—	2 590
乡村公共设施用地	30	30
非养殖水域面积	3 500	—
全村耕地总面积	10 300	6 420
承包地	9 500	6 420
高标准农田	4 500	—
灌溉水田	4 700	—
旱地	5 600	—
全村出租地面积	9 950	—
出租土地租金:折合每亩(元)	600～900	—

注：李庄村数据分别来自2008年和2022年调研。

（3）水资源。李庄村处于中纬度地带，属于暖温带向北亚热带的过渡地区，四季分明，气候温和，雨水充足，温差较大，常年平均气温为14.10 ℃，主导风向为东南、东北风，年平均降水量894毫米。东部滨湖滩涂地地势低洼，灌溉沟渠纵横；西部岗坡地为"忘天地"，沟渠少，但因土质疏松漏水而无法灌溉，地下水深埋在2米以下，近年来经过高标准农田建设，灌溉情况有所好转。

2. 经济社会发展

在农村地区，农民在从事农业生产的同时还外出务工或以家庭为单位从事非农经营，但规模不大、发展缓慢。李庄村也不例外，作为苏北的一个普通村庄，农村经济社会结构简单，但收入水平不断提高。大多数农户在镇上、县城或苏南地区打工，获取工资性收入，同时将自己的承包地流转给种植大户，获得财产性收入。

(1) 农业生产。2021年,李庄村仅有少部分农户从事农业生产活动。可见,农业生产经营在李庄村经济发展中已经不占主导地位。李庄村农业生产以种植粮食为主,2021年粮食种植面积为7 300亩,其他经济作物种植面积为3 000亩。相较2007年,农业生产呈现出规模化经营,李庄村内的耕地主要由11户种田大户来经营,其中本村种田大户(粮食等大宗作物50亩以上,露地蔬菜30亩以上,钢架棚8亩、竹木棚20亩以上规模)有4户,非本村种田大户(农业企业)有7户,有少数农户在自家院子前后或院子内种少量蔬菜供自家消费。在农忙时节,种田大户主要从本村和附近村雇请劳动力从事农业生产活动,农忙时农业雇工工资90~150元/天。

(2) 非农产业。目前,李庄村村民主要集中居住在村内集中居住区、镇上、县城三大区域内,在城镇(县城、双沟镇)的农民从事非农打工,主要在酒厂、机械厂等工厂工作,村民一年内在酒厂工作的时间大概是6个月,每个月工资5 000元。村内有一户个体户,该户有一台大货车,从事大卡车运输服务,年利润50万元左右。李庄村村域范围内有3家企业,本村约有30人在这3家企业内工作,其中有20人在美阳农林工作,是就业人数最多的,每个月工资大概4 500元。在李庄村集中居住区域内有一个小超市,主要销售日常生活用品,年收入5万元左右。此外,李庄村集中居住区内约有30名中老年女性在自家做裁缝工作,给服装企业缝衣服,企业计件付钱,每缝好一件衣服9元钱,一名女性每天可以缝制6件衣服,可以赚取50元左右。

3. 社会事业和基础设施建设

经过10多年的发展,李庄村经济水平有较大改善,社会事业和基础设施建设水平明显提升。

(1) 村内道路建设。村内道路基础设施建设相对完善,进村(出村)公路长1.7千米,路面宽7米,机动车道路长15千米,路面宽3.5米,均为水泥路面。村内主要道路基本上都装有路灯。村内部田间路面为砂石路,出行比较方便。

(2) 生活环境。到 2021 年年底,李庄村农户集中居住在 3 个区域:本村集中居住地的楼房或别墅(二层小楼)、镇上购买的商品房以及在县城购买的商品房,仅有 7 户居住在进村公路旁边的砖瓦房内。本村集中居住区楼房空置一年的数量为 40 个,空置率近 17.4%。大多数农户在县城或镇上购买商品房,居住条件得到大大改善,且在内部装修、室内陈设上都发生了翻天覆地的变化。每个农户至少有 1 台彩电,在本村居住的 180 户中,有 150 户安装了有线电视,约占本村农户数量的 83%,有 5 户安装了卫星电视,约占本村农户数量的 2.8%,在李庄村以外地区居住的农户已全部安装有线电视。本村安装网络设施的农户有 80 户,占比约 44.4%。全村电力的覆盖率达到 100%,生活用电的价格为 0.52 元/度,2021 年全年停电 1 天,电力供应较为稳定。村里集中居住区内 180 户农户全部接通自来水,使用率 100%,饮用水已经过集中净化处理。自来水的价格为 2.5 元/吨,2021 年全年停水 3 天,供水相对稳定。在镇上或县城居住的农户已经全部接通自来水,由供水公司提供。

农户自家的生活环境得到了改善,村子的生态环境取得了一定的成绩,但也存在问题。村内一共有 2 处公共厕所,也有符合规划的公共污水排放管道,村内每隔固定距离设置垃圾桶和垃圾点,已有部分农户实施垃圾分类,生活垃圾集中堆放和处理,还有人专门负责打扫和清理公共厕所和垃圾桶。与 2007 年的泥泞道路相比,集中居住区内房前屋后相对整洁、干净。此外,为了进一步净化、美化村内环境,全村在主干道两旁空地植树,河道、沟渠的白色垃圾有专门人员进行处理。全村的户厕改造全部完成,自来水冲式处理达到 100%。但村内的生态环境存在一定污染,河水呈墨绿色,空气有时弥漫着异味。

(3) 文化、医疗、科教、社会保障。李庄村在注重生活环境、外在环境的提升和发展的同时,还把村委会的办公室建设为新时代文明实践站,并且构建了村民活动中心,同时完善了村图书馆。另外,村委会建设了2个体育健身场所,1个志愿服务组织,特别是在疫情防控期间,村内党员干部和村民争做抗疫志愿者,自愿参与抗疫活动,维护村内生活秩序。

村里有1个卫生室,4名医生。在村内集中居住的村民小病大多数到村卫生室治疗,特别是村内的老年人,大多到村卫生室治疗、拿药。分散在镇上居住的李庄村村民大多数去镇上的卫生院看病,但大病基本上都是到县医院去治疗的。

村内小学已经被合并到镇上,但小学的校址还在,多数教室闲置,校园内长满了杂草,基本上处于荒废状态。有4间教室作为村民临时居住房(村内村民宅基地房屋已经拆迁,但新房屋还没有建好),与村内其他村民的住房相比,居住条件相对较差。村民自发组织舞蹈队,在闲暇时间,大多数村民在村内的广场跳广场舞,这已成为村民劳动、生活之余娱乐和精神生活的主要内容之一。离村部最近的小学、初中、高中的距离分别为6千米、6千米、30千米。目前,有部分青少年儿童在县城的私立学校上学。

参加新型合作医疗和养老保险的农户数量增加,社会保障水平逐渐提高。截至2021年年底,村民参加新型合作医疗户数670户,共3 050人,缴费保费金额为每人每年320元;参加社会养老保险的户数610户,共980人;享受最低生活保障户数35户,共50人,保障标准为每人每年650元(含实物折现);五保户9户,补助标准10 200元/年(含实物折价);享受计划生育养老补助的户数4户,共7人,补助标准1 000元/年;享受村级养老补助的户数520户,共1 200人,补助标准为每人每年2 100元(含实物折现)。

4. 村庄治理

(1) 村委会组织。李庄村村干部通过选举产生,村庄实现自治,村委会主任、委员等由村民选举产生,支部书记在上级党委监督下由本村党员选举产生。村委会干部包含党支部书记、村委会主任、妇女主任、治保主任会计等。

如表 2.2 所示,截至 2021 年,李庄村党支部共有党员 79 名。从性别来看,男性党员 69 人,女性党员 10 人;从教育程度来看,小学文凭党员 14 人,初中文凭党员 30 人,高中文凭党员 15 人,大专以上文凭党员 20 人。相比 2007 年,2021 年党组织成员年龄偏大,但文化程度逐渐提高。村党支部分别设有 1 名书记、1 名副书记以及 2 名支部委员,年龄均在 52 岁以下,最小的支部委员 31 岁,文化程度相对较高,特别是村支部书记获得了大专文凭。村委会分别设有 1 名主任、2 名副主任以及 2 名村委会委员。其中,村委会主任由党支部书记兼任,从村委会组成的性别来看,除了 1 名村委会副主任,其他 4 名村委会委员均为男性。随着互联网与数字化技术迅速发展,李庄村已经建立了村民微信群和村党员微信群等数字治理平台和渠道,上级部门相关政策信息的发布、村务政务问题的咨询和反馈、村务管理的监督和评价以及党建党务工作实现了线上办理,大大提升了村务政务的工作效率。

表 2.2　李庄村党员数量及分布　　　　单位:人

	2021 年	2007 年
男性	69	53
女性	10	4
50 岁以上	55	30
小学	14	27
初中	30	20
高中	15	10
大专以上	20	0
党员总数	79	57

注:数据来源于 2008 年和 2022 年李庄村调研。

(2) 村公共事务管理。村委会作为政府联系农民群众的自治组织,承担着村内产业发展、土地管理、社会治安、环境整治以及社会事务的管理工作。然而在现阶段,农村大小事务基本上是由村书记来解决。调研组调查发现,村支部书记、村主任、村会计和妇女主任是按时到村委会上班的。村民有事先找书记,书记向村民明确解决事情的规章制度和流程,然后按照政务相关要求和规章制度解决问题。在农民的传统观念里,无论大事小事,需要得到书记的认可,然后才知道怎么处理。

(3) 土地股份合作社。为了促进农民增收,保护农民的合法权益,李庄村成立了"李庄村土地股份合作社"。合作社将农户的土地流转过来,将整合好的土地再流转给专业大户、龙头企业等。这样一来,避免了农户和龙头企业、专业大户打交道,提高了农户的议价能力,降低了违约风险。合作社成员入社自愿,退社自由,地位平等,民主管理,按照自主经营、自负盈亏、利益共享、风险共担的原则进行管理和运营,以参与社员为主要服务对象,主要业务范围包括:水稻、小麦、山芋的种植和销售;为社员提供相关农业技术咨询服务;为社员提供生产资料购买服务。目前,合作社共53名社员,合作社顺利运行能够推动村土地流转和保障农户财产性(土地租金)收入稳定。

第二节 经济社会发展水平的区域比较

与苏南、苏中地区相比,李庄村经济发展水平相对较低,仅有少部分农户依靠农业生产作为家庭的收入来源,外出务工、从事非农经营已成为该村大多数农户的主要工作,因此,农户家庭经营和农业收入相对较低。从收入来源来看,李庄村农民工资性收入已达到苏中地区农民的收入水平,但家庭经营性收入水平相对较低,导致人均收入低于平均水平。与镇内其他村庄相比,李庄村在农业生产条件、产业发展条件、农民生活条件上具有一定的优势。

一、江苏农村收入、消费的区域差异

双沟镇非农产业发展优势提供的非农就业机会给附近的农民带

来工资性收入。2021年李庄村农民人均可支配收入为18 006元,低于全省平均水平,也低于苏北地区的平均水平。但可喜的是,李庄村农民工资性收入为14 490元,与苏中地区农民工资性收入水平(14 803元)持平,远远高于苏北地区农民工资性收入平均水平(9 991元)和宿迁市农民工资性收入水平(9 529元)。李庄村农民收入水平不高,导致其生活质量不高。2007年李庄村农民人均纯收入为3 400元,远低于全省平均水平(5 713元),也低于经济欠发达的苏北地区(4 735元),差距较大。相较2007年,李庄村农民收入与全省平均水平的距离逐渐缩小,与苏北平均水平基本持平。

表2.3 2021年李庄村农村经济社会指标在全省的总体情况

单位:元

		李庄村	宿迁	苏北	苏中	苏南
农民收入	农民人均可支配收入	18 006	19 466	20 993	25 347	33 669
	工资性收入	14 490	9 529	9 991	14 803	20 806
	经营性收入	1 306	6 179	6 696	5 676	5 991
	财产性收入	1 843	502	514	835	2 453
	转移净收入	367	3 256	3 732	4 034	4 419
农民消费	农民人均生活消费支出	14 430	11 367	12 850	16 268	20 737
	食品烟酒	4 867	3 940	4 194	4 987	6 069
	衣着	547	716	871	960	1 253
	生活用品及服务	551	749	806	987	1 177
	交通通信	1 012	1 210	1 623	2 595	3 071
	教育文化娱乐	1 599	1 858	1 726	1 809	2 380
	医疗保健	1 929	704	961	1 115	1 468

注:李庄村数据来自2022年问卷调研,其他数据来源于《江苏省统计年鉴2022》。

从消费结构来看,李庄村村民食品烟酒消费为4 867元,占总消费的33.73%。衣着、生活用品及服务、交通通信、教育文化娱乐消费分别为547元、551元、1 012元和1 599元,低于苏南、苏中、苏北以及宿迁的平均水平,如表 2.3 表示。因此可以说,李庄村村民的食品烟酒消费相对较高,可能会挤占享受型(衣着、生活用品及服务、交通通信、教育文化娱乐)消费,农民生活水平仍然不高。

二、李庄村与邻近村庄发展条件比较

与苏南地区相比较,李庄村农业生产条件相对较好,特别是在农业农村现代化的背景下,李庄村因土地由村集体先集中再出租的形式有着相对优势,能够实现规模化农业生产。调研组在对种植大户调研时发现,种植大户从村集体租入耕地 300 亩,一年内可以连片种植水稻和小麦,除去种植成本,收益还是很可观的,从事非农工作的村民也返乡从事农业生产。在与农户访谈时,农户回答说:"现在种地相对轻松,种水稻、小麦基本上实现现代化,不需要投入过多的劳动力,在外从事非农工作,还不如回家种地自在。"由于耕地数量有限,仅有少部分农户可以租到土地。

1. 农业生产条件比较

除传统粮食种植以外,双沟镇还种植经济作物 33 635 亩,包括油料、蔬菜及食用菌、瓜果等。李庄村享有土地、人文、区位的优势,周边其他农村或多或少也会存在一定的优势,但周边村庄的经济社会发展与李庄村存在差异。

从表 2.4 中可以发现,双沟镇蔬菜种植共 21 506 亩,每亩产量 3 598.9 千克,总产量 77 398 吨。李庄周边的汤南居委会种植经济作物 360 亩,其中瓜果类种植面积 320 亩,总产量 1 150 吨,蔬菜及食用菌种植面积 40 亩,总产量 103 吨。罗岗和草湾两个村也种植少量的蔬菜和瓜果。由于李庄村土壤不适宜种植蔬菜和瓜果等经济作物,适宜种植水稻、小麦、花生以及大豆等作物,因此,李庄没有蔬菜及食用菌产业,也没有瓜果类产业,大多数村民在镇上、县城或者苏南企业打工。

表 2.4　2021 年李庄村及其附近村庄经济作物生产的总体情况①

		李庄	高套	草湾	罗岗	汤南	双沟合计
经济作物	播种面积(亩)	—	—	35	25	360	33 635
蔬菜及食用菌	播种面积(亩)	—	—	35	—	40	21 506
	亩产(千克/亩)	—	—	3 714.29	—	2 575	3 598.9
	总产量(吨)	—	—	130	—	103	77 398
白菜类	播种面积(亩)	—	—	—	—	10	8 475
	亩产(千克/亩)	—	—	—	—	2 000	4 667.85
	总产量(吨)	—	—	—	—	20	39 560
茄果类	播种面积(亩)	—	—	—	—	10	3 085
	亩产(千克/亩)	—	—	—	—	4 200	2 951.7
	总产量(吨)	—	—	—	—	42	9 106
瓜果类	播种面积(亩)	—	—	—	25	320	7 736
	亩产(千克/亩)	—	—	—	2 480	3 593.75	2 582.34
	总产量(吨)	—	—	—	62	1 150	19 977

注:数据来源于双沟镇统计资料室。

表 2.5 中数据显示,李庄村和附近村庄耕地的主要灌溉水源来自地表水。双沟镇拥有正常使用机电井共 36 眼、正常使用排灌站 34 个,村均机电井 0.97 眼,村均排灌站 0.92 个,李庄村拥有正常使用机电井 2 眼,比平均数量多 1 眼,拥有正常使用排灌站 1 个,也多于平均数量。而双沟镇能够正常使用灌溉用的水塘和水库共 121 个,村均水塘和水库 3.27 个,李庄村和附近村庄水塘和水库数量低于平均水平。通过上述分析发现,李庄村水资源自然条件落后于全镇平均水平,但李庄村耕地灌溉设施能力高出镇平均水平,能够保障农业生产的用水需求,特别是在李庄村蓄水能力低的条件下,灌溉设施是保障农业用水的关键。双沟镇 37 个村全年集体经济收入共

---

① 双沟合计包含行政区域内所有的村庄。后同。

2 775万元,村均75万元,其中全镇集体经济经营收入共698万元,村均18.86万元。李庄村全年集体经济收入65万元,其中经营收入12万元,两者较全镇平均水平分别低10万元、6.86万元。而高套村和罗岗村集体经济收入分别为101万元和104万元,比李庄村高出30多万元。村集体经济收入主要用于支出村办公费用和村内公共服务所需的费用,集体经济可以促进乡村建设发展以及改善民生福祉保障,是实现乡村振兴与农业农村共同富裕的重要途径之一。

表2.5 2021年李庄村及其附近村庄生产经营条件的总体情况

	李庄	高套	草湾	罗岗	汤南	双沟合计
主要灌溉水源(1=地表水、2=地下水、3=无)	1	1	1	1	1	—
正常使用机电井(眼)	2	3	0	2	0	36
正常使用排灌站(个)	1	2	0	0	1	34
正常使用灌溉用的水塘和水库(个)	1	2	0	2	0	121
全年村集体收入(万元)	65	101	52	104	54	2 775
经营收入(万元)	12	18	14	14	28	698
人均分红(从村集体获得收益,元)	0	0	0	0	0	115
办公支出费用(万元)	21	40	30	21	25	608

注:数据来源于双沟镇统计资料室。

2. 产业发展条件比较

与苏南地区相比,李庄村第二产业和第三产业的发展环境相对较差,特别是在乡村振兴战略实施的背景下,农村经济结构优化、农业产业链延伸、乡村产业兴旺是实现乡村振兴的关键,李庄村域内有2个加工型企业,带动本村30名村民实现非农就业,能够促进农民增收。

表2.6中数据显示,双沟镇农业种植规模户共69户,畜禽养殖规模户36户。李庄村种植规模户为11户,附近的高套村、草湾村、罗岗村、汤南村没有本地种植规模户和畜禽养殖规模户。双沟镇全镇有农业企业10家,村均0.27家。李庄村村域内有农业企业2家,数量远远高于全镇平均水平。双沟镇有实际经营活动的农民专业合

作社 85 个,有实际经营活动的农民专业合作社成员 2 019 户,村均合作社数量、合作社成员数量分别为 2.30 个、54.57 户。李庄村有实际经营活动的农民专业合作社 1 个,有实际经营活动的农民专业合作社成员 43 户,均低于全镇村平均水平。双沟镇有农产品加工企业 2 家,均在李庄村村域内。从数据分析发现,李庄村农业产业发展环境远远好于附近村庄和全镇平均水平,有利于李庄村农业产业链的延长。双沟镇开展网上销售农产品业务的农户 45 户,而李庄村、高套村等附近村庄网上销售农产品的农户 0 户,说明李庄村数字经济发展相对落后。双沟镇全镇没有开展休闲农业和乡村旅游业务的农户,说明双沟镇农户没有能力从事乡村旅游,从侧面反映了双沟镇乡村旅游发展相对落后。已有研究发现,乡村旅游是延长农业产业链、改变农村经济结构、融合农村第二三产业发展、促进农民增收的有效途径。

表 2.6　2021 年李庄村及其附近村庄产业发展的总体情况

	李庄	高套	草湾	罗岗	汤南	双沟合计
种植规模户(户)	11	0	0	0	0	69
畜禽养殖规模户(户)	0	0	0	0	0	36
农业企业(家)	2	0	0	0	0	10
有实际经营活动的农民专业合作社(个)	1	0	1	1	1	85
有实际经营活动的农民专业合作社成员(户)	43	0	10	15	54	2 019
农产品加工企业(家)	2	0	0	0	0	2
开展网上销售农产品业务的农户(户)	0	0	0	0	0	45
开展休闲农业和乡村旅游业务的农户(户)	0	0	0	0	0	0
营业面积 50 平方米以上的商店或超市(个)	1	0	2	3	2	65

注:数据来源于双沟镇统计资料室。

3. 农民生活条件比较

与苏南发达地区的农村相比,双沟镇社会保障和农村公共服务相对欠缺,但能够满足村民的基本需求。

表 2.7 中数据显示,双沟镇全镇农村特困救助供养人数 470 人,村均 12.7 人。李庄村、高套村、草湾村、罗岗村和汤南村农村特困救助供养人数分别为 9 人、17 人、30 人、7 人、4 人,李庄村特困救助供养数量低于全镇平均水平。双沟镇村集体创办养老机构 1 个,村集体创办养老机构收养 12 人。李庄与附近村庄均没有村集体创办养老机构。双沟镇体育健身场所、图书馆(文化站)、农民业余文化组织数量分别为 27 个、27 个、28 个,李庄村体育健身场所、图书馆(文化站)、农民业余文化组织数量分别为 1 个、1 个、0 个,表明李庄村文化娱乐设施基本能够满足村民的需要,但没有农民业余文化组织,说明农村村民文化娱乐积极性不高。李庄村与附近村庄的卫生室和执业(助理)医师全部覆盖,能够满足村民日常医疗需求。

表 2.7 2021 年李庄村及其附近村庄公共服务条件的总体情况

	李庄	高套	草湾	罗岗	汤南	双沟合计
农村特困救助供养人数(人)	9	17	30	7	4	470
村集体创办养老机构(个)	0	0	0	0	0	1
村集体创办养老机构收养人数(人)	0	0	0	0	0	12
体育健身场所(个)	1	0	0	3	1	27
图书馆、文化站(个)	1	0	0	1	1	27
农民业余文化组织(个)	0	0	0	0	1	28
卫生室(个)	1	1	1	1	1	35
执业(助理)医师(人)	2	1	1	3	2	62
年末村干部人数(人)	9	8	8	8	7	267
女干部人数(人)	2	1	0	1	1	54
党支部书记年龄(岁)	44	33	55	44	28	—
党支部书记受教育程度	5	5	5	5	5	—
是否兼任村委会主任	1	1	1	1	1	—
村民代表大会召开的次数	1	1	1	1	0	104

注:数据来源于双沟镇统计资料室。受教育程度:5=大专及以上;是否兼任村委会主任:1=是。

综合以上分析，李庄村产业结构不断调整，大多数农户的耕地都流转给种植大户种植粮食、果树等作物。从事农业生产的本地农民寥寥无几，大多数农民已外出务工和本地务工，与10年前相比，农民人均可支配收入有较大提高。与苏南经济发达地区相比，农民收入水平相对较低。目前，村民基本实现集中居住，生活质量得到明显改善，但农村社会建设仅仅能够满足日常生活需要，其质量仍需得到进一步改善。值得注意的是，由于村民分散在不同的集中居住区，村庄治理存在一定问题，特别是疫情防控期间，李庄村村委会难以发挥自身的功能，疫情防控期间村民的管理大多数由所在小区居委会管理。此外，集中居住拉大邻里间的距离，邻里间关系弱化，乡村文化淡化，乡村传统会逐渐消亡。因此，如何发挥李庄村本地农村经济的优势，促进农民增收、丰富农民精神文化、提高农民的生活质量、实现农业农村共同富裕是今后一段时期内乡村建设行动的首要任务。

第三章　从小农生产迈向现代农业

产业兴旺是乡村振兴的重点，农业则是乡村产业的基础。近10年来，为顺应农村人口流出和老龄化的趋势，在新农村建设及农民集中居住政策的推动下，李庄村原有的宅基地被不断平整、复垦，不少村民的土地被统一流转到村集体，通过产权交易平台发包给龙头企业、农业大户等新型主体，整体上由传统农业生产方式向高投入、高附加值的"现代农业"转变。在这一转型过程中，李庄村传统的小农生产被不断边缘化，农业"三大体系"有了显著变化，具体表现在：在农业产业体系方面，充分发挥村落资源的比较优势，土地资源配置进一步优化，农业规模化、绿色化程度明显提升，农业产业链延长，价值链不断提升；在农业生产体系方面，加快运用先进生产手段和技术手段，农田等基础设施更加完善，农业机械化程度与利用效率大大提升，农业劳动者专业化素质明显增强，也提高了农业资源利用率、土地产出率和劳动生产率；在农业经营体系方面，农业经营的集约化、规模化、社会化、组织化、产业化水平不断提升，农业龙头企业、专业合作社、家庭农场等成为种地的主力军，但小农生产仍然存在。

本章对李庄村集中居住后农业及其相关产业的发展态势进行了描述，对此我们可以看出：仅从产业本身及其经济效益层面看，李庄村的农业规模化、绿色化、机械化程度不断提高，农业生产经营效率大大提升。但如果进一步考虑社会效益,小农户有被不断边缘化的趋势,各类新型经营主体对当地产业和农民增收的带动作用有待提升,农业生产仍是农户进城打工或创业失败后的一个重要选择。应该坚持以农民为主体,结合地方经济社会发展的不同阶段,适度有序推进农地规模化,不断完善小农与现代农业的有机衔接机制。

本章首先从理论与政策两个维度对传统小农转变的背景进行梳理与回顾,随后分别从产业体系、生产要素、经营主体三个层面分析李庄村农业产业的现实状况与变化特征,最后结合大国小农的事实需求,对小农现代化转型过程中的问题进行反思,并指出未来现代农业的大体走向。

第一节 农业现代化的相关理论与政策变迁

农业的现代化是世界发达国家现代化的必经阶段,在这一过程中,农业的生产效率不断提高,发展空间大大拓展,生产区域化、融合化,其中小农的走向问题一直是关注的焦点。我国小农生产延续了中华农耕文明,造就了几千年的政治经济文化,近10多年来新型农业经营主体发展的政策经历了从准备、发展到规范的过程,李庄村的农业转型正是在这一大背景下进行的。

一、小农走向与现代农业相关理论

在大多数现代化的理论中,工业化和城市化表现的社会大生产一直被视为现代化的核心,而与之相对应的小农发展自然成为"三农"问题的核心,长期受到学界关注(姚再明,2022)。关于我国小农群体的未来走向,大致有终结论、持续论和改造论三种观点。

"终结论"认为小农是人多地少条件下的一种被动选择,作为一种贫困化的生产方式,小农既不能代表先进生产力,更不可能成为今后中国农村经济的发展方向,不可避免地会走向灭亡(孟德拉斯,

1967)。为此,有学者建议应推进城镇化,向现代化大农业跨越,使小农不再依附土地生活,打造小农雇工化、非农化或向城市转移等趋势,继而实现高效率的土地大规模经营、都市化农业经营。这一观点显然忽略了农民转型的社会福利与社会保障问题,如农民的就业、医疗、教育等相关权益配套的保障问题。

"持续论"认为小农经济具有持久的生命力,与此相反的规模化、现代化、产业化的大农场不适合我国实际,中国未来的农业仍将以以家庭联产承包经营为基础的小农经济为主。中国人多地少,在城市化低、非农就业机会较少的情况下,小农经营处于"内卷化"经营态势,即通过在土地上无限投入劳动力来增加土地的产出而不计劳动生产率(黄宗智,2006)。其具有以下特征:资本投入的有限性,土地投入的有限性,劳动力投入的无限性,以满足家庭消费、维持家庭生计为目标,尽可能规避风险。贺雪峰等(2015)因此将小农经济视为中国现代化的"稳定器"和"蓄水池",而温铁军(2012)认为,中国遭遇多次危机却能成功实现软着陆的原因就在于城乡二元结构和小农经济的存在。

"改造论"认为应该立足实际情况,对传统小农进行现代化改造。随着工业化、城市化的加快,隐藏于小农家庭经营中的剩余劳动力被释放,出现半耕半工的经营方式,劳动力市场价格成为家庭劳动力配置需要考量的因素。此时小农经营的特征也会有所改变,资本投入增加,机械投入增加,劳动力投入减少,以辅助家庭经济为目标。一些学者吸取在中国有着悠久历史的农业互助合作的经验,提出小农组织化的观点。刘凤芹(2003)认为应该加强小农与资本力量的联姻,代表便是"公司+农户"产销一体化的订单农业,农户根据合同组织生产,公司按合同收购农户生产的农产品。伍嘉冀、杨君(2018)基于中国特殊的户籍政策和土地制度,认为未来的走向是在小农长期存在的基础上,大量农村剩余劳动力走向现代化,进而呈现村落终结、农民职业化、就地非农化、农民工市民化以及城乡一体化这五种符合国情的现代化路径。

总体上,李庄村小农的演变与现有关于小农变迁的理论有一定的关联。但值得注意的是,李庄村小农向现代农业的演变很大程度上受当时推行的集中居住政策的影响,且如今小农生产的低效率可以通过农民之间的合作、农业社会化、服务规模化等方式改进。因此,它不完全符合传统农业发展的理论框架,需要立足地区经济社会、产业结构等多方面的因素来看待其小农转型过程。

二、农业发展主要政策梳理

国家产业政策对各地区的发展具有重要的指导和引领作用,地方政府负责执行国家政策,制定和实施本地区的发展政策。因此,李庄村的发展必然要依托于这些发展政策,在政府的指导和帮助下逐步推进。对于江苏省新型农业经营主体来说,近10多年其政策导向主要经历了三个阶段(表3.1)。

第一阶段,2012—2015年,前期准备阶段。从各方面完善基础设施,构建新型农业经营体系,为新型农业经营主体的培育和发展构建良好的设施环境和政策环境。2013年中央一号文件《中共中央国务院关于加快发展现代农业 进一步增强农村发展活力的若干意见》(中共中央〔2013〕1号),着力优化金融服务、改善储粮条件、建设烘干设施、加强品牌建设和推动土地流转等政策环境。同年,江苏省在全国率先出台《关于积极稳妥发展家庭农场的通知》(苏农经〔2013〕6号),从强化社会化服务、加强教育培训等5个方面提出扶持家庭农场发展的具体措施,为各类新型农业经营主体的快速发展营造环境基础。

第二阶段,2016—2017年,快速发展阶段。2016年4月,习近平总书记在安徽小岗村农村改革座谈会上进一步强调,要以构建现代农业产业体系、生产体系、经营体系为抓手,加快推进农业现代化。各地区全面扶持、大力推进新型农业经营主体的培育,从各个角度、环节支持和引导新型农业经营主体的形成和发展,使现代农业支持的广度进一步拓宽、深度进一步增加。

第三阶段,2018年至今,规范发展阶段。提倡高质量发展新型农业经营主体,并努力发挥新型农业经营主体在带动小农户衔接现代农业中的领头作用。针对前期发展中新型农业经营主体支持现代农业发展能力弱的问题,以党的十九大关于实现小农户和现代农业发展有机衔接的精神为标志,开始将发展的重心逐步转向提升质量和带动小农户发展的能力上。

表3.1 2010年以来农业生产经营主要政策梳理

时间	政策文件	主要内容
2012年	《农业部贯彻落实党中央国务院有关"三农"重点工作实施方案》(农办办〔2012〕28号)	加大对新型农业生产经营主体的金融支持力度
2014年	《关于促进家庭农场发展的指导意见》(农经发〔2014〕1号)	鼓励有条件的地方将土地确权登记,引导流向家庭农场等新型经营主体
2015年	《关于进一步调整优化农业结构的指导意见》(农发〔2015〕2号)	要改善生产经营者的储粮条件,保持和扩大新型农业经营主体粮食烘干和储备规模,减少粮食产后损失
2015年	《关于切实加强粮食机械化收获作业质量的通知》(农办机〔2015〕12号)	建设烘干设施
2016年	《关于扎实做好2016年农业农村经济工作的意见》(农发〔2016〕1号)	加快建立新型农业经营主体培育政策体系,优化财政支农资金使用,不断完善补贴、财税、信贷保险、用地和人才培养等扶持政策
2016年	《关于全面推开农业"三项补贴"改革工作的通知》(财农〔2016〕26号)	对新型经营主体贷款贴息按照不超过贷款利息的50%给予补助
2016年	《关于深入实施"互联网+流通"行动计划的意见》(国办发〔2016〕24号)	引导电商企业与新型农业经营主体、农产品批发市场、连锁超市等建立多种形式的联营协作关系

(续表)

时间	政策文件	主要内容
2016年	《全国农产品加工业与农村一二三产业融合发展规划(2016—2020年)》	采用先建后补、以奖代补、贷款贴息和产业基金等方式,以能够让农民分享增值收益的新型经营主体为扶持对象
2017年	《关于推进农业供给侧结构性改革的实施意见》(农发〔2017〕1号)	加强新型职业农民和新型农业经营主体培育。通过经营权流转、股份合作、代耕代种、联耕联种、土地托管等多种方式,加快发展土地流转型、服务带动型等多种形式规模经营
2017年	《关于促进农业产业化联合体发展的指导意见》(农经发〔2017〕9号)	引导多元新型农业经营主体组建农业产业化联合体
2018年	《乡村振兴战略规划(2018—2022年)》	加快农业结构调整步伐,着力推动农业由增产导向转向提质导向,提高农业供给体系的整体质量和效率,加快实现由农业大国向农业强国转变
2019年	《关于促进小农户和现代农业发展有机衔接的意见》	对新型农业经营主体的评优创先、政策扶持、项目倾斜等,要与带动小农户生产挂钩,把带动小农户数量和成效作为重要依据
2019年	《国家质量兴农战略规划(2018—2022年)》(农发〔2019〕1号)	到2022年,新型经营主体、社会化服务组织更加规范,对质量兴农的示范带动作用不断增强
2019年	《关于建立健全城乡融合发展体制机制和政策体系的意见》	建立农产品优质优价正向激励机制,支持新型经营主体发展"三品一标"农产品、打造区域公用品牌,提高产品档次和附加值
2020年	《社会资本投资农业农村指引》(农办计财〔2020〕11号)	鼓励社会资本采用多样化的利益联结方式,与农民建立稳定合作关系,形成稳定的利益共同体
2020年	《新型农业经营主体和服务主体高质量发展规划(2020—2022年)》(农政改发〔2020〕2号)	到2022年,初步构建现代农业经营体系,各类主体质量、效益进一步提升,竞争能力进一步增强

三、当前现代农业发展主要特征

与传统农业相比，当前现代农业发展呈现以下几方面特征。

其一，现代农业仍是乡村的基础性产业。农业产业发展是实现乡村振兴的基础力量，2018年3月，习近平总书记提出"五个振兴"的目标，强调实现乡村振兴要紧紧围绕现代农业产业发展，促进农村一、二、三产业融合，建立健全农村产业体系，才能实现产业兴旺的发展目标。农业同时对于保护生态环境和建设生态文明有着基础性的作用。

其二，农业的发展空间进一步拓展。传统农业以土地为主要生产对象，而在科学技术不断发展的今天，工厂化农业、海洋农业、沙漠农业、太空农业、非耕地高效农业的出现，代表着现代农业的空间范围已逐步脱离土地的限制，生物技术、信息技术、新材料与能源技术等新技术不断革新与转化应用使农业逐步摆脱土地的限制。

其三，农业的劳动生产率不断提高。农业机械化、专业化分工协作水平的不断提高，以及农村经济合作组织的不断发展，大大提升了农业的生产率水平。机械化、信息化的迅猛发展，在减轻劳动力强度的同时，也提升了生产效率，专业化的经营把农户与市场连接起来，拓宽市场信息来源的渠道，降低市场信息的不对称性，使农业经营者能够及时根据市场需求调整生产结构。

其四，农业布局区域化。专业化生产、工业文明的推进、交通设施的改善等一系列因素，推动了农业产业布局的区域化。优势农产品生产日益向优势区域集聚，大而全、小而全的生产格局进一步被打破，区域资源得到合理高效利用，比较优势进一步巩固，各区域农业主体功能不断强化，分工合理、优势互补、各具特色、协调发展的特色农产品区域布局正在形成。

其五，农业生产融合化。农业生产从单纯生产向种养结合、产销一体、生产和服务融合的方向发展。发展业态上向生态农业、休闲农业、创意农业等延伸;生产要素上除传统的资本劳动技术要素外,信息、研发、咨询、金融等新要素得到运用;生产模式上,农业由单一的生产向经营型、综合型生产转变,资源要素得以重新配置。

第二节 农业新产业与新业态

较高的农产品供给效率与农业资源要素配置效率是现代农业竞争力的重要标志。立足并发挥地区自身的资源优势,通过现代农业产业体系的构建,形成更加合理的农业产业结构,统筹发展粮食作物与经济作物,推进农牧渔、种养加一体,加快农村一、二、三产业融合,进而使农业产业链更长、价值链更高。2008年以来,李庄村农业产业体系不断横向拓展、纵向延伸,农业资源要素配置更加合理,农产品供给效率不断提升,农业的经济效益、生态效益显著增强。

一、农业生产与结构进一步优化

泗洪县按照"乡镇有特色、村居有特品"的思路,在保证基本农田种粮的基础上,突出市场导向,更加突出特色农业,重点打造"高效水产、优质稻米、生态畜禽、绿色蔬果"四大主导板块,打响以泗洪大米、泗洪大闸蟹为代表的"三品一标"农产品品牌。

李庄村地处洪泽湖西岸,地势低洼,多为黏质土壤,保水性能好,加之地下水位高,土壤墒情足,干旱的概率低,有利于后期水稻生长,丘陵山地有利于发展林果产业。全村10 300亩耕地中,有4 700亩可灌溉水田,主要用于稻麦轮作,5 600亩旱地,除有2 600多亩用于小麦种植外,其余用于林果等经济作物种植,涉及的品种有林木、黄豆、芝麻、红薯、花生等。

与2007年相比,李庄村产业的主要变化有:一是部分岗坡地由种植小麦、玉米改为种植红薯,其产量高、投入成本较低、田间管理难度小;二是增加碧根果特色产业种植,该项目是泗洪县农业产业调整和产业扶贫的主导产业之一,2017年李庄村种植了750亩;三是养殖产业项目基本消失,原有的水产养殖区域,受长江流域禁渔10年、洪泽湖重点水域禁捕退捕影响,已划为湿地保护区,同时,原有的家畜养殖区域在集中居住后也消失了(包括当时扶贫为每家每户建设的猪舍均已拆除)。

二、农产品加工与销售成为重要支撑

农产品加工业是农业现代化的重要支撑,有力地促进了农业增效、农民增收和三产融合。目前李庄村域内北侧有3家企业入驻,其中美阳农林的业务主要是农副食品加工,德康饲料主要为废弃资源和废旧材料回收加工。美阳农林是以红薯收购、加工、销售等服务为主业的农业龙头企业,2018年在政府专项资金扶持下,上线2 000吨淀粉生产线。在此基础上,2022年,上线2条万吨粉丝粉条生产线,上游与省内外多个合作社建立了利益合作关系,下游与国内外8家有影响力的企业建立固定往来。德康饲料总投资2.5亿元,是以生产畜禽预混料、浓缩料为主的专业化股份制企业,公司拥有先进的生产设备和检测仪器来确保产品研发的可能性和产品质量的稳定性,将秸秆通过周公草技术和青贮、氨化、微贮等技术处理,转化为可供草食家畜食用的饲料,为泗洪德康在各个乡镇的猪场布局提供重要保障与生物安全防控。

2007年,农户生产主要是满足家庭需要,仅有少量销售维持家庭再生产资金需求。现如今,李庄村经营主体生产的稻麦等大田作物产品,商品化是主要目的,而销售大多是跟收购商谈妥,收割后直接回收。但价格可能会根据水分含量有所变化,如2021年一般标准为水分含量20%价格1.3元/斤,每超过标准0.1%扣0.02元。红薯直接销售给美阳农林公司,稻麦秸秆、山芋梗等附属产品则由德康饲料公司回收,设点收贮、就近加工,基本没有后顾之忧。正如当地农户所言,"现在种粮都是老人农业,全程机械化、社会化,基本不要烦神,如果想卖个好价钱,自己带上口袋,割了装袋回来晒一晒"。

> **专栏 3.1:德康集团双沟饲料厂项目**
>
> 秉承"企业成长为乡村发展出力、为周边村民造福"的发展理念,德康集团走"村企共建,相生共荣,融合发展,齐创美好"的发展之路。集团于2020年3月在宿迁西南岗产业园G235国道东侧投资新建饲料厂项目,该项目总投资约2.5亿元,占地103亩,项目分为二期,其中一期固定资产投资约1.2亿元,包含生产车间、原料车间、卸料棚、筒仓、综合楼、办公楼等,可年产饲料45万吨。
>
> 该项目是德康集团在泗洪县生态循环养殖扶贫中不可或缺的一环,为发展布局中的各个养殖场提供饲料供给,并且预计可为周边居民提供100多个优质可靠的工作岗位,有效带动周边乡镇经济,帮助更多的经济薄弱乡镇走上脱贫致富快车道。
>
> 饲料厂工艺流程简述:原料车在一级初洗点洗消后装料到达饲料厂,进入饲料厂原料车洗车棚清洗消毒后到达卸料棚翻送筒仓,部分进原料车间;原料车间投料口、筒仓传送到生产车间,全程电脑控制自动化生产出料;散装饲料车在一级初洗点洗消后到达饲料厂,进入成品车洗车棚清洗消毒,再进入成品车烘干房烘干消毒,结束后到达生产车间一层出料口,装料过磅驶离。

三、农业规模化特征明显

促进土地流转与集中,实现适度规模经营,一直是我国农业政策激励的重点与目标,近年来农地流转的速度突然加快。早在2007年,李庄村农业生产就有向大户集中的趋势,根据当时调查的167户农户,经营没有超过40亩的,21～40亩的有14户,占有效样本的8.38%。如今,仅有的11户农户承包土地经营的面积就达到9 947.3亩,占全村承包地面积的100%,承包面积最大的曾某承包了2 255.8

亩,具体如表3.2所示。

为了改变单个农产品种植在生产经营中的规模不经济状况,受益于区域专业化分工协作及农业生产效率的提高,如今集中化趋势更加明显。推动土地向规模经营集中,打破田埂界限,推动"小田并大田",在农民自愿的基础上,引导土地集中流转到村集体,再由村集体统一发包给11个大户经营(4户来自本村,7户来自外村,包括美阳农林公司),经营面积多为百亩以上,平均种植面积约为900亩,合计达到9 947.3亩,占总耕地面积(10 300亩)的96.6%。

在农地流转的过程中,通过省农村产权市场交易平台进行招投标,优先选择实力强、管理规范、发展前景优的企业或大户,杜绝小承包户小规模流转,并在流转合同中明确违约责任和违约金标准,同时建立矛盾纠纷介入调解机制,确保今后土地租金能够如期收取。

表3.2 李庄村农业经营主体一览

姓名	年龄/岁	经营面积/亩	水田面积/亩	旱田面积/亩	主要作物	是否本村人
汤某某	49	189.0	106.0	83.0	稻麦(玉米、大豆)	是
孙某	42	118.9	118.9	0	稻麦	是
陈某	54	633.8	633.8	0	稻麦	否
孙某某1	46	942.5	942.5	0	稻麦	否
曾某	59	2 255.8	2 255.8	0	稻麦	否
朱某	46	115.2	115.2	0	稻麦	否
杨某某	36	482.5	350.0	132.5	稻麦	否
孙某某2	50	71.0	71.0	0	稻麦	是
伏某	45	894.0	0	894.0	麦(玉米、大豆)	否
宋某某	60	22.6	0	22.6	麦(玉米、大豆)	是
美阳农林1	—	3 964.0	0	3 964.0	麦(玉米、大豆)	否
美阳农林2	—	258.0	0	258.0	麦(玉米、大豆)	否

注:美阳农林公司的3 964亩土地的租赁签约方为镇政府,故单列,其他协议签约方均为村集体。

四、农业绿色化得到重视

习近平总书记多次强调,经济发展要以保护好环境为前提。江苏省始终坚持以绿色引领农业农村发展,将绿色发展作为农业农村高质量发展的主旋律,推进各类绿色发展的试点示范。李庄村是双沟镇"全省绿色优质农产品稻麦基地"6个基本单元之一,也是病虫害统防统治和绿色防控示范村。常年实行稻麦轮作和麦玉(豆)轮作,复种指数较低,有利于土壤肥力的保持和恢复,实现种养结合。基地为砂姜黑土,基地各生产单元均远离工矿区和公路铁路干线,周边没有对基地农业生产活动和灌溉水源地造成危害的污染源。双沟镇政府为总牵头单位,基地总面积15 000亩,占镇域耕地总面积23.1%,共包括6个基地单元,24个村民小组,共计312户。种植品种选用高产优质高抗的稻麦品种:小麦以江麦816、淮麦33、烟农19为主栽品种;水稻以华粳5号、南粳9108、淮稻5号为主栽品种。

基地各生产单元村支部书记为基地建设责任人,村负责农业的村干部为技术服务人员,农产品质量村级协管员为质量监督和综合管理人员,各自然村村委会主任具体负责本村生产管理。基地生产经营模式为"基地+企业+农户",并采取"五统一"进行生产。采取测土配方施肥、增施有机肥、合理使用化肥、休耕轮作种植绿肥、秸秆全量还田等措施保持土壤肥力,实现藏粮于地,实行稻麦轮作、水稻绿肥轮作等。

另外,与2007年相比,李庄村原有的1座窑厂,因砖块滞销、效益差、环保不达标,被责令停产。服务业只有几家个体小商店。

第三节 农业生产要素与生产效率

"工欲善其事,必先利其器",完善的农业生产体系是现代农业发展的重要支撑。受益于各级持续增强的惠农政策,李庄村农业基础设施条件明显改善,物质技术装备水平不断提升,农业生产方式加速转变,有力地增强了农业的综合生产能力与抗风险能力。李庄村农业生产体系也有了明显的改进,农田水利配套更完善,先进生产手段和生产技术有了更广泛的运用,农业的发展动力和生产效率大大增强。

一、农田基础设施更加完善

单位耕地产出水平高、年际之间稳产性好是江苏农业生产的特征之一。长期以来,江苏省人民政府高度重视农田基本建设工作,始终把加强农田基础设施建设、改造中低产田作为发展农业生产的重要措施来抓,高产、稳产农田比重不断提高,农业生产条件不断改善,抗灾能力不断增强,农业综合生产能力持续提升。自2011年江苏实施《高标准农田建设规划(2010—2020年)》以来,全省农田平整肥沃、田间道路畅通、农田林网健全等高标准农田配套设施持续完善。宿迁市在国家对高标准农田建设的投入及标准上提出了更高的要求,每亩投资提高至2 500元/亩,由县级财政投入,灌排生产设施的标准亦有提高。截至2021年年底,泗洪县已完成12万亩高标准农田建设,涉及全县11个乡镇16个项目区,年内全县高标准农田占比将达到75.1%[①]。

与2007年相比,李庄村耕地质量大幅度改善,耕地更平整,水利设施更配套。2007年,土地零星分布、条块分割、高低不平、沟渠水系条件差,每年水稻插秧季节,农田自流水灌不上,需三级提水才能勉强把水稻栽插下去,土地收益长期不高。此后通过"小并大、短拼长、陡变平、弯改直、新修渠道"等措施,达到"田成块、路相通、渠相连、林成网、旱能灌、涝能排、适应机械化耕作",生产条件大大改善。2019年11月,李庄村开工建设高标准农田项目,项目总投资1.03

---

① 数据来源:泗洪县:高标准农田建设助力农民走上增产增收快车道(http://nynct.jiangsu.gov.cn/art/2022/7/5/art_74337_10530775.html)。

亿元。具体建设任务包括:七圩泵站1座;机井房3座;PE管道工程、防渗渠9 810米;沟桥18座;节制闸6座;涵洞18座;渡槽15座;分水池9座;斗、农门17座;放水洞143座;生产路7.31千米。到2021年年底,全村高标准农田面积达到4 500亩,占耕地总面积的43.7%,打破了过去"两年增、一年减、一年平"的怪圈,为粮食高产稳产提供了有力的保障。

在加快实施农田、沟渠、路桥等外部工程建设的同时,把耕地质量建设作为高标准农田建设的重要内容加以推进,软硬结合,努力做到内外兼修、标本兼治。从土壤改良和培肥入手,重点开展土壤养分平衡、土壤有机质提升和土壤污染防控等工作,着力提升耕地质量。

二、农业机械化水平与利用效率提高

高标准农田建设促进了泗洪县粮食规模化生产和粮食生产全程机械化发展。"十三五"期间,泗洪县共发放农机购置补贴资金19 927万元。截至2020年年底,共推广各类补贴机具12 577台,涉及补贴资金20 562.26万元,带动县域农机销售82.068亿。全县农机总动力达180万千瓦,拖拉机达60 285台,拖拉机配套农具达110 906部,联合收割机达8 008台,全县农业机械化水平达94.43%。

相比2007年,受限于分散细化的田块,李庄村几乎家家都有小型拖拉机、旋耕机、农用三轮车,设备使用效率低。现在大型农机得到了广泛运用,经营主体的农机运用除少部分自给自足外,大多是通过社会化服务来实现的。截至调查之日,机械化生产方式已在李庄村农业生产中占据主导地位,各类农业生产综合机械化水平达到75%。水稻种植也从原来需要大量劳动力的插秧模式,改成了现在的机器撒播模式,水平达到100%,精量植保机械、机收水平达到100%,薯类产品的机械化程度不断提升。调查时大户说:"现在我们村及周边的农机服务队伍很健全,一到农忙季节,自然有人会跟我们联系,几百亩的土地一天不到就能收割完了,而且现在配套的场地很少,自己购买农机具的话也没有地方放。"调研时,我们在小区、田间地头、村部都看到一些简单遮盖、露天放置的旋耕机。

三、农业劳动力供给更高效

2007年,农地流转主要是有能力举家迁入城市或者有能力外出打工的农户,把自家的承包地免费或者以极低价格转给仍在村庄从事农业经营的农户。这在某种程度上具有保护村庄弱者的作用,也保留了外出者归乡的机会,增强了外出者和留守者之间的联系与情感。如今,土地大规模流转,通过村集体统一发包,流转收益增加的同时,也使传统小农很难再以低廉的成本获得土地。农业大户承包土地的租金介于600～1 200元之间。

双沟镇通过"支部＋专家＋种植户"的模式,发掘培养了一批爱农业、懂技术、善经营的新型职业农民,为农业产业发展持续注入新活力的同时,举办各类农业技术培训。越来越多年轻化农村人才成为农业经营的主力军,李庄村11个农业大户中,大多农户界于40～50岁之间,年龄最小的36周岁,最大的也仅60周岁(仅承包22.6亩)。

农业生产的劳动力资源,以往在农忙时节主要为换工或合作的形式,当下,绝大多数村民不再从事农业生产,没有了换工的需求,这种互惠性操作被市场化的雇工所替代。现在的雇工费用每天150～200元,基本都是由村里统一组织。

农业社会化服务对李庄村现代农业发展具有较强的支撑作用,这些服务既有单一的技术推广、农资供应、农机作业,也涉及农业生产、流通、加工、销售等多领域,涵盖了种苗、土地、技术、金融等多要素,以及植保统防统治、水稻集中育秧等,实现了全链条、全过程服务的融合。

四、农业生产效率大大提升

高标准农田建设极大地改善了泗洪县粮食生产条件,实现了旱涝保收、高产稳产、节水高效,对全县农业起着重要的"压舱石"作用。早在2007年,调查农户水稻正常亩产420千克、每千克1.7元,小麦正常亩产400千克、每千克1.72元。如今,未改造的中低产田主要种植水稻和小麦,水稻亩产580千克,小麦亩产390千克,产能较低。李庄村已经改造的高标准农田水稻亩产可达625千克、每千克2.8元,小麦亩产达500千克、每千克2.4元。而且,农民通过土地出租所获得的租金收益也有了增长,从过去的年租金300～600元,增加到600～1 200元。

以稻麦两季进行核算,李庄村种植大户在单位面积上的成本和收益如下(详见表3.3)①。

成本情况:

水稻:复合肥100斤,以180元/袋计(此为2021年价格,2022年为220元/袋),180元;尿素100斤,以155元/袋计(2021年价格为155～160元/袋,2022年为165元/袋),155元;水费每年40元;除草剂每年2次,计80元;农药施3次左右,计120元;机耕费85元/季;收割费80元;运输费10元;地租800～900元,其中水稻按650元分担;机械洒药费50元;种子需35斤,按4.5元/斤算,计157.5元。各项合计约1 607.5元。

小麦:复合肥90斤,按180元/袋计,162元;尿素80斤,按155元/袋计,124元;平时不需要打水,计0元;除草剂15元;农药120元;机耕费60元;收割费60元;运输费10元;地租800～900元,小麦计250元;机洒费50元/亩(自己有机器的话,5.2万元,维护费每年8 000元,每天可以洒800亩,按3年折旧只需30元/亩);种子为郑麦136,80斤/亩,按2.2元/斤计,合176元。各项合计约1 027元。

---

① 与本书其他部分一致,此处计算的主要是一个大户在2021年的单位成本、收益情况。事实上,2022年调查时大户们普遍反映,农资成本明显更多了,主要差异是:复合肥220元/袋,同比增加了40元;尿素165元/袋,增加了10元;2022年因旱灾,小麦需要供水,多支付9元。

收益情况：

国家综合补助 100 元/亩，水稻总产量 1 100 斤，按 1.4 元/斤计，1 540 元；小麦 1 000 斤，按 1.2 元/斤计，1 200 元。

收益合计： 稻麦两季种植，包括各类补助，亩收益大概 500 元（本处计算 2021 年实际收益为 548.5 元）。

前面主要是大户的情况，相对来说，在成本方面，大户比小户需要多支付租金和人工费，仅一项每亩差异 1 000 元左右。尽管在经济学意义上，家庭劳动力投入应该进行成本核算，但鉴于不少小农户用于生产的劳动力，在劳动力市场上基本属于不具有交换价值的"残余劳动力"，大户面临劳动力集中雇佣带来的成本压力。同时，小农户经营在稻谷干燥（自家晾晒）、种子和农药使用上，也有所节省。而在社会化服务费用上，大户具有一定的谈判能力，单价往往较低。

近年来，在美阳农林的带动下，村里部分农户开始栽种红薯，产出的红薯以保护价卖给企业。据调查，亩产量在 8 000~9 000 斤，与收购公司签订的收购价是每斤 4 毛 5 分钱，去除种植和人工成本后，每亩地的净利润能达到 1 500 元左右。

表 3.3　稻麦双季种植的亩投入产出情况明细表

成本收益项目		水稻/亩		小麦/亩	
		使用量、单价	金额（元）	使用量、单价	金额（元）
成本	复合肥	100 斤(180 元/袋)	180	90 斤(180 元/袋)	162
	尿素	100 斤(155 元/袋)	155	80 斤(155 元/袋)	124
	水费	40 元	40	0	0
	除草剂	80 元,2 次	80	15 元	15
	农药(次数)	120 元,3 次	120	120 元	120
	机耕	85 元/季	85	60 元	60
	收割	80 元	80	60 元	60
	运费	10 元	10	10 元	10

(续表)

成本收益项目		水稻/亩		小麦/亩	
		使用量、单价	金额(元)	使用量、单价	金额(元)
	地租	800~900元(水稻分担650元)	650	800~900元(小麦分担250元)	250
	机械洒药费	50元	50	50元/亩,如是自有机械,成本约30元/亩,每天可喷洒800亩	50
	种子(品种)	35斤,4.5元/斤,看发芽率情况适当增减	157.5	郑麦136,80斤/亩,2.2元/斤	176
	合计	—	1 607.5	—	1 027
收益	国家补贴(良种、综合)	100元	100	仅种小麦的话,没有补贴	—
	地力补助	—	300	—	—
	总产量(销售价格)	1 000~1 100斤,2021年1 200斤		800~1 000斤	
	价格	1.4元/斤	1 540	1.2元/斤	1 200
	农业保险费	13.2元/季,事后返还26.4元,再返30元/亩	43.2	—	—
	合计	—	1 983.2	—	1 200

注:根据种植大户汤某、陈某等人陈述整理。

第四节 小农与新型农业经营主体

新型农业经营主体是破解谁来种地、怎么种地难题的关键。2011年,泗洪县开始推行"三集中",与此同时,随着工业化、城镇化快速推进,大量农村青壮年劳动力外出务工,分散的小规模经营方式已不能适应现代农业发展。李庄村农业生产一家一户包揽由种到收、由产到销的整个过程，逐步发生转变，既包含政府推动的大规模经营的项目和其他较小项目，也包含村民自发土地流转形成的家庭农场经营，以及外乡来的职业农民的土地规模经营，还包含极少数种植边角地的农户，催生了种养大户、家庭农场、合作组织以及龙头企业等新型农业经营主体。

一、龙头企业成为关键枢纽

农业产业化龙头企业集成利用资本、技术、人才等生产要素，带动农户发展专业化、标准化、规模化、集约化生产，是构建现代农业产业化体系的重要主体，也是推进农业产业化经营的关键枢纽（王磊，2019）。

2011年双沟镇引进省级龙头企业江苏美阳生态农林有限公司，公司坐落于李庄村村内，总占地计划480～490亩。公司采取林薯套种、长短结合复合种植模式，栽植景观苗木40余万株，林下种植山芋3万余亩，其中包含李庄村3 964亩核心基地。自成立以来，美阳公司创新联农带农机制，突破传统的简单产品收购模式，积极推进订单农业、合作经营、股份合作等模式；完善利益分享机制，让农民不仅能够获得薪金、租金和售金收入，还有可能获得返利或股金分红收入；与农民共享市场信息、农资信息，不断提高农民自我发展能力，带动他们发展农业新产业、探索新模式。

2018年在政府专项资金扶持下，2 000吨淀粉生产线上线，以美阳公司为依托，打造集红薯种植、加工、销售于一体的农业产业化联合体，获得了经济与社会效益的双丰收。邻村周冲村成立土地股份合作社，建立"合作社＋龙头企业＋家庭农场＋农户"模式，走出了强村富民新路子。普通农户将土地流转给大户，大户再雇用农户种植，年底还能获取分红（当市场价格高于收购价时，高出部分以二次分红形式于年底返还给合作社，并由合作社分给入社农户），大大提高了收入。而大户有了收购公司的统收统购，再也不用为红薯的销路发愁。该模式带动周边乡镇33个村组建立合作社，并成立西南岗土地股份合作社联社,入股土地近3万亩,进行红薯种植。2019年,参与合作村居扩大至50个,参与红薯种植的村级土地股份合作社全年实现二次分红510万元。美阳公司统一提供生产规划、品种供给、技术指导、集约管理、价格收购,消除了农户种植的风险。

调研时了解到,这一模式受到市场经济、红薯种植机械化程度等多个因素的影响,面临新的挑战。部分农户改种收益更好、种植更省事、销售渠道也有保障的高粱(某酒厂以3元/斤订单收购,亩产800斤以上),对公司的红薯供给产生了冲击。目前,公司一方面于2022年上线2条万吨粉丝粉条粉饼生产线,进一步延伸产业链,向电能热能转化,提高资产运作效率和资金周转率,带动周边村民就业;另一方面与徐州农科院等科研机构合作,研发产出淀粉含量更高的品种,预计亩产在原有5 000~6 000斤的基础上,进一步翻番,与农户的保底价格进一步提高到0.45元/斤。与此同时,尽最大可能提高机械化程度,降低农户的种植成本。

另外,公司在环境保护上进行了加强,建立河藕循环经济体系,用于改良尾水水质。

二、专业(股份)合作社还处于初级阶段

江苏省人民政府坚持把发展农民合作社与推进农业适度规模经营、发展高效农业、建设农业特色产业基地结合起来,努力追求统分结合的最佳平衡点。《江苏省农民专业合作社条例》颁布以来,将多种形式的农民合作社纳入法律调整范畴,因势利导发展农地股份合作、农村社区股份合作、劳务合作、富民合作等多种形式的农民专业合作和股份合作。2018年,泗洪县农民专业合作社被推荐为质量提升试点单位。合作经济既有围绕某些特定农产品的生产、销售、加工而展开的农民专业合作社,也有实行土地股份合作制的农业生产联合组织,其共同特点就是着力解决农户一家一户"办不了、办不好、办了不划算"的事情。

为了推动土地流转,李庄村成立了土地股份合作社,村里通过土地合作社将农民的土地流转过来,完善沟渠路道等农田基础设施,然后再集中流转给龙头企业、专业大户等经营主体从事稻麦等大田作物生产。土地股份合作社要签两份土地流转合同,一份是与村民签的,一份是与大户签的。土地股份合作社并不是真正的合作社,合作社的人员是村干部,组织健全,但没有经营、没有账目、没有分红,只是为了流转土地,提高土地的集中程度,成方连片,便于产业发展。土地股份合作社实际上在大户和村民之间扮演了一个中介角色,每亩800元土地租金并不进合作社的账,直接付给村民,其作用就是促进土地流转、实现土地集中经营。

另外,李庄村还于2019年成立了经济股份合作社,入社农户724户,合作社积极挖掘资源禀赋优势,在严防耕地"非农化""非粮化"的基础上,利用岗地资源优势,通过支书领头,村干部、种植大户、低收入农户共同入股,建成碧根果育苗基地750亩①,每亩可育苗2 600棵,亩均年收益可达15 000元。由于碧根果树的正常出果周期需要好几年,目前还未到挂果收获年份,村里又将土地以350元/亩左右的折价租给村民,在碧根果苗间隙套种黄豆、山芋、高粱等作物,以弥补收益。再过几年,碧根果就要进入丰产期,一亩纯利润可达近万元。

三、家庭农场发展迅速

农业分工的加剧,农业社会化服务的完善,使泗洪县积极推进"育小户",把扶持小农户成为规模经营户作为基础工作,建立家庭农

---

① 作为世界十大坚果之一,碧根果具有优良的食用、药用价值,当前市场价格达70至80元/千克,进入丰产期后,单株年产可达35千克,丰产年份每年每亩可创收2万元以上。为了鼓励更多农民种植碧根果树增收致富,泗洪县对在2017年到2020年期间栽植碧根果面积100亩以上的,连续补助3年,每年每亩最高可享受500元奖补,并优先申报财政实施项目。泗洪县的碧根果种植产业已形成科技带动农业、科技依托农业、科技服务农业的发展模式。

场培育后备库;推进"户建场",支持规模户有序流转土地,逐步扩大经营规模,建设家庭农场。与此同时,越来越多的农户希望通过流转土地,发展农业适度规模经营,获取规模经营效益,传统农户加速向现代农场制转变。这一经营形式在2015—2017年间发展迅速,据企查查粗略统计,这期间李庄村在泗洪县市场监管局注册的家庭农场达到21户之多(还有3个合作社,主要从事粮食、红薯、大豆等种植业务,实际调查时不到10户)。

在这部分农场主中,既有外来的纯粹职业农民,也有本地新产生的农业生产经营主体,经营规模不大,主要是依靠家庭劳动力经营,不雇佣劳动力或雇佣少量劳动力,经营目的主要是增加家庭收入,维持家庭开支。如果经营200亩,一年的纯收益能有10万~15万元,这样的收入水平是促使部分年轻农户放弃有一定收入的副业或外出打工机会,而承包土地进行家庭农场经营的直接原因。

专栏3.2:家庭农场主情况

家庭农场主之一:大户曾某,59岁,经营2 255.8亩,主要从事稻麦种植,外地人。此前一直从事农资经营生意,结识了不少人。据曾某所言,其不存在资金占用的问题,主要是自己前期工作时储蓄多,这与从大部分其他种植大户口中所了解的不同。曾某与村里一次性签约至2025年二轮承包期结束。近年来,受新冠疫情影响,本地有不少有土地承包经营需求的农户,碍于亲戚情分,曾某也划出约800亩土地返包给村民进行经营,其要求是使用其提供的农资。

家庭农场主之二:大户顾某利,55周岁,5口人,原李庄村人,现住李庄村集中居住区,经营177亩。原为村干部,后因违反计划生育政策辞职,2020年以前养殖螃蟹,2021年受洪泽湖泄洪区政策变动,50亩养殖水面禁养被收回,给予了1.3万元一次性补偿。当年又与大户谈某(谈某从曾某处承包了350亩地)协商,分得177.5亩土地,租金900元/亩。2021年,种植业毛收入469 500元,除去成本389 850元,获利79 650元。

家庭农场主之三:汤某党,49岁,家庭现有常住人口3人,原李庄村人,现拆迁后住双沟镇某小区,妻子于2015年使用脱粒机时意外受伤,家里买了汽车。2010年,夫妻二人将土地全部交给村集体统一外包,之后跟随朋友到浙江打零工,主要是做地平,几年下来并没有积蓄多少钱。2014年,二人与村里协商从村集体承包土地189亩,其中83亩旱地,106亩水田,平均租金850元(不同质量的土地有差异),不同年份略有浮动。水田主要种植一稻一麦,旱地主要种植小麦、黄豆和玉米等,自有植保机1台(2021年购入,78 500元,补贴21 700元)、大型拖拉机1台,自己播种,收购等全部交给外面。2021年种植业毛收入340 200元,除去226 800元的生产费用,可获收益113 400元。没有专门的晒场,全部农产品现收现卖,自有农机放置在亲戚家。2022年因长时间不下雨,形势不太好。

家庭农场主之四:职业农民陈某,54岁,经营633.8亩,外地人。李庄村经营主体中还有一类特殊群体,即职业农民。在政府话语中,职业农民是经过相关培训并拿了证的农民,但在村民话语中,职业农民更多是指从外乡来的专门从事土地承包经营的人。这群人大多是农民,李庄村的职业农民都是从双沟邻镇过来承包土地进行经营的。他们多是种田能手,有丰富的农业经营经验,吃苦耐劳,但苦于当地耕地有限,很难实现一定的规模经营,而选择在他乡承包土地进行农业经营。根据陈某所说,外来经营者还面临与村里农户的关系处理问题。在承包的耕地田埂使用权上,当地村民认为租赁的是田地,田埂可以拿来种黄豆或者其他农特产品,在打药季节,这些农户会无理取闹,要求农药不能打到自己的作物上。另外在水利设施使用上,2002年村里的排灌设施基本承包给了专人经营25年,以这种产权激励机制提高农田水利工程管理绩效,但这种方式对承包大户来说并不十分友好,用水还要求爷爷告奶奶,收费也不低,所以他说在后续谈判时一定要把这些权益都控制在自己手里。村民在田埂种豆种菜,影响其农作物的生长与管理,村民养的家畜损害了庄稼等。村民为抓住一切空间种豆种菜以供自家消费,而在外来职业农民的田埂上进行农业生产,这些矛盾在一定程度上增加了外来职业农民的调解成本。"后面要是再继续租地的话,要与村里把这些问题的所有权与使用权说清楚,宁愿多花点钱也不想有后续的麻烦。"陈某说道。

四、小农生产不断边缘化

除了以上几类经营主体外,李庄村还有一些小农,耕种的都是边边角角的土地,主要是宅基地复垦后还没有完全开发成规模的土地,没有租金,这些土地后续仍有被集体收回的可能。调查的130户农户中,仍有近10户农民零星种植了一些土地,有的是从亲戚朋友那里流转过来的,大多是宅基地复垦和村里的零星土地。

相对于其他经营主体的资本投资属性,传统的以维持家庭生计为目的的小规模农业呈现被不断边缘化的趋势。而前述龙头企业、专业合作社等主体一般规模较大,地方政府更加积极支持这种外部性的大规模土地流转,认为大规模才是土地流转的初衷,大规模经营是现代农业的表现。首先,为了推动这种企业和工商资本的农地大规模经营,地方政府以及村委会不仅积极负责土地流转过程,而且为了吸引企业和工商资本投资,会按规模经营的要求进行土地平整。在村庄土地有限的情况下,一些小农户没有资本去参与竞争,只能用零星的、分散的、无法进行规模经营的地块种植,空间上受到挤压。

其次，外来大规模经营主体会有地方政府的各项补贴，包括直接补贴、农机补贴、种子补贴、农业保险补贴、贷款贴息等，这些补贴总额达到甚至超过其对农户支付的地租，使他们有能力支付足够高的地租而不亏本，小农户不仅面临丧失无租或低地租经营优势的局面，还会因不公平竞争丧失利润而无法维系，经济上受到挤压。最后，大规模社会资本介入使原有的村庄共同体边界消解，改变原有的生活形态，农村原有的社会治理重心发生转移，受到社会性挤压。

第五节 稳步推进农业现代化的思考与展望

我国农业正处于转变生产方式、提质增效的关键时期，应当以农业供给侧结构性改革为主线，坚持质量兴农、绿色兴农，不断提高农业的综合效益与竞争力，实现由农业大国向农业强国转变。然而，我们更应立足"大国小农"的基本国情，着眼全局，在发展现代农业的同时关注农民富裕、农村发展，促进小农户与现代农业的有机衔接，循序推进农业现代化。

一、李庄村农业产业发展效果的反思

农地集中规模经营是农业发展的趋势，但由于各个地区经济发展及制度条件等因素不同，走出的道路也不尽相同。李庄村现代农业的转型与政府的强力推动是分不开的，在这一过程中应注意以下几点：

1. 农地集中的速度应循序渐进

农地集中是以农民非农就业作支撑的，但考虑到这种就业的不稳定性，大多数农民即使就业了也不会立即转出土地，仍从事着兼业经营，因此，正常情况下农地集中的速度在较长时间内是缓慢的。强行推进土地集中，有可能使农地流转的价格过高，既依赖有一定经济实力的工商资本或大户介入，也影响转包后经营的可持续性，有的还

可能造成非粮化。同时,也可能让农民非农就业失败后没有退路,影响后续生计,如李庄村越来越多农户就业、创业失败,需要借助亲朋关系才能从大户手中反租回土地。

2. 应激发农民自身的主体性作用

荷兰农村社会学家范德普勒格(2016)曾强调,不能把小农作为一个既定要素进行考察,而应对农业中的主体性特征进行思考。对于我国而言,广袤土地上的农民才是从根本上避免农业衰败、保持国家稳定的最大受惠者和主体。在推进农业现代化的过程中,应突出农民的主体性作用,不断改变政府包办一切的思维模式。一个不争的事实是,李庄村农业现代化的变迁与政府主导下的集中居住政策有着密切的关系,尽管政策推行过程尊重了农民的自我意愿,但是农民对于集中居住的时机与进程没有选择余地,在思想上也并没有做好充足的准备。为此,要真正最大激发农民的主体性作用,还需要有足够的耐心,在推进城市化的过程中逐步提高农民的技术水平与文化素质。

3. 农业新型经营主体作用尚待观察

关于公司主体:以美阳农林为主的农业龙头企业,在自身发展中需要以较好的经济效益作保证,与农户之间的合作稳定性需要增强,存在"随行就市"型联农带农现象,对农民收入的带动作用尚待观察。

关于合作社:李庄村的农民合作尚处于初级阶段,而当前较为成功的农民合作形态是:在农村致富带头人的带动下建立健全产业链,广大农民通过土地或资金入股的形式共担风险、共享收益。这一形态发展的前提是遵循市场经济规律,在发展中不断完善合作社的治理体系。

关于家庭农场:相对于一般社会资本,家庭农场更多是土生土长的,而且这种经营模式雇工少,有经验,长期来看应是最稳定、最有效的。因此,适度规模经营的家庭农场在未来中国农业发展中,应是最有可能发展起来的。

关于农户：鉴于小农户在农资采购和农产品销售中处于天然弱势地位，有必要借助农业从生产到销售的社会化服务，不断融入地方产业链条中。

4. 小农发展不能完全放任于市场

李庄村集中居住后，美阳农林等社会资本在推进传统农业向现代转变方面发挥了重要作用，但由于其具有先天的比较优势，在后续的发展中产生了一些问题。其中包括农业产业发展的增值收益分配谈判能力不对等问题，普通小农的收益很难得到保障，进而导致在产业化运作过程中的欺诈、违约、毁约事件频频发生，共赢局面很难稳定，合作面临巨大的不确定风险。为此，一定的政府作为和社会力量介入是很有必要的，这可以更好地保障小农的合理利益。具体来说，要顺应技术与生产要素革新的需求和现代农业产业培育的要求，不断加大投入，助力小农完美融入现代产业体系。

二、传统小农转型中需要重点关注的几个问题

小农生产在我国农业发展史上发挥了重要的作用，当前面临生产成本高、抗风险能力弱等挑战，转型是大势所趋。但在这一过程中，如何兼顾小农户的稳定性、确保他们的生计不因转型受到难以逆转的冲击，是必须时刻关注的问题。

1. 应关注土地生产率还是劳动生产率

农地集中经营的目的分为直接与间接两方面：间接来看，需要通过集中经营，为国民经济其他部门的发展提供充足的原材料；直接的目的包括提高劳动生产率和土地生产率，这在不同国家和地区是有差异的，在美国等人少地多的国家更侧重前者，以农业机械替代有限的劳动力，而在我国，虽然不同地区农村产业结构调整与劳动力转移的情况会有所差异，但总体上农村劳动力多、耕地少的局面很难在短期内改变，需要将提高土地产出率作为重要目标。

2. 家庭农场的规模适度性问题

适度规模是指农户经营的土地规模要与农户自身的经营能力及能够获得的外界服务条件相适应,如果农户经营的土地规模超过了适当的限度,就会造成粗放经营,导致土地生产率下降,虽然农户仍然会取得相对多的经济利益,但降低了社会效益。在我国耕地资源极其宝贵的情况下,这种经营者个人获利而社会受到损失的现象是不可取的,所以集中到具体农户手中的耕地数量要适度。不同地区的规模会有所差异,"如果规模更大,仅靠家里人就不行了,就需要雇佣更多人,这时自己就必须脱离农业生产而专事管理,管理费事、费心、要技巧,不是所有人都搞得了的,且雇工难也是个问题"。但各家庭农场主都表示,如果技术再进步些,耕种管理再熟练些,再多种一些也不是问题。

泗洪县"十四五"农业农村规划指出,县和乡镇(街道)农业部门要通过对生产实践的调研考察,细化各产业的适度经营规模,根据栽植密度、效益等指标,制定适度经营规模清单,避免超出生产经营能力。对正在经营和计划经营的家庭农场,根据农业经营者收入与城镇职工收入的差异、家庭主要劳动力人数、经营产业效益等因素推荐适宜的生产规模。考虑到泗洪县土地、资本和劳动力等因素,依据种养收益、外出务工收入、城镇工资水平、公共服务收入等指标,当下户均家庭农场的最优规模为150亩。

3. 谁才是未来农业生产的主力军

结合对江苏省其他地区的调研,我们发现,有的企业通过农地流转到农村从事大田作物生产,常常因雇工成本、监管成本或地租成本的大幅上升,难以获取足够运营的利润。为此,企业要进入农业领域,其所从事的产业要满足高利润、高市场需求,还需要较强的企业家能力及稳固的村社关系。

相对于资本投资的大规模经营模式,家庭农场经营模式以家庭经营能力的增强为前提,经营体制也更为稳定,最有希望成为未来农业创新的主力,不仅能避免农业规模经营中劳动力监管难题,而且还具有整合利用村庄社会资源的优势。从农业、农村角度来说,家庭农场更有利于保证粮食安全,也是更具稳定性的经营体制。同时,相比于资本投资的大规模经营模式,其另一优势在于,它不是增加了个别资本家的财富,而是普遍增加了种地农户的收入,有利于农民增收和社会稳定,促进共同富裕目标的实现。为了提升家庭经营能力,家庭农场致力于改进生产方式和引入新技术,具有不断进行农业革新和创新的动力,以及更高的生产积极性。

4. 小农如何对接现代农业

在中国人多地少的资源禀赋条件下,即使城市化率的不断提升让更多农村人口进入第二、第三产业,农业经营规模也是非常有限的,仍然会存在不少的小农经营。要求地方政府在推进集中居住的同时,要充分考虑小农存在的长期性,不应强行推进土地集中经营。要在社会化服务等方面积极探索小农户与现代农业发展的有机衔接机制,让小农户在现代化过程中分享更多的价值,探索更加适合普通农业型村庄的乡村振兴路径。

应该说,农业服务的规模化是促进小农与现代农业经营方式衔接的有效路径。通过向农业生产各环节提供规模化的服务,对服务主体而言是可以盈利的,对普通农业经营者而言也是可以降低生产成本的,两者完全可以共赢。在现代农业加快转型的背景下,这一路径可以最大限度地避免传统小农的生计受到严重冲击。

三、现代农业的未来走向

正如习近平总书记所指出的:"即使将来城镇化率达到70%以上,还有四五亿人在农村,农村绝不能成为荒芜的农村、留守的农村、记忆中的故园。"未来农业在继续承担粮食安全、多样化农产品供给、增加农民收入和带动乡村发展等功能的同时,农业的规模化水平、组织化程度、产业化水平等将进一步得到增强,未来发展方向有:

1. 农业生产标准化

农业标准化是农业现代化的重要技术基础,是现代农业的重要标志。要求运用统一、简化、协调、优选原则,把先进的生产技术和成熟的经验组装成农业标准,并通过标准的制定和实施,对农业全产业链各个环节进行标准化生产和管理,达到农产品生产和农副产品加工优质、高产、高效、安全的目标。在推进过程中,一般以龙头企业牵头引领,探索标准化农业生产,以此作为产业化生产、经营服务提供的途径。

2. 农业生产绿色化

绿色生态是农业现代化发展的安全底线,主要涉及生态物质循环、农业生物学技术、营养物综合管理技术、轮耕技术等方面。农业生产在增加农户收入的同时,与环境发展更加协调,绿色无污染的农业将得到越来越多的重视。要始终以绿色理念引领农业生产,注重新型生物农药、秸秆综合利用、保护性耕作技术、高效配方施肥技术等的推广应用。

3. 农业生产智能化

随着大数据、云计算与人工智能技术的不断进步,农业的智能化水平将进一步提升。在育种育苗、植物栽种等方面,将充分应用现代信息技术成果,集成物联网技术、大数据、地理信息系统等现代成果,实现农业可视化、精准感知等智能化管理。要推进生产经营的数字化、信息化改造,探索"互联网+"新业态,推广开展诸如3S、智能感知、模型模拟、智能控制等技术与软硬件技术的试验示范。

4. 农产品品牌化

随着人们生活水平的提高以及农产品供需的转变,产品市场将释放出消费变革的巨大需求,对农产品的多元化、品质化、个性化消费逐渐成为主流,对农产品的品种、品质与品牌要求更高。要以县域为重点,以绿色、有机和地理标志农产品的认证为契机,统筹地方农业生产、加工、冷链物流等设施项目建设,建立健全农产品质量安全体系,以农耕文化丰富品牌内涵、讲好品牌故事。

5. 农业多功能化

当前,粮食安全问题日益成为全球性政治问题,保证粮食安全是我国的一个重要任务。为此,农业的发展,不仅是经济问题,更需要承担更多的社会性、政治性任务。农业的发展需要多样化、功能化,来满足多样化的社会需求,还需要发展有机农业、绿色农业等实现生态环保、农业可持续发展及保障食品安全,更需要通过农业的发展来整合农民、农村,实现农村社会的发展和稳定。

第四章　集体产权与资源开发

土地是"一切生产和一切存在的源泉",既是"不能出让的生存条件和再生产条件",也是最基本的生产资料(卡尔·马克思 等,2009)。土地是"财富之母、民生之本",更是农民的生存之基。对乡村而言,土地是一种稀缺资源,是乡村和村民赖以生存的基本生产资料,更是促进城乡资源"平等"交换的最大资产。农民的生产、生活以及村镇建设都需要依靠土地资源。早在改革开放之初,党中央、国务院就十分重视农村土地资源的开发与利用,并通过一系列农村产权制度改革,提升乡村土地资源利用效率。党的十七届三中全会所巩固和完善的家庭联产承包责任制确保了农民能够获得长久且稳定的土地承包权,农民劳动生产的积极性被充分调动,农村生产力得以充分释放。社会主义市场经济建设早期,以家庭承包经营体制运行的集体土地制度,提升了中国农业乃至所有产业的国际竞争力,为中国现代化起飞提供了可靠的"三农"保障(程漱兰 等,2022)。农地制度是乡村发展和城乡融合进程的重要基础性制度,以农地制度为基础的乡村资源开发对乡村振兴,乃至中国的经济增长与社会稳定均产生着深远影响,也是决定农业现代化和共同富裕目标能否实现的基础性制度安排。

本章结合调查数据,梳理李庄村集体土地资源整理的现状与成效,分别从耕地、宅基地和集体经营性建设用地三个方面研究李庄村土地产权制度与资源开发利用的现状与模式,阐释李庄村集体资源资产开发利用成效,以李庄村为样本,为城乡深度融合背景下提升乡村土地资源开发利用效能提供参考。

第一节 土地资源利用概况

充分释放农村土地市场价值,对乡村振兴至关重要。要利用好、发挥好农村土地的功能作用,就要与时俱进地深化土地制度改革,推进土地制度创新,在完善农村土地制度的基础上,统筹推进农用地、集体经营性建设用地和宅基地改革。江苏是全国较早开展农村集体产权制度改革的省份之一。近年来,江苏致力于探索构建归属清晰、权能完整、流转顺畅、保护严格的农村集体产权制度。截至2021年3月,江苏超过99%的村(居)完成改革,整省试点任务基本完成。[①]当前,李庄村土地资源利用效能持续提升,初步形成了以高标准农田建设为载体、村庄空间资源整治为抓手的集体资源集约化、规模化利用模式。

一、耕地资源开发与利用

作为苏北平原地区,李庄村并不存在林地、丘陵等其他地类。平原是李庄村土地资源的主要类型。目前,李庄村土地资源利用情况良好,基本不存在增量集体经营性用地。近年来,李庄村耕地资源较为丰富,初步形成以旱地为主、水田为辅的耕地资源。

1. 集体耕地资源存量升、人均耕地面积超全省均值

李庄村耕地资源较为丰富。在农村土地产权制度改革和宅基地"三权"分置改革的实施背景下,农村土地资源整理步伐加快,大量土

---

① 数据来自:高位高质推进改革 创新创优走在前列(https://nynct.jiangsu.gov.cn/art/2021/3/25/art_13275_9714494.html)。

地被重新整理,李庄村土地资源存量明显提高。截至 2021 年年底,李庄村共有农用地面积 11 200 亩,相较于 2007 年的 7 320 亩,约增长 53.0%。其中,耕地面积 10 300 亩,约占全村农用地面积的 92.0%,相较于 2008 年的 6 420 亩,增长超过 60%。2007 年,李庄村人均耕地面积为 2.4 亩,已远高于同时期江苏全省人均耕地面积(0.95 亩),也超过全国人均耕地(1.4 亩)的水平。2021 年,李庄村人均耕地面积进一步提高至 3.3 亩,相较于 2007 年提高 37.5 个百分点,更是超过同期江苏人均耕地面积(0.86 亩)(见表 4.1)。调研中发现,2021 年李庄村农用地相较于 2008 年增长 53.0%的原因在于:一方面,早期国家征收农业税,当时是按照计税面积征收,农户都尽量瞒报宅基地和耕地面积,故意把自家的田地亩数填小;另一方面,随着农村土地测量标准的变化、遥感测绘技术的升级,现代信息技术对农村土地的测绘能力显著提升,客观上提高了农村土地的测量精准度。

2014 年是农村土地制度改革取得突破性进展的一年,如《关于引导农村土地经营权有序流转发展农业适度规模经营的意见》等一系列重要文件陆续出台,所有权、承包权、经营权"三权"分置的土地制度改革方向基本确立,农村建设用地开发利用进一步"盘活"。随着土地改革政策逐步落地,农村土地释放出巨大的改革红利。经 2015 年"确权"登记后,农户确权证上填报的土地面积真实可信。农业税费取消后,农户失去继续隐瞒耕地亩数的动机。因而导致 2007 年和 2021 年村里的土地面积出现很大幅度的增长。事实上,2007 年调查时也存在统计口径和测量误差问题。仅根据表 4.1 不能简单认为李庄村耕地面积同比增长 60.4%,这一结果可以表明在农村集体土地"确权"和精确测量之后,李庄村实际土地面积的确有一定增长。

2. 集体耕地以旱地为主、高标准农田建设稳步推进

2021 年,李庄村耕地面积中,灌溉水田 4 700 亩,旱地 5 600 亩,

分别占耕地总面积的45.6%和54.4%。灌溉水田面积比2007年减少2.1%,旱地面积相较于2007年有较大幅度增长,增长率达到245.7%。对比2007年和2021年,可以发现,李庄村耕地资源结构发生根本性转变。2007年,李庄村耕地中以灌溉水田为主,占比74.8%。到了2021年,李庄村耕地面积则以旱地为主体,占全村耕地面积的54.4%,比2007年上涨了115.5个百分点,增加一倍多(见表4.1)。其中,种植粮食7 300亩,其他经济作物则达到3 000亩。村里目前还有部分藕塘。据了解,藕塘原是村内红薯加工企业美阳农林取水的水塘,由于空置,也没有收益,就由美阳农林二次发包给大户种植浅水藕。

表4.1 李庄村土地资源整体变化情况

年份 类型	2007年	2021年	变化率/%
农用地面积/亩	7 320	11 200	53.0
耕地面积/亩	6 420	10 300	60.4
耕地面积占比/%	87.7	92.0	4.9
人均耕地面积/亩	2.4	3.3	37.5
水田/亩	4 800	4 700	−2.1
旱地/亩	1 620	5 600	245.7
水田占比/%	74.8	45.6	−39.0
旱地占比/%	25.2	54.4	115.5

根据李庄村水田和旱地的实际情况,部分水田种植莲藕等作物,部分旱地种植山芋。原因是,李庄村2010年引进美阳农林农产品加工企业,该企业主要从事红薯加工粉丝产业。因此,李庄村有一定规模的旱地种植山芋经济作物专供美阳农林企业。调查中也发现,部分种植山芋的从事农业经营的农户,属于美阳农林专供的"订单农业"务工者,农户每月领取固定工资,打理山芋。目前,李庄村主要耕种作物为小麦、水稻、玉米、花生等一年两季轮种传统农作物。近年

来,西瓜、莲藕、山芋等蔬菜瓜果类经济作物的种植规模逐步增长。部分旱地开始套种或专种西瓜、苹果、桃树、景观树等经济作物和果蔬,同时存在林下零星"套养"鸭、鹅等家禽的情况,但整体面积不大。

二、非耕地资源开发与利用

李庄村集体非耕地资源利用情况良好:一方面,公共设施用地面积变化不大,居民集中居住区占地面积大幅度减小,为村庄非耕地资源利用创造了有利条件;另一方面,伴随着乡村生态环境整治以及两家非农企业的引入,集体存量经营性用地非农化利用率较高,乡村生态环境持续改善。

1. 公共设施占地稳定、居民点占地则明显减少

应当说,在"三权"分置土地制度改革政策的指引下,农村土地流转政策进一步放宽。乡村参与土地承包的各主体均能依照相应法律法规合理开展土地经营、流转等工作。从李庄村土地资源的整体开发情况来看,截至调查之日,李庄村基本没有"四荒地"等未利用或未开发的土地资源。据村干部介绍,2021年,李庄村土地面积11 200亩,其中,耕地面积10 300亩,承包地面积9 500亩,出租地面积(集体直接承包出租)9 950亩。居民点用地48亩,相较于2007年居民点占地900亩而言,居民点占地减少852亩,村民在社区集中居住,极大地节约了村民居住占地面积。在公共设施方面,2021年,李庄村公共设施用地面积(集体设施占地)为30亩,与2007年相比没有变化。目前李庄村新村部,即村部便民服务大厅,是两层楼建筑,周边还有配套裙楼和村卫生室等便民服务设施。值得一提的是,该村部系江苏省社会科学院对口帮扶时所修建。村部建成已有15年,村部大厅内硬件办公服务设备齐全,村部整洁,村内公共事务井然有序。

2. 生态湿地从无到有、乡村生态环境持续改善

李庄村人居环境整治成效明显。特别是2019年以来,村内新增3 500亩非养殖水域,美丽乡村建设取得阶段性成效。据了解,李庄

村非养殖水面现在全部变成生态湿地的原因有二：一方面，2018年8月25日发生大洪水，当时泗洪规划双沟镇李庄村在泄洪规划区内，李庄村发挥泄洪区功能，实施泄洪，导致大户所承包养殖螃蟹的水田或塘口基本被填平；另一方面，李庄村原有养殖塘口（水田）均在生态湿地的绿色保护区内，划定"生态红线"后，村内不再允许发展养殖业，导致很多养殖螃蟹的塘口均被清除。上述事件与政策的综合影响，导致李庄村目前基本没有养殖水面。然而，非养殖水域变成生态湿地，也吸引了很多水鸟（白鹭）和动物（牛羊），还有芦苇荡，促使李庄村生态环境整体得到明显改善。应当说，在合理的开发与规划引领下，村内土地资源集中效率明显提升，形成了颇具特色、功能完善的村内土地资源配置格局，"落霞与孤鹜齐飞，秋水共长天一色"的美丽乡村画卷跃然纸上。

3. 新增工业设施用地、夯实非农产业用地保障

村庄目前的工业设施用地占地240亩，相比2007年有明显增加。原因是，2018年村内分别引入了美阳农林和德康饲料两家农产品加工企业，上述两家公司占村内土地面积共240亩。其中，德康饲料占地面积80亩，美阳农林占地面积160亩。美阳农林主要从事粉丝加工生产，在李庄村的土地利用模式主要是企业在村内承包土地，发动当地村民种植红薯，专供该企业深加工，同时租用村工业设施用地建设粉丝加工厂房。目前，尽管李庄村内并没有成规模的超市、娱乐场所等服务业或商业设施，但工业及村内道路基础设施基本完善，空间资源利用情况良好，村内道路和公共区域卫生整洁。

第二节　土地承包、流转与经营

《中华人民共和国农村土地承包法》第四十八条规定：发包方将农村土地发包给本集体经济组织以外的单位或者个人承包，应当事先经本集体经济组织成员的村民会议三分之二以上成员或者三分之

二以上村民代表的同意,并报乡(镇)人民政府批准。规范的农地制度既确保了农户流转土地的租金收益和相关合法利益,又提高了农地承包流转的效率。李庄村越来越多种植大户开始从事专业化、规模化农业生产经营,以往分散经营、效率不高的局面显著改善。健全的制度体系增强了李庄村存量土地资源开发利用效能,提升了农户流转租金收入,也大幅度减少了因土地流转所产生的纠纷与矛盾。

一、土地确权情况

自 2015 年确权以来,李庄村农户土地承包手续越来越健全规范。调查中发现,农户基本拿到了由中共泗洪县委农村工作办公室印制的中华人民共和国农村土地承包经营权证。

据了解,当前的政策规定:承包期内,承包方采取转包、出租、入股方式流转土地承包经营权的,无须办理农村土地承包经营权证变更。采取转让、互换方式流转部分土地承包经营权的,土地承包经营权共有人自愿放弃土地承包经营权的,承包方须办理农村土地承包经营权变更。承包期内,承包方全家迁入设区的市,并转为非农户口的;或者承包方提出书面申请,自愿放弃全部承包土地的,应当将农村土地承包经营权交回。[①]

二、土地承包情况

相较于 2007 年,2021 年李庄村农户土地承包整体情况呈现户均承包面积增长的变化。2008 年调查显示,全村在第一轮土地承包期内共调整土地 3 次,调整面积为 6 420 亩,第二轮承包期内调整土地 1 次,调整面积为 351 亩。调整的主要原因是高速公路征地后,小组内农户之间人均土地面积差别较大,将被征地涉及村组的土地调

---

① 上述政策规定详细标注于《中华人民共和国农村土地承包经营权证》注意事项中。

平。目前,就受调查农户而言,李庄村承包土地的农户中,单位承包面积显著增长,土地承包进一步向少数大户集中经营。由表4.2可以看出,2008年调查时,李庄村承包面积在6~10亩的农户数为90户,占全部调查户的54.2%。21~40亩承包户2户,仅占比1.2%,40亩以上承包户没有。2021年,土地承包农户单户承包面积集中在11~20亩,占受调查户的54.5%,该区间农户承包总面积为755.9亩,占全部受调查户承包总面积的59.8%。在内生动力和外源性经营模式的共同作用下,李庄村农户单户土地承包面积明显增加,这一点从李庄村两轮调查农户土地承包经营情况的对比中得以充分体现(见表4.2)。

表4.2 农户承包规模变化情况

年份 经营面积	2007年		2021年			
	户数/户	比重/%	户数/户	比重/%	面积/亩	比重/%
5亩及以下	34	20.5	10	9.9	14.8	1.2
6~10亩	90	54.2	25	24.7	211.6	16.7
11~20亩	40	24.1	55	54.5	755.9	59.8
21~40亩	2	1.2	11	10.9	282.5	22.3
41亩及以上	0	0	0	0	0	0
合计	166	100.0	101	100.0	1 264.8	100.0

三、承包地流转情况

"三权"分置的关键在于保留村集体对于农村土地的所有权。在保障村民拥有土地承包权的前提下,引导鼓励本村居民向本村或非本村居民流转土地经营权,从而达到提高农村土地利用效率、保障集体村民土地资源合法收益的目的。目前,村民对李庄村集体土地的承包意愿明显提升,承包后更多采取流转经营以获得土地流转收益的形式获得土地租金收入。

1. 承包地流转进程加快、流转农户占比明显提高

目前,李庄村拥有3家工业制造业企业,高标准农田建设和土地集中化利用水平显著提升。对于绝大多数农民而言,依赖土地从事农业生产的模式已发生根本性转变。2016年,李庄村实现脱贫。当前,农民的基本生活保障主要来自城镇务工、建筑业以及运输业服务,对土地经营的依赖程度大幅度降低。由此,农户倾向于流转承包地的行为动力更为明显,小农户之间的承包地流转也更为普遍。整体而言,李庄村承包地流转仅限于本村范围内,即便有外地大户来本村经营土地,但外地大户作为土地经营需求方,基本模式也是先通过整合本村农户所拥有的土地资源供给后再与经营主体签订承包经营合同,规范土地经营权流转双方的权益后开展土地经营利用。此外,随着李庄村本村农民劳动力异地转移进程(本县其他乡镇居多)逐渐加快,农户自有承包地流转的速度呈现加快趋势。2007年,在调查的167个样本农户中,有56户存在承包土地流转现象,占33.5%;2021年,在调查的130户农户中,存在土地流转的农户达到112户,占比86.2%(见表4.3)。

表4.3 李庄村农户承包地流转情况

年份 是否土地流转	2007年		2021年	
	农户数/户	比重/%	农户数/户	比重/%
是	56	33.5	112	86.2
否	111	66.5	18	13.8
合计	167	100.0	130	100.0

2. 流入土地经营户数量少、单户经营面积普遍扩大

第一,从经营承包地来源来看,本村居民是当前李庄村土地承包的主体,但本村外经营大户流转面积更大。第二,流入土地的经营农户数量少、单户经营土地面积大是李庄村农户土地经营的主要特点。2021年,在调查的130户中,仅有5户流入土地,总面积194.5亩,平均每户流入38.9亩,最小为13亩,最大为130亩。超过半数的流入户流入面积在15亩以上,流入面积在20亩以上的流入户占比为40%。对比2008年调查的167户中,有44户流入土地,总面积292.5亩,平均每户流入6.65亩,最小为1亩,最大为19.6亩。超过半数的流入户流入面积在5亩及以下,流入面积在10亩以上的流入户只占22.7%。第三,农村土地流入可能存在多次流转和流转主体变化的情况。2007年,流入土地的44户农户大多数是在2004年以后流入土地的,2004—2007年流入土地的农户有32户,占流入土地农户总数的72.7%。到了2021年,流入土地的5户农户的流入时间基本集中在2018年之后(见表4.4)。上述情况说明,流转主体逐步向村外经营主体的转变,以及土地流转时限延长所引致的经营稳定性提升,促进了农村土地流转的灵活性和流转率。此外,李庄村流入土地的农户具有少且单户经营面积大的特点。

表4.4 李庄村农户流入土地规模情况

年份 流入面积	2007年		2021年	
	农户数/户	比重/%	农户数/户	比重/%
5亩及以下	23	52.3	0	0
5.1~10.0亩	11	25.0	0	0
10.1~15.0亩	9	20.4	0	0
15.1~20.0亩	1	2.3	3	60.0
20亩以上	0	0	2	40.0
合计	44	100	5	100

事实上,新型农业经营主体作为农村土地的实际需求方,已成为当下农村土地经营的需求"引擎"。在中国城镇化进程中,大量农民进入城市地区务工就业,甚至定居,这是城镇经济增长和城镇集聚效应功能得以充分发挥的必要条件。理论而言,乡村全面振兴并不否定城镇集聚经济和农村流动劳动力"用脚投票"的"自然选择"。随着大量农村劳动力流向城镇,乡村普遍存在的"空心化"、发展内生动力

不足的问题随之凸显,乡村衰落有其必然性和趋势性。乡村全面振兴则是在顺应城镇化发展趋势的前提下,重塑乡村内生发展动力。诚然,乡村全面振兴不等于乡村全部振兴,就培育发展现代农业经营体系而言,大力发展新型农业经营主体是推动农业现代化进程的重要抓手。尽管"三权"分置改革打破了束缚农地资源充分利用的制度桎梏,但如何充分发挥"三权"分置改革政策激励对带动农户增收的促进作用,在很大程度上还依赖于新型农业经营主体的发展水平及其与小农之间的利益联结程度(周力 等,2022)。就新型农业经营主体与农村土地利用效率的关系而言,在各类新型经营主体中,家庭农场和专业大户自身农地需求大而具有显著的直接拉动效应,农民专业合作社的互助联合能带动农户之间农地流转的论据已被国内较多文献证明(肖卫东 等,2016;洪银兴 等,2019;李江一 等,2022)。结合李庄村的调查可以发现,以专业大户和家庭农场为代表的新型农业经营主体显著带动了李庄村单户土地经营面积的扩大。农地"三权"分置改革强化了新时代农业现代化发展的制度基础,也激发了新型农业经营主体从事大规模农业生产经营的积极性。

3. 流出土地承包户数量多、服从规划是其流出主因

第一,小规模土地流出比重较高。村集体是农村土地的实际发包方。与李庄村土地流入集中于少数大户和个别农户的现实情况不同,李庄村农户土地流出已成为普遍现象,仅在调查中就发现少部分农户在本村从事涉农行业,但自家土地已基本流转出去。这一进程中,政府推动是主要原因。此外,大部分农户外出务工,家中只剩下老人和儿童,无法从事农业生产经营,也导致农户土地流出。当前,农户流转出土地的情况较为普遍,这与2008年调查时形成鲜明对比。从表4.5可以看出,2008年调查的167户中,有16户流出土地,总面积82.4亩,平均每户流出5.15亩,最小为0.8亩,最大为20亩(140号农户因劳动力少,2007年流出土地20亩,亩年租金200元)。有68.8%的土地流出户流出面积在5亩及以下,流出面积在

10 亩以上的流出户只有 1 家,占 6.3%。2021 年,农户流出土地情况相较于 2007 年发生较大改变。首先,流出土地农户户数显著增加。2022 年调查的 130 户农户中,流出土地的农户为 107 户,约占全部调查户的 82.3%,绝大多数农户选择将自己的土地流转出去给别人耕种或搞养殖。其次,单户流出土地面积显著增长。2021 年,李庄村选择流出土地面积在 10.1~20 亩的农户占流出土地农户的大部分,占比超过流出土地农户的 50%,流出土地最多的一户流出 34 亩,最少的流出 2 亩,平均每户流出土地面积也达到 12.8 亩。最后,大面积土地流出的农户数量明显增多。调查农户中,共 19 户土地流出农户的土地流出面积超过 20 亩,占比 9.3%(见表 4.5)。上述情况说明,当前,李庄村农户依赖土地从事农业生产经营的生活方式已发生根本性转变。农户更多是通过保留农村土地获得部分流转财产性收入,单纯依靠土地资源开展种、养殖业农业生产经营的农户数量明显下降。

表 4.5 李庄村农户流出土地规模情况

流入面积	2007 年		2021 年	
	农户数/户	比重/%	农户数/户	比重/%
5 亩及以下	11	68.8	6	5.6
5.1~10.0 亩	4	24.9	33	30.8
10.1~15.0 亩	1	6.3	39	36.5
15.1~20.0 亩	0	0.0	19	17.8
20 亩以上	0	0.0	10	9.3
合计	16	100	107	100

第二,农户经营权流出高峰集中在 2008 年后。从有流出土地时间记录的调查农户样本来看,大部分是在 2008 年以后,2009—2019 年流出土地的农户有 81 户,占流出土地农户总数的 86.2%(见表 4.6)。

表 4.6 李庄村农户流出土地时间

流出时间	2021年	
	农户数/户	比重/%
2000 年	2	2.1
2002 年	1	1.1
2006 年	6	6.4
2008 年	2	2.1
2009 年	13	13.8
2010 年	12	12.8
2011 年	3	3.2
2012 年	6	6.4
2013 年	4	4.3
2014 年	11	11.7
2015 年	10	10.6
2016 年	1	1.1
2017 年	4	4.3
2018 年	5	5.2
2019 年	12	12.8
2020 年	2	2.1
合计	94	100.0

第三,服从村里政策统一规划是农户土地流出的重要原因。2008年,在土地流出的16户调查户中,农户流出土地的原因按应答频数的多少依次为:劳动力少、种不过来的有12户,占75.0%;因外出打工流出土地的有3户,占18.8%;还有1户是服从村统一规划而流出土地,占比6.2%。说明外出打工并非彼时李庄村农户流出土地的主要动因。对比2022年调查的94户流出土地农户则可以发现,土地流出原因为服从乡村统一规划的农户数达到66户,占比70.2%。其次是劳动力少、种不过来的农户,有9户,占比9.6%。与此同时,有6户农户转向非农领域就业而流出土地,占比6.4%。仅

有1户是考虑获得土地出租收益而流出土地的,占比仅为1.1%。值得一提的是,在2022年所调查的94户农户中,有9户是因为流转土地的收益高于自己耕种而选择流出土地,占比9.6%,该比重与家中缺劳动力而转出土地的比重相当(见表4.7)。由此可见,农户转出土地的动机日趋多元化,服从乡村统一规划而转出土地的比重增加,寻求耕种"代理人"与缺劳动力同样是农民转出土地的重要原因。此外,部分农户转向城镇非农领域就业而放弃耕种的也占有一定比例。

表4.7 李庄村农户流出原因

流出土地原因	年份	2007年		2021年	
		农户数/户	比重/%	农户数/户	比重/%
劳动力少,种不过来		12	75.0	9	9.6
外出打工		3	18.8	3	3.2
转向非农领域就业		0	0.0	6	6.4
土地的收入		0	0.0	1	1.1
服从乡村统一规划		1	6.2	66	70.1
土地流转收益高于自己种		0	0.0	9	9.6
合计		16	100.0	94	100.0

注:把2007年回答"年龄大了、转给子女种"一类归类为"劳动力少,种不过来"一类,重新统计。

4. 流转流程规范,收益增长、土地流转纠纷明显减少

一方面,土地流出流程规范,土地流转租金收益明显增长。作为农村最重要的稀缺要素,土地资源始终都是乡村资源的重要组成部分。对于农户而言,土地流转后获得的租金收益也是家庭收入的重要部分。事实上,对比2007年,2021年李庄村农户土地租金收益有明显提高,农村土地资源的价值得到更充分体现。2007年,被调查农户流出土地基本上以无租金和低租金为主。其中,调查户中没有租金的有6户,占37.5%;亩年租金在200元以下的有6户,占37.5%;亩年租金在300元及300元以上的流出土地农户只有4户,

占 25.0%。2021 年,李庄村农户土地流出租金基本保持在水田每亩年租金 850～900 元,旱地每亩年租金略低,也能达到 500～600 元,相比 2007 年有较大幅度的提升且流出土地的农户均能获得不等的土地流转收入。具体来看,首先,水田和旱地是李庄村农户流出土地的主要类型,林果地、四荒地基本没有农户流出。2021 年,李庄村村民流出水田面积平均 5.72 亩,最大面积 23 亩;流出旱地平均 7.08 亩,最大面积 22.4 亩。水田和旱地亩均租金均值分别为 841.18 元和 617.31 元,水田亩均单价略高于旱地。其次,从流出土地租金收入来看,流出土地的农户可获得土地流出收入均值 9 057.12 元,流出土地的农户最多获得了 25 280 元的年收入(见表 4.8)。以上情况显示了李庄村土地流转市场和政府的规范性、农户间土地流转制度的灵活性和便捷性。此外,大部分农户选择将土地流出,既能促进农村土地资源向大户、家庭农场等新型经营主体转移,也极大地降低了单户从事农业生产经营的复杂程度。

表 4.8 2021 年李庄村农户流出土地的租金及构成

	最小值	最大值	均值	标准差
水田面积/亩	0	23	5.72	3.71
旱地面积/亩	0	22.4	7.08	4.89
水田亩均租金/元	800	900	841.18	21.24
旱地亩均租金/元	500	750	617.31	92.99
流出土地租金总额/元	0	25 280	9 057.12	4 535.16

另一方面,在 2022 年受访的 130 户中,涉及土地流转纠纷的农户仅有 2 户,这与 2007 年 8 户农户发生土地流转纠纷的情况形成鲜明对比。自 1995 年二轮承包以来,截至 2007 年,李庄村土地流转纠纷发生的频率不高,共计发生 8 起土地纠纷。2022 年调查时发现的 2 起纠纷事件,主要涉及农户之间土地、山林、水利等产权纠纷(见表 4.9)。应当说,农村土地承包与流转制度日臻完善,涉及农户间土地流转的纠纷事件大幅度减少。然而,我们在调研中还发现,有一户养

螃蟹大户与村集体之间存在蟹塘承包地征用纠纷。具体事件当事人：李某某，在李庄村承包400亩水田养殖螃蟹。在李庄村建立李庄螃蟹养殖合作社，共7名村民入社。2018年拆迁征用时，政府承诺按照1 500元/亩进行征用赔偿。但截至调查之日，据当事人介绍，合作社成员及李某某并未获得任何赔偿。周边乡镇存在蟹塘征用情况的农户，如魏营镇、石集镇、姚园镇均已发放征地补偿，目前仅双沟镇未补偿。但上述纠纷主要是承包地征用方面，土地流转方面的纠纷基本没有。

表4.9 李庄村农户土地流转纠纷

		2007年		2021年	
		农户数/户	比重/%	农户数/户	比重/%
纠纷类型	土地流转纠纷	2	25	0	0
	相邻农户边界不清纠纷	2	25	0	0
	其他	4	50	2	100
	合计	8	100	2	100
纠纷原因	村级组织强制流转	3	37.50	0	0
	返乡务农劳力要田种	1	12.50	0	0
	其他	4	50	2	100
	合计	8	100	2	100

李庄村的土地经营主要是以种植粮食为主的耕地经营，只有少部分农户从事林牧渔的经营。由于本地工业化水平依然较低，农业剩余劳动力大多外出打工，撇开疫情因素的影响，外出从事建筑、保姆、工业的务工人员工作较为固定。

四、承包地经营情况

就流转后土地的实际经营情况而言，规模化经营是李庄村当前耕地经营的主要模式。耕地经营农户占比少，单户小面积经营占比少，少数农户实际经营、单户经营面积大是李庄村土地经营的新特点。李庄村土地逐步流转到更有经营意愿、更具经营能力的少数大户手中。这不是李庄村的特例,而是农村土地制度改革打破了土地束缚劳动力的传统桎梏。在城乡融合发展的现实背景下,大量农村劳动力离开土地进入城市非农领域就业。农村耕地经营也都呈现适度规模化的趋势。

1. 耕地经营户数减少、单户经营面积显著提高

当前,实际经营耕地的农户户数占受调查户比重较小,流入土地开展农业经营的农户就更少。与此同时,单户经营耕地面积较大是现阶段李庄村土地经营的主要特点。2007 年,被调查的 167 户农户基本从事农业经营。经营散户和小农户较多,单户经营面积小是当时李庄村土地经营的主要特点。资料显示,2007 年,被调查农户实际经营耕地 1 756.12 亩,平均每户 10.52 亩,经营面积最多的为 34.5 亩。其中经营水田 811.4 亩,户均 5.14 亩,最多的 21 亩;经营的旱地面积 935.42 亩,最多的 24 亩。2021 年,该情况有较大的变化。首先,李庄村实际经营土地的农户数量明显下降。在调查的 130 户农户中,仅有 21 户依然从事土地经营,占比仅为 16.15%。其次,单户土地经营面积明显提高。2021 年,被调查的 21 户中,实际经营耕地面积最小的为 1.1 亩,最大面积达到 189 亩。21 户土地经营农户耕地经营面积合计 698.77 亩,尽管土地经营总面积相比 2007 年的 1 756.12 亩大幅度下降,但单户土地经营面积达到 33.27 亩,已超过 2007 年单户经营面积 10.52 亩的 3 倍。最后,从土地经营构成来看,李庄村实际经营土地以旱地为主。2007 年,调查户中水田经营面积与旱地经营面积(935.42 亩)较为接近。然而,2022 年调查发现,土地经营主要以旱地为主,旱地经营总面积为 279.55 亩,几乎是水田经营面积(111.87 亩)的 2.5 倍(见表 4.10)。

表 4.10 农户耕地经营情况

年份	2007 年				
指标	农户数/户	最小/亩	最大/亩	总数/亩	户均/亩
实际经营耕地面积	167	0.50	34.50	1 756.12	10.52
水田面积	158	0.90	21.00	811.40	5.14
旱地面积	148	0.50	24.00	935.42	6.32
实际经营耕地面积	21	1.10	189.00	698.77	33.27
水田面积	20	1.00	10.25	111.87	5.59
旱地面积	21	2.00	130.00	279.55	13.31

2. 规模化经营格局初显、经营耕地政策保障充分

2021年,按农户经营耕地的多少分组,农户经营面积在10.1~15亩的居多,有8户,占38.1%;经营面积在100亩以上、15.1~20亩以及10亩以下的农户均为3户,占比均为14.3%。整体而言,农户耕地经营规模与2007年时有较大改变。2007年,按农户经营耕地的多少分组,农户经营面积在5.1~10亩的居多,有78户,占46.7%;其次为10.1~15亩,有33户,占19.7%;再次是5亩及以下,有25户,占15%。经营面积在15亩以下的农户数占了81.4%,而经营面积超过20亩的农户只占8.4%(见表4.11)。少数人经营、单户耕地经营面积扩大更有利于实现农村土地的集约利用。较大规模的耕地承包种植也有利于获得国家相应的政策补贴。整体而言,一般承包100亩以上耕地用于农业生产的,就可以享受政府每亩200元左右的补贴。其中,种植业以商品化经营为主,一年一熟地区露地规模100亩及以上,一年二熟及以上地区露地50亩及以上,农业设施占地25亩及以上,可依据地方政策和标准获得农业补贴。就李庄村实际情况来看,经营规模达到50亩及以上就能获得相应政策扶持。因此,不论是农业生产经营自身需要,还是从国家政策扶持的角度来看,规模化、产业化都是促进农村土地集约利用、提升农业产业效益的重要路径。

表 4.11　农户耕地经营面积分组

年份 经营耕地分组	2007 年		2021 年	
	农户数/户	比重/%	农户数/户	比重/%
5 亩及以下	25	15.0	3	14.3
5.1~10.0 亩	78	46.7	3	14.3
10.1~15.0 亩	33	19.7	8	38.1
15.1~20 亩	17	10.2	3	14.3
20.1~25.0 亩	9	5.4	1	4.7
25.1~50.0 亩	5	3.0	0	0
50.1 亩~100.0 亩	0	0.0	0	0
100 亩以上	0	0.0	3	14.3
合计	167	100	21	100

通过对比表 4.4 和表 4.11 的农户土地流入和农户耕地经营面积可以发现，不论是新型农业经营主体还是农户经营，李庄村单户承包土地面积相较于 2007 年明显增加。

农村土地制度改革是导致李庄村土地承包经营格局发生变化的重要原因。一方面，随着城镇化建设的推进，大量劳动力进城务工，更多中青年劳动力更愿意进城获得更高的收入。调研中也发现，村里年轻劳动力很少，基本以老人和小孩为主。另一方面，对于农村而言，历经多次土地承包调整和土地整理，李庄村土地的集中利用率明显提高。更多种植大户开始从事专业化、规模化农业生产经营，现代农业机械和农业现代化水平提升了传统农业的生产效率。更多的社会资本开始涌入李庄村参与土地承包和专业农业生产经营，新型农业经营主体快速发展，李庄村现代农业的产业、生产、经营体系逐渐完备。据了解，李庄村新型农业经营主体，如家庭农场、合作社、专业大户等快速发展也带动了现代农业经营体系的持续完善。目前，在村内所拥有的种植粮食等大宗作物种植面积在 50 亩以上的 11 户种田大户中，4 户来自本村，7 户来自外村。

单位土地经营面积的增加，不仅能够提升土地利用效率，也能够将大量农民从土地经营中解放出来,更好地从事非农产业。应当说,农地制度改革从基层制度层面释放了农村生产力,我们可以从生产力和生产关系的辩证演进深入分析这一问题。纵观中国农地制度改革,"合久必分""分久必合"的政策演进有其历史的必然性和必要性,政策的多次针对性调整也是对农业农村突出问题的及时调整。事实上,改革开放初期家庭联产承包责任制和2015年以来实施的"三权"分置改革存在本质差异。改革开放之前,由于国家长期实施的计划经济体制,在农村实行"互助组""初级社""高级社"再到"人民公社"的农业经营体制,受制于经济发展和向城市工业经济"输血"的需要,国家通过计划经济资源配置、农业与非农"剪刀差"等政策措施从农村地区吸取农产品服务工业经济发展。改革开放初期的家庭联产承包责任制是针对计划经济和农村发展落后的现状所提出的。随着改革开放的深入推进,过于分散的农户经营体制又出现"小农户"与"大市场"之间的矛盾,大量小农分散经营模式又难以应对国内逐步开放的商品与要素市场的冲击。鉴于此,国家层面再次出台鼓励农村土地集中规模经营的政策,"三权"分置改革呼之欲出。"三权"分置改革是顺应国内农村劳动力流动、解决农地分散经营的针对性举措,更是在市场经济作为资源配置主导机制前提下的政策转型,其与改革开放之前的国家计划经济体制存在本质差异。当前,在农村劳动力"用脚投票"和新型经营主体自由"下乡"从事农业生产的市场机制资源配置条件下,农村土地向大户,甚至向本村以外的经营主体集中,村集体耕地向新型农业经营主体集中更能发挥农地资源的利用效率。从李庄村的实践来看,单户承包土地面积显著增加不仅有助于提升农地利用效率,而且也提高了农地开发效益。

第三节 农地所有权与土地制度认知

农村土地产权的模糊化对农民土地权益的损害是不争的事实,

土地制度的改革创新成为维护农民权益的首要办法。实践中,李庄村针对本村土地承包流转的情况,较早进行了诸如农村土地股份合作社等制度创新。2018年,李庄村成立土地股份合作社,入社农户300户;2019年又成立经济股份合作社,入社农户更是达到724户。土地股份合作社是农户以"农村土地承包经营权"入股合作社,把土地承包经营权变成股权,是农村"三变"改革的重要表现形式之一。入社土地由合作社统一耕种,农户除劳动收益外,还可享受年底分红。遗憾的是,李庄村资源运营管理形式的革新并没有转变农户对于土地权属的传统认知。

一、农户对承包地权属的认知

尽管城乡深度融合发展,农村土地产权制度改革和土地政策进一步推进,农民被束缚在土地上的生存模式基本得到改变,但苏北地区的农户对于农村土地所有权的认知依然不清晰。事实上,我国法律明确规定农村承包地归农民集体所有,且在我国《中华人民共和国宪法》、《中华人民共和国土地管理法》(以下简称《土地管理法》)等相关法律中均将农村土地的所有权主体界定为"农民集体",但"土地是国家所有"的观念在接受调查和访谈的农民思想中根深蒂固,这一点在对比2007年调查时也并未发生改变。2007年,在接受调查的167户农户中,有114户认为他们承包的土地属于国家所有,占被调查农户数的68.3%;认为是农民所有的只有30户,占18%;认为是村或组集体所有的只有17户,占10.2%。2021年,仍有57户农户认为土地归国家所有,占同期调查总户数的53.8%;认为土地归村集体所有的有23户,占比21.7%;认为土地归农民所有的农户比重相较于2007年有所下降。另外,在经历了多轮土地流转和农村土地整理之后,有更多的农户对承包地归属权产生模糊认知,应答"不清楚、不知道"的农户比例相比2007年还有所上升(见表4.12)。

表 4.12 农民对承包地的权属认知情况

年份 权属认知	2007 年		2021 年	
	农户数/户	比重/%	农户数/户	比重/%
国家所有	114	68.3	57	53.8
村集体所有	7	4.2	23	21.7
组集体所有	10	6.0	1	0.9
农民所有	30	17.9	19	17.9
不清楚	6	3.6	6	5.7
合计	167	100	106	100

在各级政府大力宣传和政策普及的情况下,农户对承包地所有权的认知依然没有发生较大转变。我们认为,可能的原因有如下三点:第一,目前农户的法律意识较为淡薄,对于土地集体所有的权属重要性认识还不足。部分农户只有在能获得流转收入等涉及切身利益的问题时才会关注土地产权问题,如前文提到的经营地征用补偿纠纷的案例。第二,由前文表 4.7 农户对于农地流出原因的分析可以看出,70.1%的农户在被问及土地流转的原因时都回答"服从乡村统一规划"。村里统一安排的土地治理、整合、流转等操作对于拥有分散农地资源的普通农户而言只能被动接受,由此导致农户对于土地所有权归属本身可能就没有统一的物权意识。第三,在调研中我们也发现,有部分农户反映,承包李庄村土地经营的基本都是与村支书或村干部有亲属关系的本村群众。我们暂不讨论由熟人经营是否会降低土地利用效率的问题,但仅从村内土地资源承包权的发包对象来看,交给村干部的熟人亲友承包在农村"熟人社会"中形成负面影响。因此,也加剧了农户对于承包地所有权的错误认知。

二、农户对宅基地权属的认知

《土地管理法》第九条规定,农村宅基地的所有权属于农民集体所有。对于宅基地的归属,李庄村多数农民认为是自己的私有财产,如表 4.13 所示,这与 2007 年调查时的情况基本一致。2007 年的 167 户被调查农户中,认为宅基地是私有财产的有 101 户,占 60.5%;认为不是私有财产的有 57 户,占 34.1%;不清楚的有 9 户,占 5.4%。2021 年受访的 88 户调查农户中,认为宅基地是私有财产的有 54 户,占比 61.3%;认为不是私有财产的仅有 7 户,占比 8.0%;回答不清楚的农户达到 27 户,占比 30.7%。

表 4.13 农民对宅基地的权属认知

私有财产 \ 年份	2007 年		2021 年	
	农户数/户	比重/%	农户数/户	比重/%
是	101	60.5	54	61.3
不是	57	34.1	7	8.0
不清楚	9	5.4	27	30.7
合计	167	100	88	100

当前,农户对宅基地是否可以转让则有比较一致的认知。2021 年,应答调查户 104 户中,有 69 户认为不可以转让,占比 66.3%;认为可以转让的农户仅有 27 户,占比 26.0%。对比 2007 年调查时,有超过 50% 的农户认为可以转让,可以发现,农户对于宅基地法定不能转让的认知越来越统一(见表 4.14)。

表 4.14 农民对宅基地可否转让的认知

可否转让 \ 年份	2007 年		2021 年	
	农户数/户	比重/%	农户数/户	比重/%
可以	91	54.5	27	26.0
不可以	70	41.9	69	66.3
不知道	6	3.6	8	7.7
合计	167	100	104	100

第四节　村集体资产管理与开发成效

2018年10月，江苏施行《江苏省农村集体资产管理条例》，为维护农村集体经济组织及其成员的合法权益、促进农村集体经济发展和乡村振兴提供了强有力的法律保障。从李庄村村集体管理人员构成来看，李庄村目前拥有7个村民小组，3 086人，村干部8人。其中，党员79名，集体事务管理井然有序。应当说，村集体收入是集体资产管理成效的最直观体现。当前，李庄村集体收支每年都有结余，"三资"账目清晰，村内基础设施建设较为完善。此外，李庄村早在2016年"十三五"之初就已实现脱贫达标，集体经济发展态势良好。目前，村集体账务基本上是单独核算的。村干部的手机终端安装有村级账务"阳光账户"App，可随时登录查询。

一、村集体收入稳步提升

从村集体收入来看，2021年李庄村集体收入63万元，没有债务，相较于2020年增加8万元。从村集体资产来看，李庄村拥有门面房、标准厂房等扶贫资产，所有权都在县里，扶贫资产每年带来的扶贫资产收入有17.6万元。水面＋堤坝发包可获得收入1万元，集体土地每年收入44.4万元，土地发包400亩，每亩500～900元。因此，2021年李庄村集体资产收入相较于2007年有较大改善，2021年村集体资产收入明显高于2007年，李庄村集体资产资源管理成效是显著的。2007年，李庄村公共事务管理除了2006年省挂钩扶贫机关捐建的村活动室、沼气池和猪圈等，平时的主要内容是财务管理和"一事一议"等项目的收费。从2007年李庄村的收入项目来看，上级补助和村集体企业上交费用是李庄村稳定的收入来源。其中，上级补助、计划生育罚款和"一事一议"收取的资金，大部分要上缴双沟镇财政，只有较小部分留在村里使用。

当前,李庄村的年轻人都出去打工,留守的大多是老弱病残学。2021年年末李庄村常住人口中,0~15岁儿童和65岁以上老人分别有360人和900人,老人和儿童常住人口的比重就高达40.8%。因此,每当村里决议大事时,传统的"集资干事"模式基本无法奏效,"一事一议"也基本取消。从2021年李庄村的集体资产收入来看,发包机动地收入以及扶贫资产的店面和厂房租金是村集体经济的主要收入来源。同时,机动地发包和厂房门面租金收入更为稳定。其中,机动地是"确权"后"小田变大田"所形成的碎块地整合的结果。门面房是县里的统一扶贫资产,具体就是镇里统一建立的门面房,位置在泗洪县三合佳苑小区一楼,净面积81平方米,由泗洪县城投公司统一对外出租。尽管李庄村的集体经济对土地、厂房等租金收入的依赖性较强,村内也缺少集体经济产业项目,但村委会作为党和政府密切联系农民群众的桥梁和纽带,仍承担着农业发展、土地管理、维护社会治安及公共事务管理等多项职能。2020—2021年,李庄村村集体每年都能结余部分资金。在减轻农民负担的同时,村集体仍能够获得部分结余资金,村集体发展的自身造血功能有所提升,也有了开展村内公共基础设施和公益项目建设的财力。

土地资源是李庄村集体最大的资产。第二轮土地承包时限将至,据村干部介绍,前两轮承包期是第一轮15年(1983—1997年),第二轮到2027年期满。2028年后,全省所有土地流转均将依托省级农村土地流转平台进行交易,价高者得,先交钱后种地,部分经营面积较小的个案可以走绿色通道。第二轮土地承包到期后,"谁来种地"是一个大问题。江苏省级层面目前计划出台一个所谓"熔断"的机制,不一定是最高出价者得,也会同时考虑之前承包者的利益,适当照顾给予经营权。

二、村集体支出大幅减少

2021年李庄村集体支出主要包括村干部工资和办公水电费用

两项。对比2007年和2021年李庄村财务支出可以看出,村集体财务支出明显下降,下降的部分主要是村干部工资。此外,垫交税费减免也减轻了村集体的财务负担。尤其是村干部工资、军烈属优抚、垫缴税费和上级检查费用基本免除。2021年,李庄村集体支出包括:村办公费(含水电)4万元;组干部人员工资0.75万元。2019年5月,中共中央、国务院发布了《关于建立健全城乡融合发展体制机制和政策体系的意见》,该意见明确提出:全面推行村党组织书记通过法定程序担任村委会主任和村级集体经济组织、合作经济组织负责人,健全以财政投入为主的稳定的村级组织运转经费保障机制。目前,李庄村的运作经费(含村干部工资)以政府财政投入为主,8名工作人员工资均为财政兜底,具体标准为:支部书记每月3 800元,村官每月3 200元。因此,李庄村集体资产经营管理有序,村集体运作正常,不存在拖欠村干部工资以及村级债务的情况。

李庄村在财务管理上仍保持着"村财乡管"的制度,这种制度比较适合村集体经济总量很小的行政村。农村"村财乡管"制度是在坚持村组集体资产所有权、资金使用权、财务审批权、民主监督权不变的前提下,按照村民自愿、依法委托的原则,在全县各行政村(含居民组)实行钱、账分离的农村财账"双代"制度,即在各乡镇会计核算中心设立村级财务核算组和村组资金管理组,村级财务和资金分别由村级财务核算组和村级资金管理组代理。村级财务核算及审核等业务由乡镇农经管理员代理,将村民委员会、村民小组的资金、账目交由乡镇农村服务中心管理,各村民委员会、村民小组不再设立会计机构,只设一名报账员,负责本村民委员会、村民小组的资金、资产、单据等财务管理工作。村级资金核算则由乡镇核算中心会计代理。

"村财乡管",一方面减轻了干部负担,提高了工作效率,规范了财务手续,节制了村组织的谋私行为;另一方面也节制了村组织这个自治体的自治权,在某种程度上减少了村级可自由支配的财力,导致村集体资产自治能力的下降。据村干部介绍，目前李庄村集体经济发展仍存在"痛点""堵点"。例如，在现有的农村土地制度下，村内招引产业发展项目时，在合同中已规定项目用地用途。政策规定，村里的水域、湿地资源不允许养殖，加之村内土地资源已开发殆尽，导致村里无法发展高附加值的禽畜养殖业。村集体应对的现实情况是，整合土地资源，通过"小田变大田"或拆迁的方式溢出土地和建设用地指标。目前，有350亩集体经营性建设用地指标，全部集中于工业项目。此外，新修订的《中华人民共和国土地管理法实施条例》于2021年9月1日施行，其中"集体经营性建设用地管理"是该实施条例的最大亮点。2020年11月，宿迁市首期3宗农村集体经营性建设用地在宿城区顺利上市成交，累计成交面积50.44亩，成交金额984.84元，标志着宿迁市农村集体经营性建设用地入市试点工作取得阶段性成果。据了解，2025年之后，李庄村集体经营性用地也将全部"上平台"，但上述村内的集体经营性用地全部放在乡镇一级"交易"，村里既没有自主权，也没有拍卖权。目前的集体经营性建设用地主要针对新增用地，存量用地的交易细则还没有进一步明确。然而，李庄村增量可利用空间已经非常少。因此，可以预期的是，集体经营性建设用地"入市"对李庄村发展的实际推动效果可能也十分有限。此外，据了解，已整理出的350亩存量建设用地的实际招商引资项目、企业也都是要由乡镇统筹、集中发包的，村里既不知道交易后土地增值收益的具体分配比例，也不知道具体金额。已有"土地增减挂钩"的异地指标交易收益也是由乡镇统筹，村集体同样没有分配权，只有"供地"义务。

第五节　集体产权与资源开发展望

党的二十大擘画了以中国式现代化全面推进中华民族伟大复兴的宏伟蓝图。全面建设社会主义现代化国家，最艰巨、最繁重的任务仍在农村。2023年中央一号文件明确指出,必须坚持不懈把解决好"三农"问题作为全党工作重中之重,举全党全社会之力全面推进乡村振兴,加快农业农村现代化。江苏是国内较早开展农村土地产权制度改革的省份之一。李庄村是多轮集体产权制度改革的见证者和实践者,是诠释中国农村集体产权制度改革成果的生动案例。农村土地资源是建设农业强国、扎实推进乡村发展与乡村建设、加速农业农村现代化发展的核心要素(李利宏,2016)。农村"三块地"是保障农民利益的底线,更决定着乡村全面振兴与农业强国目标的实现。基于此,我们以李庄村两轮调查研究为样本,提出我国乡村集体产权与资源开发的战略重点及对策建议。

一、完善农村产权制度改革

集体产权对资源型村庄治理的影响是全方位的(洛克,1964),中国农村土地产权制度及产权结构对乡村基层治理产生了深远影响。农业农村现代化是中国式现代化的稳定器与蓄水池,更是关乎社会稳定和长远发展的基础。事实上,改革开放以来,历次宏观经济危机或国内外环境复杂巨变之时,中国乡村均发挥了不可替代的"压舱石"作用。新时代,农村地区理应成为缺少进城能力和进城失败农民的退路,农村土地资源是中国农民的最后保障(贺雪峰,2018)。现代化阶段,应在保障农民利益的前提下,积极探索农村土地制度改革创新,夯实农业农村现代化的土地要素保障能力。李庄村集体产权和土地资源开发利用的历程正是中国农村土地制度改革创新的一个缩影。在"三权"分置的农村土地制度安排下,李庄村村民得以从土地束缚中解放出来,以城镇务工的形式分享城镇经济发展红利,又能在"确权"后获得流转土地租金收益或返乡创业。正是集体产权制度改革创新赋予新时代农民更多增收渠道,同时带动乡村非农产业发展,极大地提升了集体土地资源利用效率。因地制宜地深化农村土地产权制度改革无疑是乡村振兴和农业现代化的政策基石。

二、释放乡村土地资源效能

农村集体产权制度改革是重要的改革任务,直接关系到中国农业农村现代化和乡村振兴能否顺利实施。自 2010 年国家首次在国家层面提出要鼓励有条件的省份和地区先行进行农村集体产权制度改革以来,截至 2020 年,全国共开展了五批农村集体产权制度改革试点(潘丹 等,2022)。分析李庄村集体产权和资源开发利用模式与成效,无疑能为完善农村集体产权制度、提升农村资源开发利用效能、服务乡村振兴和农业农村现代化建设提供参考与借鉴。当前,李庄村土地和耕地面积较大,开发强度也较强,土地资源利用效能持续提升,村内空间资源利用与管理取得明显成效。在农村"三权"分置政策推动下,李庄村农户土地流转承包频次加快,农地规模化、集约化程度显著提升,既保障了大规模农村劳动力向城市流动的合法权益,也提升了农地资源利用效率。此外,规范的农地制度确保了农户流转土地的租金收益和村集体利益,一定规模的扶贫资产、工业项目、土地发包确保了村集体可以获得稳定的收益,由此也促进了李庄村乡村基础设施与公共服务配套日臻完善。李庄村的经验告诉我们,正式产权制度与乡村特色产业深度融合促进了乡村资源利用效率的提升。因此,在坚持土地性质和开发属性不变的前提下,应充分调动社会各界开发存量、增量乡村土地资源的积极性,牵住产业兴旺这一乡村振兴的"牛鼻子",释放土地资源效能。

三、提升内生发展动力潜力

耕地质量退化面积较大、资源环境刚性约束趋紧、农村一二三产业融合发展水平不高、制约城乡要素双向流动和平等交换的障碍依然存在、基础设施仍有明显薄弱环节、城乡发展差异依然较大,上述问题在中西部乡村尤为突出,在江苏这样的东部沿海发达省份也同样存在,导致上述问题的根源仍是城乡土地问题(刘凯,2018)。随着城乡融合步伐的加快、农村土地资源整合以及农村劳动力持续向城市转移,在传统"土地财政"模式仍未得到根本性改变的前提下,各地在农村土地征用、租赁、流转过程中难免出现损害农民利益的现象。由非对称"偏利共生"城乡关系所导致的城乡经济制度和市场地位的不平等,导致了乡村持续向城镇输送优质资源(刘彦随 等,2021)。乡村发展权的丧失比城乡差距的现实更值得关注。李庄村的实践表明,完备的产权制度能在农村土地资源开发中保障村集体和农民利益。乡村振兴依然要坚持发展农业产业,在乡村产业兴旺的基础上,巩固村集体事务管理的物质基础。能人"大胆闯",更要激发村民"共奋进",只有"转思想"、"拓思路"、探索资源集约高效利用模式、创新现代农业经营治理机制、打造农业生产经营新业态、夯实主体利益联结,才能保障村民自治的主体地位、增强村集体发展的内生动力(许爱霞 等,2019;张伟 等,2022)。当前,农民完全脱离土地仍不现实,土地仍是乡村最大的资源,也是农民权益的底线保障。因此,应给予村集体更多的发展自主权,科学统筹村域土地资源,增加村集体对村内招商引资项目的知情权,对集体经济仍然薄弱的村集体适当增加资金统筹分配,夯实基层集体产权制度的基础(刘松 等,2021)。

四、培育布局优势产业项目

制度是经济长期增长的重要因素,更是实现财富逆转的根本原因。本质而言,对乡村发展的歧视性制度框架的建立为改革开放初期城市化、工业化进一步奠定了上述制度基础,由此带来的城乡不平等的土地制度则是导致乡村发展权丧失以及城乡生产要素"乡—城"单向流动的根源(刘守英,2018)。因此,在现代化建设阶段,以乡村全面振兴推动乡村现代化进程,就要牵牢制度创新这个"牛鼻子"。在城乡共生共荣的制度框架下,准确、全面、重新认识乡村振兴和乡村现代化对于中国式现代化的重大意义,夯实乡村振兴的"压舱石"作用。与此同时,也应当认识到,现代化进程中,在城乡土地制度变革的影响下,必然有不少村庄会"消失"。事实上,人类现代化进程本身就是人类社会"熵减有序"对抗自然环境"熵增无序"的过程。因此,乡村振兴不是村庄全部振兴。农业农村现代化建设本身也应体现各村发展优势,坚持分类引导、因村施策原则,合理规划村集体先导产业,依照"四类村庄"划分标准合理区分村集体产业发展导向和主导产业门类。一是集聚提升型且集体经济实力较强的村应走"村企结合"型的集体经济之路。推进村集体与企业或其他主体开展股份合作,发挥龙头企业带动作用,强化"龙头企业+合作社+基地+农户"的新型经营主体利益联结。二是对于距离重要交通枢纽较近或城郊融合型村庄,应强化服务城市发展、承接城市功能外溢,大力发展"集体工业""物流服务业经济""生鲜农产品基地"。三是对于特色保护类村庄,应确立"三产融合"的产业发展定位,引入企业共同进行文旅资源的适度开发。只有基于村庄发展比较优势,科学布局规划村庄集体经济产业体系,优势互补,城乡融合发展,才能真正激活乡村发展潜能。

五、创新集体经济发展模式

粮食和重要农产品保供、农业基础设施建设、乡村产业高质量发展、宜居宜业和美丽乡村建设等乡村振兴重点任务均需建立在乡村土地资源优化配置的基础上,发挥土地要素资源的保障支撑。一方面,要进一步整合乡村土地资源要素,释放土地资源要素的发展效能(王春光,2021);另一方面,优化城乡土地资源配置也是加快推进城乡高水平融合进程的重点任务。坚持农村土地制度改革,以城乡"空间融合"扎实推进城乡"人的融合""经济融合""社会融合""生态融合",以促进城乡协同互促来实现城乡经济循环的畅通有序、城乡发展的"共生共荣"。当前,"统分结合"的集体经济模式在培育壮大重点帮促村集体经济进程中仍发挥着重要作用,应分类持续推进村集体经济发展模式创新(程漱兰 等,2022)。因此,首先应鼓励土地面积较广的村推广村集体领办新型家庭农场、股份合作等模式，建立村集体与农户的利益联结共同体，保障农户和村集体权益不受损失。其次，对于土地资源较少、发展空间受限的地区，则可借鉴江苏苏南地区的发展经验，基于已有的村集体经济"非农化"产业基础，推广镇村联合发展的项目推进模式。盘活存量集体经营性建设用地资源，丰富"镇建村购""村建镇租"等模式供给，鼓励村集体通过出资参与镇级平台联动发展、组建投资公司合作运营、抱团联建优质资产（方先明 等，2022）。同时，要对农村集体产权制度、宅基地"三权"分置改革等工作进行检查，对改革后的实际效果及运行程序情况进行跟踪。加强农村集体经营性建设用地盘活、整合力度，鼓励各地积极探索（唐浩 等，2022）。在农村集体经营性建设用地同地同权的努力过程中，灵活解决现实问题。最后，探索村集体经济有条件的转移支付与产业发展扶持相结合的"二元"政策帮促制度。一是对于产业发展类村设定一定的"门槛"条件。各级财政、农林部门开展重点帮促工作以及财政扶持款拨付改革，鼓励扶持"有产业基础、有发展前景、产业定位明确"的重点帮促村，加大产业发展类资金扶持力度。二是落实普惠性村集体发展帮扶政策。在加快落实针对村集体经济组织的税费减免政策与村集体资产保险政策的基础上，推广"政经分离""政社分离"改革，以乡镇为单位开展村级经营性资产、村级债务等整体投保模式，为村集体经济稳健发展保驾护航。

第五章　人力资源与就业结构

人是最宝贵的生产要素,亦是经济增长和社会发展的动力。世界发达国家的历史经验表明,随着工业化、城镇化进程的推进,农村劳动力向城镇转移是现代化的必然现象和一般规律。当前,我国正处于全面建设社会主义现代化国家的新征程,人的现代化是其中最突出、最核心的环节,亦是中国实现社会主义现代化强国的重要保障。基于此,本章以李庄村为样本,分析了该村2007—2021年人口数量、质量与结构的变化趋势,重点探讨了农村人口就业结构的变动及其对农村经济社会的影响,以期总结现代化快速推进过程中我国东部农村地区人力资源的变化状况、就业结构的演变规律,为后续研究者提供基本素材与经验的同时,也为我国农村社会的和谐稳定与可持续发展献计献策。

第一节　农村人力资源状况及其变动趋势

人力资源是指能够促进经济运行、推动社会发展的人的劳动能力,因人是劳动能力的客观载体,因而人力资源又泛指一切具有劳动能力的人。一般而言,人力资源包括智力和体力两个维度的劳动能力。在对发达国家与贫穷国家之间巨大的农业产出率进行了深入研究的基础上,作为农业经济学家的舒尔茨(2017)发现,农民技能运用和生产知识能力的不同是造成农业生产率差异巨大的主要原因,即智力劳动能力对农业生产率的边际影响更大,并由此提出,提高受教育水平、增加在职培训等人力资本投资是提升人力资本的最佳路径。从这个意义上讲,人力资本理论的核心观点,便是通过对人的投资,改善人的能力和素质,提高人的生产率(李实 等,2020)。党的十八大以来,发展农村教育、加强农村劳动力技能培训等已成为我国公共政策的重要内容,旨在通过智力劳动能力的提升,促进我国经济社会的可持续发展。然而,工业化、城镇化带来的巨大虹吸效应,使得农村优质劳动力资源外流,加之改革开放初期国家实行严格的生育政策以及由此带来的人们生育观念的改变,我国农村地区的人口结构、家庭结构随之发生了较大改变。农村人口老龄化与劳动力资源比例的同步下降,是未来相当长一段时间内我国的基本国情,亦是李庄村人力资源变化的重要特征。

一、农村人力资源综合开发情况

在抓好乡村教育的基础上,泗洪县各级政府将就业技能培训作为"服务农民"的重要抓手,并整合各类培训资源,积极培育懂技术、会管理、善经营的农村实用技术人才。首先,对县域范围内的农村劳动力资源进行"全面摸排、摸清底数、精准服务""普查登记、分类建档",对于未能实现充分就业的劳动力,与企业联合开展"订单式"免费技能培训。同时,积极开展"创业培训送课进村"活动,通过调查获得农村居民创业意愿、创业能力和创业难点等基础信息,并依据学历、创业经历、个性特征等开展更具针对性的培训。例如,对有创业意愿的劳动者开展创业意识培训,对具备一定创业条件且已创业的人员开展创业能力培训、电子商务培训,对有需求的创业项目开展"以工代训"、就业技能培训、岗位技能提升培训等,并创新送课下乡、网络授课等培训形式。据统计,该县 2021 年累计开展创业培训 3 299 人次、各类企业职工培训 4 134 人、岗前培训 1 068 人、岗位技能提升 1 474 人、紧缺型高技能人才培训 1 490 人,共有 1 004 人取得高级以上技能证书,累计 1.3 万人参加各类培训(创业培训 2 395 人)。此外,充分挖掘残障人员潜力,双沟镇坚持"自强脱贫、助残共享、奉献爱心、传送温暖",对有劳动能力的残障人士开展辅助性就业,以解决 3 612 名残疾人的迫切需求。针对退捕渔民这一特殊群体,双沟镇充分发挥各类补助资金的作用,开展农业技术培训和实用职业技能培训。据统计,截至 2021 年年底,该镇已累计开展各类培训 5 期,共培训退补渔民 400 余人次。

二、人口数量、结构及其变动

2021 年,李庄村共有 680 户、3 086 人,户均 4.54 人,户数和人口总数分别较 2007 年增加了 6.08%、13.71%。2021 年年底的常住人口中,0~15 岁、65 岁以上者分别有 360 人和 900 人,分别占总人口的 11.67%、29.16%;16~65 岁的劳动力总数 1 826 人,占人口总数的 59.17%。2008 年和 2022 年两次问卷调查分别获得 168 个、130 个农户样本,剔除主要变量缺失的无效样本,分别获得 167 个、129 个有效农户样本,涉及农村人口分别为 741 人、615 人,其中男性 663 人、女性 693 人。本章主要基于以上两次调查所获数据,对李庄村人口数量、变动情况进行详细分析与深入探讨。如无特殊说明,以下内容均是基于两次调查数据。

1. 家庭人口规模扩大,家庭代际结构多元化

费孝通认为,家庭是由亲子所构成的生育社群,是个人生活的核心和基础,具有生产、生育、生活、情感交流、抚养和赡养、教育、娱乐等功能。改革开放以来,我国社会经济的巨大变迁、生育政策的重大调整,都给李庄村的家庭规模和家庭结构带来了重大影响。

表 5.1　样本农户家庭规模及其变动情况

家庭人口数	户数/户		占比/%	
	2007 年	2021 年	2007 年	2021 年
1	1	3	0.60	2.32
2	20	22	11.98	17.05
3	30	17	17.96	13.18
4	32	14	19.16	10.85
5	37	15	22.15	11.63
6	35	35	20.96	27.13
7	11	11	6.59	8.53
8	1	7	0.60	5.43
9	0	3	0.00	2.32
10	0	1	0.00	0.78
11	0	1	0.00	0.78
户均人口数	4.41	4.81	—	—
合计	167	129	100	100

表5.1显示,2021年李庄村129个样本农户中,6口之家所占比重最高,为27.13%;其次为2口之家,占比为17.05%;3口之家占比13.18%,5口之家占比11.63%,家庭平均人口数为4.81人,而第七次全国人口普查数据显示,2020年江苏省家庭户规模为2.60人/户。就2口之家来看,大多数为儿女成家后的"空巢家庭",而6口之家大多为"三代同堂"。与之相比,2007年的数据显示,5口之家占比最高,为22.15%;其次为6口之家,占比为20.96%;再次为4口之家,占比19.16%;3口之家17.96%。可见,李庄村家庭规模相对较大,且与2007年相比,2021年样本农户家庭规模不降反增,尤其是出现了家庭人口在10人以上的大家庭。进一步分析发现,这可能与集中居住政策有关。李庄村的集中居住政策始于2009年,2017年该村已完成所有村民小组的集中安置。按照我国农村地区的传统,多子家庭会在儿子婚前为其另觅一处宅基地并盖好住房,以备其

婚后自立门户,在此过程中,村集体有免费提供宅基地的责任和义务。但集中居住后,该传统被彻底打破。一方面,宅基地已被村集体收回并复垦为耕地;另一方面,拆迁款数量不多,购买安置房及装修需在拆迁款之外多付10万元以上的开支,在收入普遍不高且储蓄有限的情况下,农村家庭为儿子准备婚嫁所需房产的传统难以为继,两个或多个儿子成家后与父辈乃至祖父辈同住的现象悄然出现,这是导致李庄村拆迁后家庭规模扩大的主要原因。家庭代际结构的变动亦表明了这一点。

家庭代际结构指家庭中的不同代数,是测度家庭结构的一个重要维度。表5.2显示,2007年167个样本农户中,有近半数(49.7%)的家庭结构是"父母＋子女＋孙子女"的三代同堂,其次是"父母＋子女"的二代同堂(34.73%),"祖父母＋父母＋子女＋孙子女"的四代同堂占比4.19%。2021年样本农户中,三代同堂仍是农村家庭结构的主流形式,占比58.92%,较2007年上升了9.22个百分点;二代同堂者占比17.05%,较2007年下降了17.68个百分点;而四代同堂者提高了2.79个百分点;独代而居者提高了5.67个百分点。这表明,农村家庭代际结构呈现极化趋势:独代而居的"空巢家庭"和"四世同堂"的大家庭增加。这可能是上文所分析的集中居住带来的影响所致。尽管家庭规模普遍扩大,但传统大家庭的"同居共财"特征消失殆尽,"一家两制""一家多制"现象凸显,具体表现为:从财务关系来看,家庭分裂为两个或多个独立核算的会计单元;从家庭分工来看,"子代在城务工、父代照看孙辈"成为普遍现象;从居住空间来看,家庭成员分散在城市和乡村多个生活单元,"子代居于城(镇)、父代居于村"是普遍形态;从家庭关系来看,所有家庭成员只有在春节期间才能聚齐,实现"同居共灶",这是农村家庭"神不散"的重要象征。

表 5.2　样本农户家庭代际结构及其变动情况

代际结构	户数/户		占比/%	
	2007 年	2021 年	2007 年	2021 年
1	19	22	11.38	17.05
2	58	22	34.73	17.05
3	83	76	49.70	58.92
4	7	9	4.19	6.98
合计	167	129	100	100

2. 农村家庭"实际结构"与"形式结构"相背离

改革开放以来,随着以户籍制度为代表的一系列阻碍劳动力流动政策的放松,我国农村劳动力大量流入城镇和非农产业,形成了所谓的"民工潮",这种劳动力资源的优化配置极大地推动了我国经济的快速发展和产业结构的转型升级。然而,由于改革"渐进性"的特点以及特殊的城乡二元结构,加上农村劳动力内在素质的不足,我国农村劳动力并未完成职业与身份的同步转变。大量农民工就业于非正规部门,工作时间长且工资水平低,不能享受与城市居民同等的待遇,形成了"就业在城市,户籍在农村;收入在城市,积累在农村;生活在城市,根基在农村"的"半城镇化"现象。尤其是随着集中居住政策的实施,李庄村这种"半城镇化"现象更为显著,突出表现在户籍人口与常住人口的不一致。

我国人口普查和抽样调查以住满半年作为界定常住人口的标准,人口普查中的常住人口主要包括:(1) 在本地居住、户口也在本地的人口(含户口在本地、外出不满半年的人口);(2) 户口在外地,但在本地居住半年以上者,或离开户口地半年以上而调查时在本地居住的人口;(3) 调查时居住在本地,但在任何地方都没有登记常住户口,如手持户口迁移证、出生证、退伍证、劳改(劳教)释放(解除)证明等尚未办理常住户口的人。借鉴此标准,本章对样本农户中的常住人口进行了界定,与之相对应的是户籍人口,指的是户口本上的实际人口。表 5.3 显示,2021 年样本农户的户籍人口均值为 4.97 人,而常住人口为 4.01 人;2007 年户籍人口均值为 4.31 人,常住人口均值为 3.45 人。从其分布来看,2021 年户籍人口以 6 口之家居多,占比 25.58%,其次为 5 口之家,占比 15.5%;2007 年户籍人口以 5 人、4 人、3 人之家居多,分别占 27.38%、22.62%、20.83%。就常住人口的分布来看,2021 年以 2 人、4 人、3 人之家居多,分别占 24.03%、17.05% 和 16.28%,2007 年亦呈现此种特点。这说明,2021 年户籍人口规模增加,"人—户"分离趋势更加明显,农村"真实家庭结构"与"形式家庭结构"间的差异拉大。进一步分析发现,2021 年调查样本中,21.31% 的农村人口在本地居住时间不足半年,部分甚至(3.3%)逢年过节也不返乡。这种因外出务工导致的"人—户"分离,造成了农村家庭"真实结构"与"形式结构"的背离,一方面导致传统意义上对农户的界定出现一定的困难,另一方面说明李庄村家庭已进入"半城半乡"的生活状态。某种意义上讲,农村家庭的代际关系逐渐松散化,农户家庭结构的多元化是农户在工业化、城镇化浪潮中应对生存压力并满足家庭功能多元化需要的主动选择。

表 5.3 样本农户家庭结构情况

家庭人口数	常住人口				户籍人口			
	2007 年		2021 年		2007 年		2021 年	
	户数/户	比例/%	户数/户	比例/%	户数/户	比例/%	户数/户	比例/%
1	8	4.79	5	3.88	1	0.60	3	2.33
2	48	28.75	31	24.03	15	8.98	18	13.95
3	38	22.75	21	16.28	35	20.96	14	10.85
4	31	18.56	22	17.05	38	22.76	15	11.63
5	22	13.17	20	15.50	46	27.54	20	15.5
6	16	9.58	16	12.40	23	13.77	33	25.58
7	4	2.40	9	6.97	7	4.19	13	10.08

(续表)

家庭人口数	常住人口				户籍人口			
	2007年		2021年		2007年		2021年	
	户数/户	比例/%	户数/户	比例/%	户数/户	比例/%	户数/户	比例/%
8	0	0.00	2	1.55	1	0.60	8	6.2
9	0	0.00	1	0.78	1	0.60	3	2.33
10	0	0.00	1	0.78	0	0	2	1.55
11	0	0.00	1	0.78	0	0	0	0
户均人口数	3.45		4.01		4.32		4.97	

3. 人口老龄化程度较高且增速较快

2021年被调查农村人口的平均年龄为39.99岁,较2007年提高了3.76岁。从劳动力资源来看,2007年16~65岁的农村劳动力占总人口的74.26%,之后呈现快速下降趋势,2021年劳动力占比60.90%,相较于2007年下降了13.36个百分点。与之相比,老年人口呈现快速增长的趋势,从2007年的情况来看,60岁及以上人口、65岁及以上人口的比重分别为14.03%、10.25%,分别较2021年低7.08个百分点、7.07个百分点,说明农村地区的老龄化程度有了较大幅度的提高。按照联合国的"老龄化社会"标准:65岁老人的数量占总人口的7%,即该地区视为进入老龄化社会。以此标准,李庄村的农村人口老龄化程度较高且增速较快。从性别差异来看(见表5.4),2021年农村女性人口中,60岁及以上者占20.98%,是同龄男性的87.67%;65岁以上女性占16.72%,是同龄男性的89.47%,说明农村男性老龄化程度较高。2007年数据显示,60岁及以上、65岁及以上的农村女性分别占14.4%、11.08%,比2021年低6.58%、5.64%;60岁及以上、65岁及以上的农村男性分别占13.16%、9.48%,比2021年低10.24%、5.64%,说明男性老龄化速度快于女性。

表 5.4 被调查人口年龄结构情况

结构年龄	2007 年				2021 年			
	男性		女性		男性		女性	
	人数/人	比重/%	人数/人	比重/%	人数/人	比重/%	人数/人	比重/%
<16 岁	65	17.10	58	16.07	69	22.12	77	25.25
16~25 岁	81	21.31	72	19.95	23	7.37	25	8.20
25~35 岁	46	12.11	43	11.91	38	12.18	40	13.11
35~45 岁	62	16.32	69	19.11	45	14.42	30	9.84
45~55 岁	57	15.00	46	12.74	38	12.18	43	14.10
55~60 岁	19	5.00	21	5.82	26	8.33	26	8.52
60~65 岁	14	3.68	12	3.32	16	5.13	13	4.26
65~75 岁	24	6.32	21	5.82	50	16.03	39	12.79
≥75 岁	12	3.16	19	5.26	7	2.24	12	3.93
平均值(岁)	35.55		36.94		40.85		39.46	

由图 5.1 可知,李庄村人口年龄呈"两头小、中间大"的橄榄型结构,这与宿迁市、江苏省的人口年龄结构相一致。从劳动力资源来

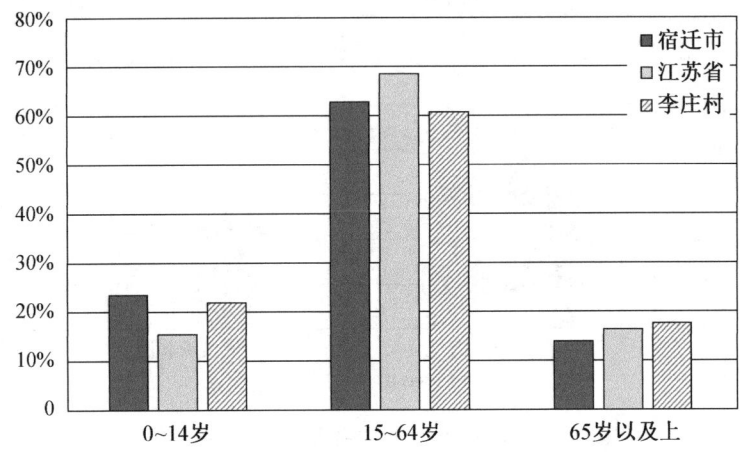

图 5.1 2021 年宿迁市、江苏省、李庄村人口年龄结构分布①

---

① 数据来源:《江苏统计年鉴 2021》、李庄村 2022 年调查样本。

看,李庄村15~64岁人口比例偏低;而0~14岁的青少年比例高于全省平均水平,但低于宿迁市整体水平①;65岁及以上的人口所占比例在三个地区中最高。说明李庄村人口生育率、人口老龄化程度均较高。

4. 农村家庭面临较大的供养负担

人口抚养比又名抚养系数,指的是非劳动年龄人口数量与劳动年龄人口数量之比,包括少儿抚养比和老年抚养比。前者以0~14岁人口数占15~64岁人口数的比例计算,后者以65岁及以上人口数占15~64岁人口数的比例计算。一般而言,人口抚养比越高,表明单个劳动力承担的抚养人口越多,劳动力的抚养负担越重。

由图5.2可知,与2007年相比,2021年农村人口抚养比大幅度提升。其中,少儿抚养比由2007年的19.60%提高至2021年的33.68%,增加了14.08个百分点;老人抚养比由2007年的15.64%提升至2021年的30.52%,增加了14.88个百分点。根据《江苏统计年鉴2021》数据计算,2010年、2020年江苏省少儿抚养比分别为

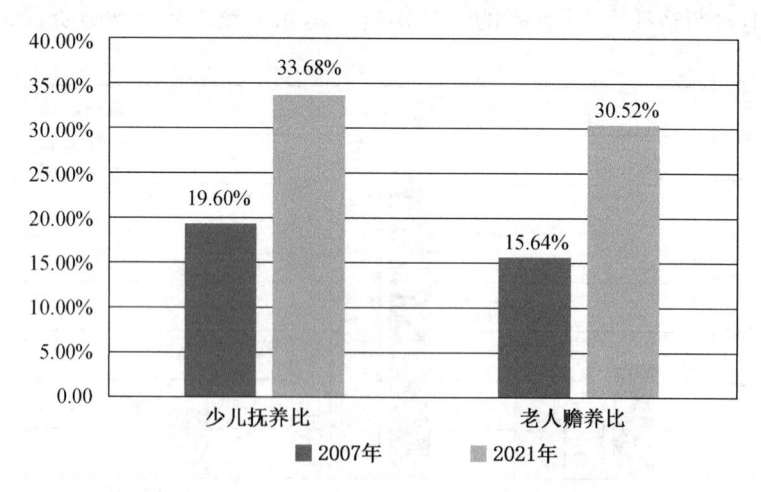

图5.2 2007—2021年农村人口抚养比的变化

---

① 第七次全国人口普查数据显示,2010—2021年,全省常住人口中0~14岁人口的比重上升了2.2个百分点。

17.09%、22.18%,分别较李庄村 2007 年、2021 年低 2.51 个百分点、11.50 个百分点,差距有所扩大;2010 年、2020 年江苏省老人抚养比分别为 14.30%、23.61%,分别较李庄村 2007 年、2021 年低 1.34 个百分点、6.91 个百分点,差距扩大。说明李庄村的人口抚养比高于全省平均水平且增速较快。不断攀升的人口抚养比,增加了李庄村劳动力的人均抚养人数,也使得农村地区儿童养育、老人赡养问题愈加突出。

三、人口质量、结构及其变动

舒尔茨人力资本理论认为,人力资本是智力劳动的重要测度,而教育、培训和健康是人力资本的重要测度指标。基于此,本部分分析了 2007—2021 年李庄村人口受教育程度、自评身体健康和接受教育培训的情况与变动趋势。

1. 人口教育资本小幅提升,年轻人文化程度相对较高

教育是人力资本重要的构成维度。人力资本理论认为,教育不仅能提高劳动者单位小时的劳动产出,还会通过提高其获取、加工信息的能力,提升其获取市场非均衡租金的能力。故此,教育投资是促进一国或地区经济发展的重要因素。作为东部沿海经济发达、教育资源丰裕的省份,江苏长期以来实施富民工程的重要手段是教育。早在"九五"时期,江苏便在试点的基础上鼓励各地争创"教育现代化先进乡镇",将教育现代化从"乡镇教育现代化"扩大至"区县教育现代化",并致力于构建农村义务教育持续健康发展的长效机制,加快实现以提升农村为重点的城乡义务教育的均衡化、一体化发展,且持续推进职业教育、继续教育、特殊教育等优化发展。从实际效果看,随着 1996 年江苏率先在全国实现"普九"以来,农村地区的"80 后""90 后"普遍接受了初中教育,越来越多的年轻人接受了职业教育、大学教育乃至研究生教育,农村人口受教育水平和文化素质普遍提高。

两次调查问卷对受教育程度的赋值均为:1表示未上学,2表示未上学可读写,3表示小学程度,4为初中,5为高中,6为中专,7为职高,8为大专及以上程度。照此计算,2021年被调查人口的平均受教育程度为3.29,较2007年提高了20%。具体来讲,李庄村被调查者初中及以下文化程度者占绝大多数,其中初中、没有上过学且不能读写者、小学分别占36.84%、23.68%和22.37%,初中和小学分别较2007年提高了4.8个百分点和4.07个百分点,没上过学且不能读写者较2007年下降了12.33个百分点。而第七次全国人口普查数据显示,2020年宿迁市人口文盲率为3.53%,仅为李庄村的14.91%;与之相比,高中、大专及以上人口比例分别为16.85%和10.90%,分别为李庄村同类指标的2.53倍、3.35倍,说明李庄村人口受教育程度仍然不高。如上所述,在农村地区教育资源供给随时间变化较大的情况下,不同代际间可获得的教育资源不同,因而年龄是影响农村人口受教育水平的重要因素。基于2021年调查数据的回归分析发现,受教育程度与年龄间的皮尔逊相关系数为-0.529,且在1%的水平上通过了显著性检验,说明年龄相对较小的农村人口的受教育程度较高。这是改革开放后江苏省农村教育、职业教育快速发展的必然结果。从性别差异看,表5.5显示,农村女性的受教育水平低于男性,但其提升幅度较大。2007年,样本女性平均受教育程度是男性的71.79%,2021年该指标为74.93%,较2007年提高了3.14个百分点,性别差距有所缩小,这与农村女性文化程度增幅较大有关。由表5.5可知,2021年样本男性、样本女性受教育程度的增幅分别为17.55个百分点、22.71个百分点。因子女"经济价值"的差异,教育投资中的"男孩偏好",在多子女家庭更为突出。但随着独生子女政策的实施、女性劳动参与率的提高、社会性别观念的改变,以及农村免费义务教育政策实施对家庭预算约束的弱化,农村家庭教育投资中的性别差异逐渐缩小,尤其是对于计划生育政策执行严格、经济较为发达的江苏地区而言。这是导致农村女性受教育程度快速提升的重要原因。

表 5.5　李庄村被调查人口受教育程度及其构成

文化程度	2007 年				2021 年			
	男性		女性		男性		女性	
	人数/人	比重/%	人数/人	比重/%	人数/人	比重/%	人数/人	比重/%
未上学	76	23.17	157	49.22	28	12.07	80	36.04
未上学可读写	7	2.14	12	3.76	5	2.15	11	4.96
小学	66	20.12	74	23.20	50	21.55	51	22.97
初中	148	45.12	64	20.06	107	46.12	61	27.48
高中、职高	26	7.93	8	2.51	25	10.78	7	3.15
中专	2	0.61	0	0	1	0.43	3	1.35
职高	1	0.30	0	0	5	2.16	0	0.00
大专及以上	2	0.61	4	1.25	11	4.74	9	4.05
平均值	3.19		2.29		3.75		2.81	

2. 人口健康资本相对有优势，性别差异显著

作为人力资本的一个重要维度，健康资本决定了一个人的体能、精力与生命长度，直接影响其人力资本投资效率和收益率，因而是个体经济表现和社会福利水平的重要决定因素。从根本上说，健康资本是其他维度人力资本发挥作用的基础和前提。按照健康经济学相关理论，个体健康资本存量受到初始健康水平、健康投资与健康折旧速度的影响，而初始健康存量则因先天遗传因素、母亲孕期健康投资的不同而存在差异。一般而言，健康资本存量与年龄之间存在倒"U"形的关系，其顶点发生在壮年，之后便随着年龄增长加速折旧，此时，个体健康资本存量逐年下降。改革开放以来，尤其是党的十八大以来，随着农村地区医疗条件的改善、健康中国战略的实施，李庄村人口健康水平显著提升。

2021 年，被调查人口中自我测评为健康的农村人口占总调查人

口的75.61%,患病有劳动能力的占12.52%,患病无劳动能力占11.87%。与2007年相比,健康者的比例降低了1.31个百分点,患病有劳动能力者提高了3.27个百分点,患病无劳动能力者的比例下降了4.58个百分点。说明2021年被调查人口的健康状况优于2007年。尽管与2007年相比,被调查人口的老龄化程度有所提升,但农村地区生活水平的提高带来的营养改善,以及农村地区医疗卫生资源供给水平的提高,一定程度上减缓了农村人口健康资本的折旧速度,提高了农村地区的健康资本存量。从性别差异来看(见表5.6),农村女性的健康资本劣于男性。其中,2021年的调查数据中,健康女性的比例与男性基本持平,但患病无劳动能力的比例高出男性4.57个百分点,2007年该指标的性别差异为4.69个百分点,说明农村女性在健康资本获取方面具有相对劣势。一般而言,在"养儿防老"的农村传统文化中,男孩的"养老功能"使其具有更高的投资回报率,而女儿投资收益的主体是"婆家",尤其是在女性非农就业率较低的情况下,父母缺乏对其进行健康投资的动力。在经济发展水平不高且子女较多的年代,家庭资源的有限性使得子代的健康投资受到较强的家庭预算约束,故在家庭资源极为有限的情况下,父母往往将其分配给男孩,从而导致女性早期健康资本存量的劣势地位。从健康资本折旧来看,社会性别分工使得农村女性承担着生育子女、赡养老人等家庭生产的重任,家庭照料的负担和生育的交互叠加,增加了农村女性所面临的健康风险,加上20世纪我国农村妇女保健事业发展滞后,"有病不医""有病难医"现象普遍,由此加速了其健康资本的折旧速度,最终导致健康资本的性别差异。

表 5.6 被调查人口健康资本的性别差异

健康水平	2007 年				2021 年			
	男性		女性		男性		女性	
	人数/人	比重/%	人数/人	比重/%	人数/人	比重/%	人数/人	比重/%
健康	305	80.26	265	73.41	237	75.96	228	75.25
患病有劳动能力	56	14.74	61	16.90	45	14.42	32	10.56
患病无劳动能力	19	5	35	9.69	30	9.62	43	14.19
合计	380	100	361	100	312	100	303	100

从年龄与健康资本的关系来看,两者的相关性较强,2007 年、2021 年调查数据中两者的相关系数分别为－0.496 4 和－0.532 0。说明随着年龄增长,农村人口健康资本呈逐渐减少趋势。表 5.7 显示,2021 年调查数据中,30 岁以下的农村人口中健康者的比例为 98.16%,40～50 岁中健康者的比例为 78.57%,50～60 岁中健康者的比例骤降至 56.19%,该年龄段中患病无劳动能力者的比例出现了较大幅度的提升。2007 年的调查数据亦呈现同样的变化趋势,这表明,50～60 岁是年龄—健康曲线的拐点。超过该年龄段,随着年龄的增长,健康资本折旧速度加快,健康资本存量加速减少。从表5.7 可以看出,60～70 岁农村人口的健康水平劣于 50～60 岁者,70岁及以上者的健康水平又较 60～70 岁者差。2021 年调查数据中,70 岁及以上患病无劳动能力者达到 44.68%,分别是其他年龄段的48.57 倍、15.62 倍、8.34 倍、2.47 倍和 1.55 倍;2007 年调查数据中,70 岁及以上的农村人口中超过半数(51.92%)患病无劳动能力,其与其他年龄段之间的关系与 2021 年具有相同的特征。

表 5.7 不同年龄农村人口健康资本的分布情况　　　单位:%

年龄结构	2021 年			2007 年		
	健康	患病有劳动能力	患病无劳动能力	健康	患病有劳动能力	患病无劳动能力
<30 岁	98.16	0.92	0.92	94.75	4.01	1.24
30～40 岁	94.28	2.86	2.86	81.90	16.38	1.72
40～50 岁	78.57	16.07	5.36	67.29	30.84	1.87
50～60 岁	56.19	25.71	18.10	61.96	26.09	11.95
60～70 岁	46.67	24.44	28.89	48.00	36.00	16
≥70 岁	25.53	29.79	44.68	28.85	19.23	51.92
总体	76.92	15.79	7.29	75.68	12.40	11.92

3. 人口职业技能培训的参与率较低

舒尔茨认为,人力资本是劳动者的个人能力、知识存量和基本技能。进入 21 世纪,随着人工智能技术、数字信息技术在世界范围内的广泛应用,与自动化生产互为替代品的简单重复劳动需求将大幅萎缩。据牛津经济研究所数据,到 2030 年全球约有 2 000 万个制造业岗位被机器人替代,而加纳农产品物联网的建设预计将减少 20 万个农业就业岗位(刘骥 等,2019),相反,与科技为互补品的复杂劳动的需求激增。在此种背景下,低技能劳动者必须快速实现自身的技能升级,以避免被劳动力市场淘汰。在大规模农村人口整体教育水平有限、技能水平不高的情况下,契合市场需求的职业技能培训成为当务之急。然而,我们的调查发现,当前农村人口参与职业技能培训的情况不容乐观,具体如表 5.8 所示。

表 5.8 技能培训参与情况的性别差异

培训类型	2007 年				2021 年			
	男性		女性		男性		女性	
	人数/人	比重/%	人数/人	比重/%	人数/人	比重/%	人数/人	比重/%
政府组织的培训	—	—	—	—	13	5.18	8	3.49
企业的岗前培训	—	—	—	—	16	6.37	10	4.37
自费学习技能	—	—	—	—	10	3.98	3	1.31
其他培训	—	—	—	—	3	1.20	0	0
未接受任何培训	337	88.76	338	93.69	209	83.27	208	90.83

注:因 2008 年仅调查了是否参加培训,因而缺失培训类型的相应值。

数据分析表明,2021 年 480 位参与调查的农村劳动力中,参加过技能培训者仅有 63 人,占比 13.13%,其中由政府组织的免费培训、企业组织的岗前培训分别占 4.38%、5.42%,自费学习技能者仅占 2.71%,其他培训为 0.62%。2007 年的调查数据中,农村劳动力参加培训的比例为 8.81%,与之相比,2021 年农村劳动力参与培训的比例增加了 4.32 个百分点。这与政府加大培训力度、农村劳动力大量转移到非农产业有较大的关系。而相关资料显示,早在 20 世纪 90 年代,世界发达国家农村劳动力培训的参与率相当高,如芬兰、美国、瑞士、加拿大的农村劳动力培训比例分别为 46%、38%、38%、30%。与之相比,无论是 2021 年还是 2007 年的调查数据,样本农村劳动力参与培训的比例远远低于发达国家。

从性别差异来看,农村女性劳动力技能培训的参与率低于男性。2021 年,农村女性样本中仅有 21 个女性参与了技能培训,占比 9.17%,男性参与培训者有 42 人,参与率 16.73%,是女性的 2 倍。2007 年亦呈现同样的规律。从发展趋势看,农村男性培训参与率由 2007 年的 11.24% 提高至 2021 年的 16.73%,提升了 5.49 个百分点;农村女性培训参与率由 2007 年的 6.31% 提升至 2021 年的

9.17%，增加了 2.86 个百分点。说明无论是绝对值还是增速，农村女性培训参与率均低于男性，表明了农村女性在培训资源获取中的不利地位。贝克尔的家庭生产理论认为，因生理特点、心理特征以及由此导致的社会性别分工的不同，女性在诸如老人照料、孩子抚育等家庭再生产中具有比较优势，这些难以直接获得货币收益的劳动，降低了对女性进行人力资本再投资的收益和动力。加之男性"主外"的角色定位，往往使其成为技能培训的首选。此外，以受教育水平为基础的认知技能，是高效汲取培训知识进而提高培训收益的基础，然而，如上所述，无论是文化资本还是健康资本，农村女性均低于男性，这也是其培训参与率低的主要原因之一。

四、人力资源的演变特点

从家庭结构来看，集中居住导致住房成本大幅增加，李庄村农户家庭结构呈现规模扩大化、代际关系多元化的特点。此外，在农村劳动力大规模外出务工的背景下，职业非农化、居住地城镇化并未带来户籍的同步转换，农村家庭"人—户"分离现象明显，造成了农村家庭的"实际结构"和"形式结构"的背离，这是人口"半城镇化"的重要体现，亦是农户应对生存压力并满足家庭功能多元化需要的主动选择。

从数量来看，2007 年以来，李庄村人口资源总量增加了 13.71%，但 16~64 岁的农村劳动力资源比例下降，而 65 岁及以上人口快速增长，从而导致老人抚养比大幅度上升，说明李庄村人口老龄化程度较高且增速较快，农村家庭面临较大的养老负担。此外，0~14 岁的农村青少年人口大幅度增加，与第七次全国人口普查数据相一致，这是"放开二孩、鼓励三胎"生育政策调整的结果，说明农村劳动力后备资源较为丰富，亦说明农村家庭抚育后代的负担增加。在农村经济发展不足、农户支付能力有限的情况下，儿童抚养比、老人抚养比的提升与劳动力资源比例的下降，造成了农村地区儿童养育、老人赡养问题突出，农村家庭面临较大的供养负担。

从质量来看,农村劳动力素质有所提升,主要表现为受教育程度提高、培训参加率增加、健康资本水平提升。但与全省相比,李庄村劳动力质量仍有较大差距,尤其是农村女性和农村老年人,其受教育水平低、健康资本有限、培训参与率不高。在人口老龄化和农业农村现代化的时代背景下,如何实现农村女性和农村低龄老年人口人力资源的开发和再利用,是缓解我国劳动力短缺、实现"人口红利"的重要路径。

第二节 劳动力资源配置及其变动趋势

2007年以来实施的集中居住政策,加上几乎与其同步执行的农村土地集中流转政策,使得李庄村居民的居住方式、生产资料占有均发生了翻天覆地的变化,农村家庭传统的生产模式被打破。与此同时,高质量发展战略、供给侧结构性改革、经济转型升级、创新创业工程的持续推进,极大地优化了农村劳动力就业创业的外部环境。在现有外部条件下,李庄村的劳动力时间配置呈现出与时俱进的新特征。

一、县域优化农村劳动力资源配置的公共政策

实现更高质量和更充分就业的目标,泗洪县紧紧围绕就业这一"最大的民生实事",以创业促就业,创新举措落实各项创业政策。2021年,泗洪县成功扶持5 693人自主创业,带动就业29 188人(单静 等,2022)。

1. 以产业高质量发展助力农村劳动力转移

泗洪县鼓励各乡镇、街道基于自身资源禀赋打造特色化、规模化的产业体系,拓展农村劳动力转移就业空间。围绕酒类酿造、食品加工主导产业,双沟镇致力于打造特色农业品牌名片,同时依托西南岗产业园,培育一批强链补链产业项目。按照"做好减法、腾出空间、集约发展、精心管理"的思路,通过破产清算、租赁经营、兼并重组、二次

招商等方式，推进闲置资产二次开发，融入云计算、"互联网＋"、大数据等科技手段，构建"直播＋电商＋主播带货"的新模式，畅通农业特色产品销售网。2020年，双沟镇盘活小商品市场5.8万平方米，带动以鑫泰广场、苏杭超市、小商品市场为核心的商贸业集聚发展；有效盘活7.03万平方米舜峰产业园、1.56万平方米观云酒业等标准化厂房共12.23万平方米，利用率达95%；引进炬力电机、明睿纺织等12个项目。2022年，泗洪县新增农副产品加工经营主体67家、"三来一加"项目82个、电商465家、大学生创业项目187个、个体工商户7 075户，带动就业8 100余人次；组织用工专场招聘会25场次，达成就业意向940余人次。

2. "筑巢引凤"，以创业促就业

出台《泗洪县创业就业富民实施方案》《泗洪县富民创业担保贷款实施暂行办法》，扶持各类主体创业。设立3 000万元创业贷款担保基金，并设县、乡业务受理点33个，村居政策咨询点40个。降低贷款门槛、简化贷款程序，2021年发放富民创业担保贷款4.6亿元，兑付贴息资金1 804万元，发放创业补贴160万元。以县、乡镇（街道）特色产业创业园等为依托，打造服务型、孵化型、促进型的创业载体。通过实施返乡创业人员租房补贴、购房券等政策，鼓励高校毕业生、在外务工经商人员返乡创业，以专题培训、创业座谈、创业沙龙、项目路演、经验分享等主题活动，打造创业者学习、交流平台，并创新出台退捕渔民一次创业补贴政策。2021年，泗洪县扶持大学生创业462人次，返乡创业2 069人次，新增个体工商户及企业1.77万个，带动就业2万人次；新增转移农村劳动力约4 600人次，返乡就业约13 000人，支持农民自主创业约1 000人，创业带动就业约9 400人。从双沟镇来看，该镇大力推进"双创"示范载体建设，打造了雪二新村、雪五社区、周王村等8个村居创业示范点。2021年以来双沟镇新增创业项目312个、本地创业投资2 000万元以上项目10个、市级创业孵化基地1个、镇级创业园2个、村居创业示范点8个，带动家门口就业 1 000 余人。

二、劳动力资源的配置情况与变动趋势

我国农业生产以家庭为基本经营单位,因传统农业生产是简单可重复的体力劳动,因而对劳动力没有特定的年龄要求,尤其是随着农村劳动力的大规模流动,农村家庭内部的代际分工不同,促使多数超过 60 岁的农村老年人,只要身体条件许可,仍是农业生产的中坚力量,"活到老、干到老"是农村的普遍现象。结合此种情况,本章所研究的劳动力资源为年龄在 16 周岁以上的非在校学生,包括年龄在 60 周岁以上的老年人。

1. 农村劳动力的职业非农化趋势明显

根据劳动性质的不同,我们将农村劳动力配置分为家庭内农业劳动、家庭外农业劳动和非农业劳动。李庄村集中居住后,复垦宅基地与原有耕地一起流转给大户进行规模经营,土地资源流出致使农民职业非农化的趋势更加明显。

由表 5.9 可知,2021 年从事家庭内农业劳动者占农村劳动力总数的 3.32%,家庭外农业劳动参与率为 6.85%。从劳动时间来看,全年中农户从事家庭内、外农业劳动的时间分别为 4.44 月/年、3.42 月/年。从非农劳动来看,2021 年其参与率和劳动时间分别为 43.57%、9.68 月/年,远高于农村劳动力的农业劳动参与,说明农村劳动力从事的职业呈明显的非农化趋势。

表 5.9 16 岁以上农村劳动力劳动时间配置的差异

		2007 年			2021 年		
		男性	女性	总体	男性	女性	总体
总劳动	参与率/%	62.11	65.39	67.79	63.64	39.22	52.27
	劳动时间/(天/年)	254.21	239.75	244.40	264.07	262.91	263.65

(续表)

		2007年			2021年		
		男性	女性	总体	男性	女性	总体
家庭内农业劳动	参与率/%	56.58	57.33	63.20	4.74	1.72	3.32
	劳动时间/(月/年)	5.49	5.75	5.70	3.58	3.46	4.44
家庭外农业劳动	参与率/%	2.64	1.95	2.56	7.91	5.60	6.85
	劳动时间/(月/年)	2.30	0.75	1.72	3.58	3.19	3.42
非农劳动	参与率/%	45.91	28.01	41.31	53.75	31.90	43.57
	劳动时间/(月/年)	6.84	7.98	7.21	9.60	9.84	9.68

从性别差异来看,2021年农村女性非农劳动参与率为31.90%,较男性低21.85个百分点,非农劳动时间为9.84月/年,略高于男性,这是家庭性别分工的必然结果。因生理特征、心理特征以及由此导致的社会性别分工的不同,女性在儿童抚育、老人照料等家庭生产中更具有优势,因而"男主外、女主内"的家庭分工模式具有较强的生命力。尤其是在我国农村地区,农村女性受教育水平不高、体能优势不明显,因而她们从事非农劳动的生产率较低,在非农劳动市场中缺乏相应的比较优势,这与我们在调查过程中的印象相吻合。当前,李庄村绝大多数农户已经没有土地可以经营,调研中当问及家中女性就业状况时,回答常常是在家带孩子,或者赋闲在家。

从发展趋势看,家庭内农业劳动参与率由2007年的63.20%下降至2021年的3.32%,劳动时间由2007年的5.70月/年下降至2021年的4.44月/年,这是农户土地流出的必然结果。家庭外农业劳动参与率由2007年的2.56%上升至2021年的6.85%,劳动时间由2007年的1.72月/年提高至2021年的3.42月/年,这是土地流入方因规模经营而产生的劳动市场需求的结果。非农劳动参与率由2007年的41.31%提高至2021年的43.57%,非农劳动时间由2007

年的 7.21 个月提高至 2021 年的 9.68 个月,说明农村劳动力转移的广度和深度均有所增加。可能的原因在于:2007 年李庄村农村劳动力已经实现了能转移者皆转移,在家庭有耕地需要兼顾的情况下,他们采取"农忙返乡、农闲外出"策略,但在集中居住后土地集中流出的情况下,他们大多选择了"常年外出、节日返乡"模式。此外,多数农户集中居住后申请住房贷款,家庭债务增加,这是李庄村劳动力长时间外出务工的重要原因之一。在调查的 129 个农户中,有 58 个农户目前仍然有债务负担,平均负债额度 19.5 万元,且绝大多数是集中居住后被动购房所致。

2. 16 周岁以上农村人口的劳动供给呈下降之势

生命周期理论表明,劳动供给与年龄呈倒"U"形关系,顶点位于中年阶段,之后随着体力精力的衰减、知识经验的老化,劳动生产率随年龄增加而不断降低,个体劳动供给呈下降趋势。表 5.10 显示,2021 年李庄村 16 周岁以上人口的劳动参与率均值为 52.28%,劳动时间为 137.84 天/年,其中 26~35 岁劳动力的劳动参与率最高、劳动时间最长,分别为 82.05% 和 260.57 天/年,之后随着年龄增长,个体劳动参与率逐渐下降、劳动时间亦逐渐缩短。2007 年,李庄村 16 周岁以上人口的劳动参与率均值为 78.78%,劳动时间为 192.51 天,且劳动供给亦呈现倒"U"形,顶点发生在 36~45 岁,其劳动参与率最高(96.18%)、劳动时间较长(246.18 天/年)。从发展趋势来看,与 2007 年相比,2021 年李庄村无论劳动参与率还是劳动时间均呈下降的趋势,降幅分别为 33.64% 和 44.01%,主要原因在于农业劳动参与的下降。李庄村以村集体为单位,将原有耕地资源和复垦后的宅基地统一发包给种植大户经营,单个农户享有 500~800 元/亩的土地租金收益。在 2021 年调查的 129 个农户中,从事农业生产的仅 11 户,其中 2 户是租入土地种植的大户。因而,非农就业机会呈现随年龄增长而逐渐下降的趋势,青壮年劳动力可获得的非农就业机会较多,劳动参与率较高。

表 5.10　不同年龄农村劳动力劳动时间配置的差异

			16~25	26~35	36~45	46~55	56~65	65~75	>75	均值
2007年	总劳动	参与率/%	64.2	95.51	96.18	94.17	80.3	57.78	9.68	78.78
		劳动时间/(天/年)	167.13	248.59	246.18	205.44	190.05	107.78	22.58	192.51
	农业劳动	参与率/%	26.71	57.30	90.08	94.17	83.33	53.33	9.68	62.46
		劳动时间/(月/年)	0.66	2.93	5.70	5.61	6.01	3.09	0.74	3.59
	非农劳动	参与率/%	54.32	64.04	44.27	34.95	19.70	15.56	0.00	41.31
		劳动时间/(月/年)	4.99	5.42	2.46	1.58	0.89	0.69	0.00	2.98
2021年	总劳动	参与率/%	22.41	82.05	77.33	67.90	41.46	30.34	5.26	52.28
		劳动时间/(天/年)	57.15	260.57	229.26	160.37	101.15	44.49	18.94	137.84
	农业劳动	参与率/%	0.00	1.28	0.00	19.75	13.41	17.98	5.26	9.34
		劳动时间/(月/年)	0.00	0.08	0.00	0.84	0.67	0.48	0.63	0.38
	非农劳动	参与率/%	22.41	80.77	77.33	49.38	29.27	13.48	0.00	43.57
		劳动时间/(月/年)	1.91	8.61	7.66	4.46	2.70	1.06	0.00	4.23

3. 服务业逐渐成为吸纳农村劳动力的主要行业

"配第—克拉克定理"表明,随着人均收入水平的提高,经济增长动力将实现由工业向服务业的转变,此时土地、技术、劳动力等生产要素会转向具有更高市场回报的现代服务业。这一规律已为世界众多发达国家的历史经验所证实。改革开放以来,我国产业结构亦出现由农业到工业、再由工业到服务业以及现代服务业的转变升级。就李庄村来看,其劳动力就业结构亦呈现由第二产业向第三产业的转变。

从行业分布来看,制造业、建筑业和其他服务业是李庄村外出劳动力所从事的主要行业。调查结果显示(见表 5.11),2021 年从事制造业、建筑业的劳动者分别占 31.00%、17.00%,从事其他服务业者占比 25.00%。从变化趋势来看,李庄村外出劳动力在第二、三产业中的分布发生了较大变化,呈现出由第二产业的制造业、建筑业向第三产业的其他服务业转变的趋势。2007 年,制造业、建筑业是吸纳农村劳动力最多的行业,在这两个行业中就业的劳动力占比分别为 34.18%、28.27%,2021 年分别下降了 3.18 个百分点、11.27 个百分点。与此同时,其他服务业中就业人员比例由 2007 年的 10.97% 增加至 2021 年的 25.00%,提高了 14.03 个百分点。这说明服务业逐渐成为吸纳农村劳动力的主要行业,这与我国产业结构的变化趋势相一致。《中华人民共和国 2021 年国民经济和社会发展统计公报》显示,2021 年我国第二产业、第三产业增加值占国内生产总值比重分别为 39.4%、53.3%,而 2007 年第二、三产业增加值比值分别为 48.6% 和 40.1%,产业结构呈现"二弱三强"的趋势。尤其是随着数字经济的发展,各种新业态、新产业、新模式层出不穷,逐渐成为农村外出劳动力从业的首选,如快递员、外卖骑手、保姆、家政等行业吸纳了大量的农村劳动力,数字经济带来的零工经济,因其就业形势灵活精准,受到了"80 后""90 后"农村劳动力的广泛青睐。

表 5.11 农村劳动力不同非农产业间的配置

	2007 年		2021 年	
	人数/人	比重/%	人数/人	比重/%
制造业	81	34.18	62	31.00
水电气生产供应业	1	0.42	1	0.50
建筑业	67	28.27	34	17.00
交通运输、仓储和邮政业	15	6.33	17	8.50
批发零售业	12	5.06	8	4.00
住宿餐饮业	21	8.86	5	2.50
其他服务业	26	10.97	50	25.00
其他行业	14	5.91	23	11.50
合计	237	100	200	100

4. 受雇仍然是农村劳动力就业的最主要形式

自我雇佣和受雇于人是两种最基本的就业状态。一般而言，自我雇佣不仅要求劳动者担任雇员的角色，还要是具备企业家精神的管理者，不仅如此，自雇者还需具备对付复杂多变外部环境的应变能力。因而，自我雇佣对劳动者素质具有较高的要求。此外，自我雇佣具有一定的资金门槛，并需劳动者承担自负盈亏的市场风险。从这个意义上讲，作为对劳动者复杂劳动、自有资金抑或市场高风险的回报，自雇者往往具有较高的收入水平，且其工作满意度和社会经济地位均优于受雇者(吴晓刚,2006)，由此成为农村外出劳动力实现经济和社会融合的重要途径(周春芳 等,2020)。

表5.12显示，打工仍是李庄村劳动力最主要的就业方式。2021年89.35%的农村劳动力以打工为主要职业，自我雇佣者仅占7.87%，雇主占比更低，仅为0.93%。与2007年相比，2021年自我雇佣者的比例下降了1.33个百分点，而打工者的比例提高了2.95个百分点。

表5.12 农村劳动力就业方式及其变动

	2007年		2021年	
	人数/人	比重/%	人数/人	比重/%
自营	23	9.20	17	7.87
打工	216	86.40	193	89.35
雇主	2	0.80	2	0.93
公职	9	3.60	4	1.85
合计	250	100	216	100.00

从收入水平来看(表5.13)，2021年自雇农村劳动力的年收入水平为55 813元、月收入为6 582元，分别为受雇者的1.17倍和1.38倍；雇主的收入水平更高，年收入达到10万元，月收入1.25万元，分别为受雇者的2.10倍和2.63倍。从发展趋势来看，2021年自雇者的年收入、月收入分别为2007年的5.26倍和2.82倍，雇主的年收

入、月收入分别为2007年的4.35倍和4.87倍,受雇者的年收入、月收入分别为2007年的6.30倍和4.38倍,说明受雇者收入增速更快。这是我国劳动年龄人口减少、人口红利逐渐消失后,用工成本增加的结果。受雇者工资水平的快速提升,可能也是李庄村劳动力从事自我雇佣者比例降低的原因之一。

表5.13 不同就业状态农村劳动力的收入水平　　　　单位:元

	2007年		2021年	
	总收入	月收入	总收入	月收入
自营	10 605	2 334	55 813	6 582
打工	7 565	1 086	47 660	4 759
雇主	23 000	2 568	100 000	12 500
公职	18 164	1 670	51 000	4 250

5. 常年外出务工已成为劳动力就业的新常态

如表5.14表示,2021年,李庄村劳动力平均外出务工年限为9.29年,其中5年以下、5～10年者均占33.49%,说明外出务工10年以下者占绝大多数;5.04%的外出劳动力的打工年限在20年及以上。与2007年相比,平均务工年限增加了6.09年,外出15年及以上者从无到有,提高了14.67个百分点,而5年以下者的比重下降了52.03个百分点。说明随着我国工业化、现代化进程的持续推进,外出务工已经成为农村劳动力的常态。调查中我们感受到,"应该或必须外出"已成为李庄村农村居民的共识,而闲散在家则被视为"懒惰""不争气""没出息"的表现。

表5.14 农村劳动力务工年限与工作稳定性的变化

		2007年		2021年	
		人数/人	比重/%	人数/人	比重/%
打工年限	5年以下	183	85.52	73	33.49
	5～10年	29	13.55	73	33.49

(续表)

		2007 年		2021 年	
		人数/人	比重/%	人数/人	比重/%
打工年限	10～15 年	2	0.93	40	18.35
	15～20 年	0	0	21	9.63
	20 年及以上	0	0	11	5.04
	平均值(年)	3.20		9.29	
现职业工作年限	3 年以下	165	86.39	95	54.29
	3～6 年	25	13.09	43	24.57
	6～10 年	1	0.52	27	15.43
	10 年及以上	0	0	10	5.71
	平均值(年)	1.70		4.15	

从工作稳定性来看,2021 年李庄村务工劳动力当前职业的工作年限为 4.15 年,是 2007 年的 2.44 倍。其中,3 年以下者占 54.29%,较 2007 年下降了 32.10 个百分点,3～6 年、6～10 年、10 年及以上者分别较 2007 年提高了 11.48 个百分点、14.91 个百分点和 5.71 个百分点。说明当前农村劳动力非农就业的稳定性大幅度提升,这与集中居住后失去耕地经营权有关。

6. 乡镇和县城是劳动力就业和生活的重要空间载体

农村外出劳动力的流动距离反映了劳动力资源在不同区域间的配置。经验研究发现,流动距离不仅与区域经济发展水平紧密相关,亦是农村劳动力在自身禀赋、家庭资源等外部约束条件下进行效用最大化决策的结果。表 5.15 显示,2007 年以来,李庄村劳动力的流动半径呈缩小之势,出现了明显的回流趋势。

表 5.15　农村劳动力不同区域间的配置

	2007 年		2021 年	
	人数/人	比重/%	人数/人	比重/%
本乡内	51	20.73	89	41.40
乡外县内	13	5.28	23	10.69
县外省内	135	54.88	82	38.14
省外	47	19.11	21	9.77
合计	246	100	215	100

由表 5.15 可知,2021 年李庄村劳动力呈现在县域集聚的现象,首先是跨省流动者和县外省内就业者的比例不断下降。其中,跨省流动者的比例由 2007 年的 19.11% 下降至 2021 年的 9.77%,下降了近 10 个百分点;县外省内就业者的比例降幅更大,由 2007 年的 54.88% 下降至 2021 年的 38.14%,下降了 16.74 个百分点。与之相比,在县域就业者的比重逐渐上升,其中双沟镇内就业的农村劳动力比重由 2007 年的 20.73% 提高至 2021 年的 41.40%,乡外县内就业者的比重由 2007 年的 5.28% 提高至 2021 年的 10.69%,分别增加了 20.67 个百分点、5.41 个百分点。这一方面是近年来区域间产业梯度转移的结果,伴随着泗洪县域经济和乡镇经济的快速发展,其对劳动力的吸纳能力逐渐增强,为县域范围内的农村劳动力就近、就地转移提供了更多平台和机会。另一方面,随着外出年限的增加,部分农村劳动力有了一定的资金积累和管理经验,在就业创业政策的引导下,他们选择返乡创业,成为促进县域经济发展的重要力量。而县域范围内的就业,可以使农村劳动力兼顾家庭生产的责任,可在一定程度上缓解甚至消除因远距离外出而给家庭再生产带来的不利影响。

由表 5.16 可知,2021 年李庄村劳动力务工时间达到 9.66 个月,较 2007 年多出 2.36 个月。其中,务工 9 个月以上的劳动力占 72.99%,较 2007 年提高了 29.17 个百分点;务工半年以下者占

15.64%,较 2007 年下降了 30.18 个百分点。从房产所在地来看，2021 年 26.71% 的农户已在双沟镇购房，较 2007 年提高了 26.11 个百分点；3.43% 的农户已在县城购房，较 2007 年提高了 3.43 个百分点；在集中居住地购房的农户占 69.86%，而 2007 年几乎所有农户都居住在李庄村内，仅有 1 个农户在乡镇购置了房产。这是集中居住政策作用的必然结果，使得李庄村居民的居住范围从原有的村域进入县域范围。

表 5.16　农村劳动力务工时间与居住地的变化

		2007		2021	
		人数/人	比重/%	人数/人	比重/%
每年外出务工时间	1～3 个月以下	64	25.50	5	2.37
	3～6 个月	51	20.32	28	13.27
	6～9 个月	26	10.36	24	11.37
	9～12 个月	110	43.82	154	72.99
	平均值（月）	7.30		9.66	
		户数/户	比重/%	户数/户	比重/%
房产所在地	本村/集中居住区	166	99.4	102	69.86
	乡镇	1	0.60	39	26.71
	县城	0	0.00	5	3.43
	其他	0	0.00	0	0.00
	合计	167	100	146	100.00

综上判断，因集中居住政策和土地集中流转政策的实施，李庄村劳动力实现了职业的深度非农化，由"半工半农"的村民变身为接近"全职"的产业工人，工作地点由 2007 年的县外就业为主转为 2021 年县域范围内就业，部分家庭的居住地亦实现了由村庄到乡镇、县城的转变，乡镇和县城逐渐成为他们工作和生活的重要空间载体。集中居住后，李庄村村民与土地和农村的联系大大削弱，他们与传统农业、传统村落的关系逐渐松散化。这一方面是县域经济发展的客观

结果,另一方面也构成了县域经济良性发展的前提和基础。

第三节 农村劳动力深度转移的社会经济影响

青壮年劳动力职业深度非农化的结果之一,必然是家庭非农收入的增长及其对农业经营性收入的完全替代。但因城乡二元藩篱的长期存在,农业转移人口家庭难以实现在大中城市的家庭再生产,从而将"抚幼""养老"等人口再生产环节放在农村地区,由此造成了农村留守儿童全面发展受阻、农村老人生活质量下降、婚姻不稳定等诸多社会问题,不仅提高了农村贫困代际传递的风险,亦不利于农村社会的和谐稳定。

一、农村家庭实现了由农业收入向非农收入的转变

2021年样本农户家庭人均可支配收入为18 006元,与全国农民人均纯收入基本持平,分别为同期苏北地区、江苏省平均水平的86.02%、74.41%。从收入结构看,2007年样本农户人均工资性收入为1 663元,占人均可支配收入的37.17%;2021年样本农户人均工资性收入为14 490元,占人均可支配收入的80.47%,较2007年增加了43.30个百分点。与此同时,人均家庭经营性收入在人均可支配收入中的比重由2007年的56.92%下降至2021年的7.25%,说明工资性收入已取代经营性收入的主导地位,农村家庭实现了由农业收入向非农收入的转变。由此可知,工资性收入成为李庄村居民最重要的收入来源,且随着时间变化呈加强趋势。这是集中居住后农民职业深度非农化在收入结构中的体现,也是土地资源集中流出后,家庭经营性收入减少的结果。随着工业化、城镇化进程的不断加快,各种非农就业机会不断增加,尤其在劳动力短缺引发"用工荒"后,劳动力价格大幅攀升,由此带动了农户工资性收入的大幅上涨。此外,在将土地这一重要的生产资料经营权转让给规模经营者后,农

户只能加大劳动这一生产要素的投入，以获取家庭收入的最大化。以上均是工资性收入占比提高的重要原因。

二、农村儿童留守比例较高，实现全面发展的风险加大

根据已有研究，本章将农村留守儿童界定为2021年父亲或母亲在县城以外务工时间大于等于6个月、16周岁以下的农村常住儿童。根据该定义，2021年李庄村129个样本农户中共有留守儿童104人，占样本户16岁以下儿童总数的71.23%，相当于4个农村儿童中有3个留守，留守比例较高。从留守模式来看，按照留守监护人的不同，分为与父母一方留守和与（外）祖父母留守。2021年的调查样本中，与父母一方留守的儿童有41人，占留守儿童总数的39.42%；与（外）祖父母留守的儿童有63人，占比60.58%。从2007年来看，李庄村167个样本农户中共有留守儿童52人，占样本农户16岁以下儿童总数的42.27%，其中与父母一方留守的儿童29人，占55.77%，与（外）祖父母留守的儿童23人，占比44.23%。比较两次调查数据可以发现，2007年以来李庄村留守儿童比例较高、增速较快，留守模式由以与父母一方留守为主，转向以与祖辈留守为主。可能的原因在于，土地这一重要生产资料的流出，使得"男工女耕"的家庭分工模式难以为继，出于家庭效用最大化的考虑，夫妻共同外出打工成为主流。但在城镇生活成本高、入学难等现实情况下，外出务工家庭不得不将孩子留在老家，由此造成了留守儿童规模的不断扩大。此外，随着二胎、三胎政策的逐渐放开，农村家庭生育数增加，这也是造成留守儿童数增加的原因之一。因留守造成的亲子间"时—空"的分离，不利于农村儿童的全面发展。费孝通双系抚育理论表明，父母和孩子组成的核心家庭是一种稳定的"三角关系"，母亲和父亲分别承担生理性抚育和社会性抚育的角色，这最利于孩子掌握家庭之外的工作和交往所需要的各种知识和技能。然而，外出务工可能会引起家庭教育功能的缺失。对于与父母一方留守的儿童来讲，父亲或

母亲角色的缺位,可能会导致社会性教育不足、生活照料质量下降;对于与祖辈留守的农村儿童来讲,祖辈文化程度低、教育观念落后,仅能满足儿童发展的基本生存需求,对处于发展关键期儿童的心理构建、社会化教育等高层次发展需求回应不足,这不利于农村留守儿童的全面发展。

三、村庄离婚率攀升,婚姻不稳定成乡村治理难题

尽管"乡—城"间人口大规模流动带来了较高的工资性收入,并逐渐成为农村居民收入的重要增长源,但这种"拆分型的家庭再生产模式"带来了婚姻不稳定性问题,成为影响农村社会稳定的重要因素。2007年调查数据显示,167个调查农户中有1人是离婚状态,而2021年的129个调查农户中,婚姻状况是离婚的有10个人,如果将曾经离过婚的再婚者包括进去,李庄村离婚率可能会更高,这与全国农村离婚率上升的趋势相一致。从离婚者的年龄来看,80%集中在30~45岁,呈现以"80后""90后"为主体的特征。

专栏5.1:"打工事件"是造成农村婚姻解体的重要根源

LZCG,男,62周岁,是我们2022年在李庄村的一个访谈对象。其儿子(LXT)生于1986年,现年36周岁。16周岁初中毕业后即外出打工,在此期间与一名山东籍女子恋爱,双方于2005年在未婚的情况下生下一名女婴,此时女方年仅18岁。此后,女方父母坚决反对,并将该女子带回山东老家,之后便音信全无,双方所生女婴留在男方家里,由LZCG夫妇抚养。2013年,LXT再次结婚(对象也是二婚但没孩子),并于次年生下一名男婴。在此期间,LXT在泗洪县城一个门窗店打工,并因工作关系结识了居于县城的一名带着两个孩子的离异女性,随后两人同居生活。在儿子未满3个月的时候,LXT与妻子办理了离婚手续,之

> 后 LZCG 夫妇又承担起抚养孙子的重任,两名孩子至今已有 17 岁和 8 岁。在孩子的成长过程中,作为父亲的 LXT 很少看望,抚养费也基本没有,按照 LZCG 的说法,"LXT 去给别人家养孩子了",两个孩子的教育支出和生活费用全由 LZCG 夫妇承担。

通过此案例,我们不难发现,人口流动对婚姻稳定性的影响有三个方面:第一,增加了农村非婚生子女的风险;第二,人口流动减少了传统道德对婚姻的约束力,尤其是远距离的流动,在远离熟人社会的情况下,亲人监督力和传统道德约束力均减弱,同居、拼租、临时夫妻现象司空见惯;第三,因外出务工导致的"时—空"隔离,夫妻长期处于异地分居状态,缺乏必要的交流和沟通,长此以往必然淡化维系婚姻的感情基础,并通过替代机会的增加和婚姻观念的改变,增加婚姻解体的风险。从长期来看,婚姻解体的最大受害者是未成年儿童。调查显示,单亲家庭子女更容易出现自卑、情绪不稳定、抑郁、有攻击性和行为失范等精神健康、行为规范问题。2021 年,李庄村 10 个离婚家庭共有 10 个孩子,最小者是父母离婚时年仅 3 个月大的 LZCG 的孙子,并且这 10 个孩子目前全部处于"留守+单亲"的状态。为了养家糊口,单亲父母必须外出工作,孩子只能留守在家,由祖父母抚养。家庭结构的不完整和家庭功能的缺失,以及留守监护人照料质量和教育能力的有限,构成了儿童身心健康发展的风险因素,可能会造成人力资本发展的不足,增加农村贫困代际传递的可能性。

四、农村老年人就业难度加大,生活质量不高

传统农业生产对人力资本的要求不高,其显著特点是同质化的体力劳动与有限的土地资源结合。因而,在城镇化的过程中,农村社会中的"老、弱、病、残"等难以被非农就业市场吸纳的群体,成为"乡—城"流动背景下我国农业生产的重要力量。然而,在土地大规模流转出去的情况下,这部分劳动力失去了生产资料,陷入"英雄无

用武之地"的境地。从农村老年人口的劳动供给可见一斑。由表5.10可知,2007年,56~65岁、65~75岁、大于75岁的农村老年人口的劳动参与率分别为80.3%、57.78%和9.68%,劳动时间分别为190.05天/年、107.78天/年和22.58天/年。而2021年,56~65岁、65~75岁、大于75岁的农村老年人口的劳动参与率分别为41.46%、30.34%和5.26%,仅为2007年同类指标的51.63%、52.51%和54.34%,劳动时间为2007年的53.22%、41.28%和83.88%。究其原因,主要在于农业劳动参与率的下降,2021年三类人群农业劳动参与率仅为2007年同类指标的16.09%、33.71%和54.34%,农业劳动时间为2007年的11.15%、15.53%和85.14%。可见,集中居住尤其是土地集中流出后,农村老年人口失去了"活到老、干到老"的生产资料。此外,在自身受教育水平有限且缺乏相关技能的情况下,相当部分具有劳动能力的低龄老年人难以实现非农就业,老年人力资源难以得到有效开发。

尽管农村社会养老保障已实现全覆盖,但其保障水平仍然较低,2021年60周岁以上的农村老人每人每月可领取173元,2022年上涨至192元/月,尚不足以维持其基本生计。更何况,集中居住导致农村老年人居住水平下降和生活成本大幅上升,因腿脚不便难以爬楼,他们大多住在位于一楼的车库中,面积约20平方米,且没有门窗。在访谈过程中,老年人最常说的一句话是:现在什么都需要钱。的确,集中居住前,李庄村每户门前都有半亩左右的菜地,院子里栽种果树、花木等,柴米油盐可以实现半自给;集中居住后,原有的庭院经济消失,家庭用于购买粮食、蔬菜等食品的支出大幅度增加,米、面、油、蔬菜等生活必需品全部商品化,家庭生活开支大幅增加,生活成本上升。更为重要的是,健康资本随着年龄呈衰减之势,访谈中不少老年人说自己和老伴需要长期吃药,其家庭医疗支出居高不下。在各种生活成本高企不下且社会保障水平极其有限的情况下,农村老年人口对家庭保障的依赖性更为强烈,在人口老龄化程度不断深化、平均预期寿命延长、农村劳动力外流导致家庭养老功能弱化的客观条件下,如何保障农村老年人口的生活质量,满足其照料需求,亟须相关公共政策的重点支持。

第四节 构建农村劳动力高质量就业的政策支持体系

窥一斑而知全豹。李庄村人力资源的数量、质量及其利用结构的演变规律,乃至人口流动带来的社会经济影响,是农业农村现代化战略尤其是农民集中居住政策实施的一个缩影,应该说,在经济欠发达地区具有一定的普遍性和借鉴意义。针对李庄村人力资源利用存在的问题,我们认为,应大力破除城乡二元分割的体制机制,打造农村劳动力全生命周期的终身教育体系,通过提高智力劳动能力增强其就业竞争力,提高农村家庭转移能力,促进外出农民工的居家迁移,大力发展县域经济,增强县城对农业转移人口的吸纳力,从根本上破除"农村家庭拆分型再生产"产生的基础。与此同时,构建有利于农村留守儿童全面发展的社会支持体系,大力发展农村社会化养老服务,通过农村精神文明建设弘扬传统婚恋文化,最大限度弱化"家庭拆分型再生产模式"造成的不良社会后果。

一、打造农村劳动力全生命周期的终身教育体系

协调政府、企业、教育机构、社会组织等多方力量,广泛吸引社会资本参与农民终身教育体系,形成多元化的教育培训主体。着力构建农村劳动力职业技能培训体系、劳动安全培训体系和终身教育体系,促进农村居民的素质提升与技能升级。首先,健全以企业为主体、以职业院校为基础、学校教育与企业培养紧密联系、政府推动与社会支持相互结合的农村技能人才培养体系,大力开展符合市场需求的多种职业技能培训,重点开展岗前培训、新型学徒制、高技能人

才培训、岗位技能培训等。以此为基础,建立健全农村劳务输出有效对接机制,搭建就业服务大数据平台,建立农村劳动力就业信息采集、发布制度。其次,大力发展"互联网+"培训,不断创新网络授课方式,通过公益讲座开展法律基础培训和远程心理辅导。最后,通过"云上服务"开展老年教育、职业教育、家庭教育、青少年校外教育、心理健康教育、全民健康教育等多主题的学习活动,以提升农民文明素养和综合素质。

二、率先实现县域经济社会高质量发展

针对县域人口集聚度不断提高的现实,应将大力发展县域经济、增强县城综合承载力作为破除城乡二元结构、促进城镇化健康发展的重要切入点。首先,依托特色农业、生态环境等资源,多形式、多渠道融入城市群、都市群等区域协同体,主动承接外部产业转移、资本溢出、技术扩散等。合理引导第二、三产业向县域和镇村布局及其在县域内的融合发展,重点打造农业全产业链,加强绿色及高标准农田设施、仓储、冷链物流等建设,引导农业与旅游、康养、休闲、电商融合发展,形成新的就业形态。其次,增强县城的综合承载能力,补齐县城基础设施建设和公共服务供给的短板,基础设施方面应以垃圾与污水处理、物流设施、文化体育设施等为重点,基本公共服务应以医疗卫生体系、教育资源供给、养老托育服务等为重点,实现县城与城市公共服务的等值化。通过健全农业转移人口市民化机制、深化农村土地制度改革、推进县域金融改革创新等方式,解除阻碍城乡要素双向流动的制度性约束,使县城成为吸纳农业转移人口就近就业和就地城镇化的重要载体。

三、构建有利于农村儿童全面发展的社会支持体系

强化顶层设计,加快制度创新,以城乡融合为抓手,破除城乡二元分割的制度安排,建立以常住人口为依据的公共服务体制,提高农

村流动人口的基本公共服务供给水平，实现城乡居民权利平等。尤其要打破户籍壁垒，加强城镇优质公立学校资源的共享，大力落实农民工随迁子女的学前教育、义务教育和初中后教育，完善农民工随迁子女异地中考政策、高考政策，从制度上消除农村儿童留守现象的发生。借鉴发达国家"以儿童为中心"的投资战略，将家庭视角纳入公共政策，构建针对农村留守儿童这一弱势群体的专门性的法律法规体系和有利于我国农村留守儿童全面发展的、系统性的公共服务体系。从顶层制度设计到社会组织扶持，通过完善儿童救助体系和福利制度，为农村留守儿童"织网托底"，构建农村留守儿童发展的支持网，倡导多主体、多层面、宽领域、全方位的社会支持体系，运用各种公共力量与多种社会资源为农村留守家庭提供"质优、价廉、免费"的社会化服务。

四、建立健全以人为本的农村养老服务体系

构建兜底服务、互助服务、普惠服务并存的农村养老服务体系，积极应对农村人口老龄化和农村地区"空心化"，提高农村老年人生活质量。建立县、乡、村三级养老服务网络，因地制宜探索契合本地实际的农村养老服务，发展"互助养老""抱团养老"等养老模式。建立失能老人集中照护机构，对重度残疾人、重症慢性病人、特困供养对象、失能半失能人员等实现"应护尽护"。鼓励有条件的农村基层医疗机构设置护理、康复和养老床位，建立"互联网＋人工智能＋大数据＋远程诊疗＋健康管理"模式，在中心镇优先发展"医养融合"模式。降低农村养老服务市场准入门槛，在土地利用、财政补贴、税收优惠等方面给予大力支持，提高社会资本参与农村养老服务的积极性，并通过股权合作、公办民营、政府购买服务等新方式，为农村留守老人、农村居家老人提供餐饮、精神慰藉、娱乐等基本养老服务。

五、弘扬传统优秀婚恋文化，加强农村和谐家庭建设

大力推进以人为核心的新型城镇化，建立以常住人口为依据的公共服务供给体制，尤其是要取消与户籍相挂钩的教育与医疗资源、住房制度、社会保障、养老服务等公共资源的配给制，使农业转移人口在子女入学、住房、就业、社保、养老等方面，享有与城镇居民等值化的公共服务，最大限度地降低农民工举家迁移的成本，减少农村流动人口夫妻间聚少离多、离婚多发等问题。此外，将中华传统文化融入农村婚姻家庭建设中，倡导青年人树立品格为重的择偶观、忠诚担当的恋爱观、"执子之手、与子偕老"的婚姻观、"风雨同舟、相濡以沫"的家庭观，采用微信公众号、公益广告等，多形式宣传《中华人民共和国婚姻法》《中华人民共和国妇女权益保障法》《婚姻登记条例》等法律法规，弘扬"婚姻道德"和"婚姻责任"，促进婚姻和谐与家庭幸福，加强农村家庭建设。

第六章　村庄拆迁与农民集中居住

住有所居是人的基本需求,住房条件的好坏直接决定人是否有安全感。长期以来,农村居民住房条件的好坏一直是评价生活品质是否改善的重要指标之一。由于历史原因,相对于城镇居民而言,农村居民住房有其独特性,即农村房屋与农民宅基地紧密捆绑在一起,农村居民取得宅基地的使用权是其建房的前提。在宅基地使用权没有丧失的情况下,农村居民会依据自身经济条件和生产生活需要,对自身住房条件加以改善。农民住房条件改善通常有原址改建和翻建(新建)、异地新建(非原宅基地处所)、异地购买住房(含商品房和小产权房①)三种主要方式。其中前两种方式均是在农民没有丧失宅基地使用权的前提下进行的,而后一种既有可能是农民在拥有农村宅基地和住房的情况下从事的购房行为,如农民工外出务工在城镇购房,也有可能是在宅基地使用权丧失的情况下获得住所的行为。进入21世纪以来,为了盘活宅基地权能,提高农村土地使用效率,一

---

① "小产权房"通常是指在农村集体土地上建设的房屋,未办理相关证件,未缴纳土地出让金等费用,其产权证不是由国家房管部门颁发的,而是由乡政府或村颁发,亦称"乡产权房"。"小产权房"不是法律概念,是人们在社会实践中形成的一种约定俗成的称谓。"小产权房"不得确权发证,不受法律保护。严格而言,依据《土地管理法》的规定,"小产权房"不能向非本集体成员的第三人转让或出售,只能在村集体成员内部转让、置换。

系列改革政策相继出台,促成了当前农民居住向社区集中的主要态势和趋势,也从整体上改善了居住的客观条件。与此同时,这一过程也大大改变了村庄的居住形态和农村居民的生产生活方式,其推进带来了一系列不可忽视的现实阵痛,可以说对当前和未来相当时间内乡村的形态和发展产生了极为深远的影响。

本章以李庄村为案例,试图对过去十几年里因为"土地增减挂钩"和"农民集中居住"等政策带来的村庄拆迁和农民居住状态的改变进行描述,并对其造成的影响进行分析。本章首先从宏观层面对近十几年来我国农村宅基地和住房制度的变迁进行了政策梳理;其次,利用实地调查资料对李庄村的拆迁历程和居民的居住现状进行描述;再次,通过问卷调查和访谈资料分析李庄村拆迁和集中居住过程中遇到的问题和困境;最后,在上述分析的基础上,对李庄村居民宅基地变迁及住房条件改善的现实结果进行总结,展望未来李庄村农民住房条件改善的可能方向,并就未来经济欠发达地区农村居民住房条件改善以及自然村庄拆并提出相应的政策建议。

第一节 农村宅基地制度与住房政策变迁

居住权是一个涉及最基本人权的永恒命题,农民一辈子最大的梦想就是拥有一处像样的房子(王旭东,2010)。住房问题既关乎经济的发展,也关乎社会的稳定。对于农民而言,要想获得一处稳定的房子,其首要条件就是获得一块可建房的土地。由于特殊的历史原因,很长一段时间里,农村居民的居住权实际涵盖了宅基地和房屋两个层面的内容,这两者密不可分。要想厘清李庄村农民宅基地使用权丧失和住房条件改善的过程,有必要从宏观层面梳理一下农村宅基地制度和农民住房改善的相关法律法规和政策的变迁。

农村宅基地制度是农村土地制度的重要内容,宅基地与承包地一起构筑了我国农村经济社会发展的根基。从历史进程来看,我国农村土地制度（含田、宅）有三次较大的变迁：从中华人民共和国成立前到1962年，承认农民田产和房产私有；从20世纪60年代初至20世纪70年代末，农民宅基地集体化；从20世纪80年代初至今，宅基地和房屋管控与权能扩展。改革开放以来，全国性的《土地管理法》从无到有，经历多次完善和修订后，全国土地管理法治框架基本形成。其中，农村"一宅两制"的基本框架并没有实现重大突破，但随着工业化和城镇化的推进，一方面，大量农村剩余劳动力向城镇转移，农村常住人口大量减少，农村房屋出现大量空置户，房屋利用率低下；另一方面，城镇规模快速扩张，在确保耕地不减少的情况下，城镇建设用地指标存在缺口。如何加强对宅基地和房屋的规范化管理、优化整合农村和城市建设用地、加快宅基地和房屋产权权能实现（流转、抵押、买卖等）成为这个阶段的主要内容。这一时期大致又可细分为四个主要阶段。

一、宅基地和房屋严格管控阶段

改革开放后，农村经济快速发展，农民生活水平较之前大幅度提高，农民表现出强烈的改善居住环境的意愿。同时，由于农业生产资料和农业生产所得归农民所有，大量农机农具以及收获后的农产品需要存放，这也导致农民对农业用房的大量需求，在这种背景下，农民扩建、新建住房大量出现。1979—1981年全国农村建房面积超过14亿平方米，与1957—1977年农村住宅总量基本持平。加上专门的土地管理法律法规的缺乏，宅基地及建房管理的相对松散，农村宅基地面积呈现无序扩张的趋势，给耕地保护带来了较大压力。鉴于此，国务院于1981年4月下发了《关于制止农村建房侵占耕地的紧急通知》（国发〔1981〕57号），要求农村住房建设用地必须统一规划、合理布局、节约用地。1982年2月国务院又发布了《村镇建房用地管理条例》①,该条例首次对宅基地面积做出了限制性规定,从法律层面明确限制了出卖、出租房屋后再申请宅基地的现象。

1986年第六届全国人民代表大会常务委员会第十六次会议审议通过了我国首部《土地管理法》,这标志着土地资源管理、全面调整土地关系进入法治轨道。该法律有关农村宅基地的具体规定主要有8点:(1)农村村民一户只能拥有一处宅基地,申请宅基地要符合条件;(2)面积要有限额;(3)由于买卖房屋而转移宅基地使用权的,应按规定办理申请、审批手续;(4)出卖、出租房屋的,不得再申请宅基地;(5)社员迁居并拆除房屋后腾出的宅基地,由生产队收回,统一安排使用;(6)不得在承包地和自留地上建房;(7)建住宅应当使用原有的宅基地和村内空闲地,使用耕地的要报县政府批准等;(8)城镇非农业户口建住宅,需要使用集体土地的,必须经县级人民政府批准。然而,由于城镇建设超出预期,土地资产管理的法律法规也面临快速变化。1987年12月,深圳市轰动全中国的土地拍卖第一槌,拉开了土地有偿使用制度的帷幕,全国各地争相效仿。深圳的先河之举,直接促成了《中华人民共和国宪法》中有关土地使用制度内容的修改。《中华人民共和国宪法修正案(1988年)》在删除"禁止土地出租"规定的同时,增加了"土地使用权可以依照法律的规定转让"的规定。1988年12月29日,第七届全国人民代表大会常务委员会第五次会议根据宪法修正案对《土地管理法》做了相应的修改,新增"国有土地和集体所有的土地的使用权可以依法转让""国家依法实行国有土地有偿使用制度"等内容,新增的规定扫清了土地作为生产要素进入市场的法律障碍,拉开了国有土地有偿使用制度的序幕。上述法律和规章,都允许某些非农业户(城镇居民)以无偿或有偿方式使用农村集体所有的宅基地来建房。这就为炒卖城乡结合部的集体土

---

① 该条例于1986年被《土地管理法》明令废止,但其基本内容被《土地管理法》吸收接纳。

地打开了方便之门,小产权房也随之快速出现。

针对此种情况,1992年11月《国务院关于发展房地产业若干问题的通知》(国发〔1992〕61号)规定集体所有土地不得直接出让;1995年10月1日起施行的《中华人民共和国担保法》第三十七条规定"宅基地使用权不得抵押";1998年修订的《土地管理法》取消了城镇非农业居民在农村取得宅基地的规定,同时规定农民集体所有的土地的使用权不得出让、转让或者出租用于非农业建设,任何单位和个人进行建设,需要使用土地的,必须依法申请使用国有土地;1999年《国务院办公厅关于加强土地转让管理严禁炒卖土地的通知》(国办发〔1999〕39号)提出:"农民的住宅不得向城市居民出售,也不得批准城市居民占用农民集体土地建住宅,有关部门不得为违法建造和购买的住宅发放土地使用证和房产证。"至此,国家从立法层面对农村宅基地流转设定了严格的限制,也不允许农村集体建设用地直接入市交易。国有建设用地与农村集体建设用地的一级和二级土地市场基本形成。

二、城乡建设用地市场试点探索阶段

1998年6月,全国城镇住房制度改革与住宅建设工作会议召开。随后,国务院在7月3日颁发了《关于进一步深化城镇住房制度改革加快住房建设的通知》(国发〔1998〕23号),正式开启了以"取消福利分房,实现居民(城镇)住宅货币化、私有化"为核心的住房制度改革。随着中国城市房地产市场的正式开启以及工业化的不断推进,城市规模开始急速扩大。全国土地市场开始面临城市建设用地供给不足、空心化乡村宅基地闲置的两难困境。为了促进城市化和农村土地集约化发展,中央层面开始尝试探索城乡建设用地新政。

1999年国土资源部《关于土地开发整理工作有关问题的通知》(国土资发〔1999〕358号)最早在部委层面提出了对"农民集中居住"问题的政策引导:"凡有条件的地方,要促进农村居民点向中心村和集镇集中、乡镇企业向工业小区集中……实行这种方式置换的,其建设用地可以不占用年度建设占用耕地计划指标。"2000年,国土资源部又发布《关于加强土地管理促进小城镇健康发展的通知》(国土资发〔2000〕337号),明确提出小城镇建设用地"指标主要通过农村居民点向中心村和集镇集中、乡镇企业向工业小区集中和村庄整理等途径解决"。所谓"三集中"①官方政策指引开始逐步实施。2000年6月,中共中央和国务院《关于促进小城镇健康发展的若干意见》(中发〔2000〕11号)提出:"对以迁村并点和土地整理等方式进行小城镇建设的,可在建设用地计划中予以适当支持。要严格限制分散建房的宅基地审批,鼓励农民进镇购房或按规划集中建房,节约的宅基地可用于小城镇建设用地。"中央层面正式打通了农民进镇购房的通道。

2004年10月21日,《国务院关于深化改革严格土地管理的决定》(国发〔2004〕28号)提出"在符合规划的前提下,村庄、集镇、建制镇中的农民集体所有建设用地使用权可以依法流转",允许一部分符合规划的农村集体建设用地进入流转市场,并明确提出城镇建设用地增加与农村建设用地减少相挂钩的要求,即"土地增减挂钩"政策正式提出。同年11月2日国土资源部颁布《关于加强农村宅基地管理的意见》(国土资发〔2004〕234号),明确指出:"各地要采取有效措施,引导农村村民住宅建设按规划、有计划地逐步向小城镇和中心村集中。"即"农民集中居住"政策基本成型②。

---

① 1985年上海市土地局等部门提出了所谓的"三集中"政策,即"耕地向种田能手集中,工业向园区集中,居住向城镇集中";2000年前后江苏苏南地区借鉴上海经验,提出了区域内的"三集中模式",即"农民集中到镇区居住,工业向园区集中,农田向规模经营集中";2004年前后,为避免各界的误解,农村"三集中"改为"工业向园区集中,农民向城市集中,居住向社区集中",此后这一政策在全国更大范围内被接受和推广。

② 农民集中居住政策:由政府主导,以获取城市建设用地和改善农民居住状况为目标,通过购买或置换性征收农民分散的耕地和宅基地,引导农民集中居住于城镇或中心村集中居住区,以获得集中的土地份额,进而统一经营管理或出售,从而增加政府财政收入、改善农民居住状况、扩大城市规模和实现土地集约化管理的政策目标。(田毅鹏 等,2021)

2005年10月8日，第十六届中央委员会第五次全体会议审议通过了《中共中央关于制定国民经济和社会发展第十一个五年规划的建议》，"建设社会主义新农村"被正式提出。同年10月11日，国土资源部颁布《关于规范城镇建设用地增加与农村建设用地减少相挂钩试点工作的意见》(国土资发〔2005〕207号)，正式启动城乡建设用地增减挂钩工作。2006年4月国土资源部下发《关于天津等五省(市)城镇建设用地增加与农村建设用地减少相挂钩第一批试点的批复》(国土资函〔2006〕269号)，部署在天津、山东、江苏、湖北、四川等5省(市)开展城乡建设用地增减挂钩试点工作。"土地增减挂"正式在这5省成为农民集中居住的指导性推进政策。与此同时，2006年3月《国务院关于解决农民工问题的若干意见》(国发〔2006〕5号)再次明确指出"中小城市和小城镇要适当放宽农民工落户条件""有条件的地方，城镇单位聘用农民工，用人单位和个人可缴存住房公积金，用于农民工购买或租赁自住住房"。农民进城买房已基本无制度性障碍。

2007—2008年，针对增减挂钩政策试点过程中面临的问题，国土资源部先后发布了《关于进一步规范城乡建设用地增减挂钩试点工作的通知》(国土资发〔2007〕169号)、《城乡建设用地增减挂钩试点管理办法》(国土资发〔2008〕138号)，进一步规范和指导各地增减挂钩工作。至此，城乡发展"三集中"、城乡建设用地"土地增减挂钩"、农民集中居住和农民工进城入镇购房总体框架形成。

在中央新农村建设思想的指引下，作为集中居住区政策的先导省份，江苏省展开了较大范围的政策实践。2005年4月江苏省人民政府办公厅发布《省政府办公厅关于做好全省镇村布局规划编制工作的通知》(苏政办发〔2005〕29号)，要求在2005年"完成全省镇村布局规划编制工作"。江苏省建设厅在规划中要求"在未来20年至25年内，目前约25万个自然村将逐步撤并为4万多个'规划居住点'，每个行政村至少要撤并12个自然村，撤并比例高达81.6%"，并在 2006 年 5 月颁布了《江苏省村庄建设规划导则》，将江苏省村庄建设划分为整治和新建两大类型，并对村庄布点及规模、产业布局、配套设施建设、自然资源保护等方面进行了详细的规划要求。同年，《江苏省政府关于解决农民工问题的实施意见》（苏政发〔2006〕162号）出台，其中第十九条"多渠道改善农民工居住条件"中明确提出"城镇单位聘用农民工，用人单位和个人可缴存住房公积金，允许符合条件的农民工申请住房公积金贷款购买自住房"。

三、积极纠偏与深化改革阶段

"土地增减挂钩"和"农民集中居住"政策试点成型之后，面对巨大的土地市场利益，2009 年全国土地增减挂钩政策试点省份扩增到 24 个，土地增减挂钩政策的条件放宽和试点扩大极大程度上推动了农民集中居住政策的全国性政策扩散和政策推进（田毅鹏 等，2021）。然而，原本增减挂钩政策和农民集中居住政策实施的目的在于配合社会主义新农村建设，改善农民生产生活条件，提高土地利用效率。但从各地的实践来看，都不同程度地违背了政策的初衷：名为推进新农村建设，实为对农民的再次掠夺，严重侵害了农民的合法权益（王善信，2013）。2010 年 3 月，国土资源部发布《关于进一步完善农村宅基地管理制度切实维护农民权益的通知》（国土资发〔2010〕28号）。该通知指出，本着提高村庄建设用地利用效率、改善农民生产生活条件和维护农民合法权益的原则，有条件的地方应积极稳妥地开展"空心村"的治理和旧村改造，完善基础设施和公共设施。对村庄内现有各类建设用地进行调整置换时，应对土地、房屋价格进行评估，在留足村民必需的居住用地（宅基地）前提下，其他土地可依法用于发展第二、三产业，但不得用于商品住宅的开发。2010 年 12 月，国务院发布《关于严格规范城乡建设用地增减挂钩试点切实做好农村土地整治工作的通知》（国发〔2010〕47 号），要求坚决制止擅自开展建设用地置换、复垦土地周转等"搭车行为"，严禁盲目大拆大建及强迫农民住高楼现象发生。在增减挂钩实施过程中,要保持农村的特色和风貌,保护具有历史文化和景观价值的传统建筑,要尊重农民意愿并考虑农民实际承受能力,防止不顾条件盲目推进。对未经批准擅自开展增减挂钩试点、超出试点范围开展增减挂钩和建设用地置换或擅自扩大挂钩周转指标规模的,要严肃追究有关地方政府负责人及相关人员的责任。2011年3月,国土资源部联合中央农办、住建部等多部委和机构,开展"城乡建设用地增减挂钩试点和农村土地整治清理检查工作",重点清查侵犯农民土地权益、强制农民"上楼"问题。2012年12月31日,为解决部分地区于农民集中政策规模性推进阶段出现的危害农民意愿和利益的问题,《中共中央 国务院关于加快发展现代农业 进一步增强农村发展活力的若干意见》明确提出:"农村居民点迁建和村庄撤并,必须尊重农民意愿,经村民会议同意。不提倡、不鼓励在城镇规划区外拆并村庄、建设大规模的农民集中居住区,不得强制农民搬迁和上楼居住。"随着政策的收紧,农村社区建设大跃进、农民被上楼现象总体得到了抑制。

2014年12月,中共中央办公厅、国务院办公厅印发《关于农村土地征收、集体经营性建设用地入市、宅基地制度改革试点工作的意见》,决定在全国选取30个左右县(市)行政区域进行试点,其目的在于"探索缩小土地征收范围;规范制定征收目录,健全矛盾纠纷调处机制,全面公开土地征收信息;完善对被征地农民合理、规范、多元保障机制等;建立兼顾国家、集体、个人的土地增值收益分配机制,合理提高个人收益"。2020年1月1日,新修改的《土地管理法》删除了原法第43条关于"任何单位和个人进行建设,需要使用土地的,必须依法申请使用国有土地"的规定,允许集体经营性建设用地在符合规划、依法登记,并经本集体经济组织三分之二以上成员或者村民代表同意的条件下,通过出让、出租等方式交由集体经济组织以外的单位或者个人直接使用。同时,使用者取得集体经营性建设用地使用权后还可以转让、互换或者抵押。2021年,中央一号文件再次提出:

"乡村建设是为农民而建,要因地制宜、稳扎稳打,不刮风搞运动。严格规范村庄撤并,不得违背农民意愿、强迫农民上楼,把好事办好、把实事办实。"

第二节　村庄拆迁及其对农民宅基地与居住的影响

纵观世界乡村变迁历程可以得知,一个村庄的变迁与城镇化、工业化紧密相连,它不可能置身于时代发展浪潮之外。李庄村的变迁也同样遵循上述规律。作为苏北的一个经济相对薄弱村,如何实现经济的腾飞和乡村居民的安居乐业是其首要任务。2009年之前,李庄村得益于江苏脱贫攻坚工程、千村万户帮扶工程等政策,农民生活水平有了显著提高。如何更进一步,不在全面建成小康社会中掉队是其需要面对的另一个任务。如前文所述,随着"土地增减挂钩"和"农民集中居住"政策在全省范围的扩大,李庄村也步入其中。通过大规模村庄拆迁和农民搬迁,如今李庄村的村庄形态以及农民居住条件已发生了翻天覆地的变化。

一、地方政策的形成与推进

大约在2001年,江苏苏州、无锡等地的富裕乡镇出现了一些小规模的"农民集中居住"试验。那时正是苏南地区工业化的高速发展阶段,中青年农民大多进厂做工或经商,一些自然村人口绝对减少,变成"空心村",当地基层政府便开始尝试把一些人口较少的自然村撤并,集中到人口大村,或者集中建设公寓型农民小区。这既改善了农村居住环境,也提高了农村土地使用效率,在当时被称为"居住向社区集中"。然而,这本是基于经济发展的务实举措,有意无意之间,在江苏渐次升级为全局性做法。

2003年7月,江苏省委召开十届五次会议,提出"两个率先"(即

"率先全面建成小康社会、率先基本实现现代化"),并决定"到2010年左右,全面建成更高水平的小康社会;到2020年左右总体上基本实现现代化"。此后,苏南地区被赋予"先行者"重任:2007年前全面建成小康社会,2012年前基本实现现代化。该地区城市化步伐大大加快,工业用地倍显紧张。如此情势下,无锡市所辖的江阴市新桥镇"农村三集中"被发掘成为集约用地的典型。概括来说,新桥镇的"农村三集中",就是把全镇19.3平方千米分为三大功能区:7平方千米的工业园区,7平方千米的生态农业区,5.3平方千米的居住商贸区,工业全部集中到园区,农民集中到镇区居住,农地由当地企业搞规模经营,这便是"农村三集中"的原型。其中,"农民集中居住"是最重要的组成部分,农民集中居住后,原有的村庄宅基地、空闲地等属于集体建设用地,不必经过审批就可直接用于工业建设。这对"用地饥渴"的基层政府来说,无异于一场"及时雨"。由此,基层自发的试验被当作"统筹城乡规划"的先进之举,一时为全省各地效仿。2004年以来,"农民集中居住"与"工业向园区集中""农田向规模经营集中"被苏南一些县市概括为"农村三集中"。据江苏省委农工办有关人士介绍,后来为了"避免外界误解",不再提"农田向规模经营集中",而是把"农村三集中"改为"工业向园区集中,农民向城市集中,居住向社区集中"。

  2005年10月,中共中央将"建设社会主义新农村"作为一项长期任务提出,江苏"农村三集中"也顺势成为"新农村建设"的典范。因为农民集中到小区居住后,环境卫生有了较大改善,正符合"社会主义新农村"十六字方针中"村容整洁"的要求。同年11月底,江苏召开大型全省城乡建设工作会议,要求三年内实现"城乡规划全覆盖",并把"农民居住集中"当作村庄建设的"重要导向","积极稳步推进农村三集中"。2006年2月,主责江苏省村镇规划和建设的江苏省建设厅称,"全省镇村布局规划编制"已初步完成。据此规划,在未来20年至25年内,全省约25万个自然村,将逐步撤并为4万多个

"规划居住点"。

到 2006 年 3 月,李庄村所在的宿迁市依据省住建厅"农民集中居住"相关政策,全面完成了全市的镇村布局规划。2006 年 4 月 12 日,宿迁市政府下发《关于推进农村集中居住点及康居示范村创建工作的实施意见》(宿政发〔2006〕49 号),要求"以全市 1 259 个行政村为中心,完成农村集中居住点布局规划和建设规划;争取用 10—20 年乃至更长一段时间,将全市现有的 12 028 个自然村庄逐步迁并为 2 566 个农民集中居住点"。上述文件还要求,在完成全市镇村布局规划的基础上,"全市 104 个乡(镇),每个乡镇选定 1 个基础条件较好的村作为康居示范村""从 2006 年起至 2008 年,进行高标准建设""确保在每个康居示范村新建、迁建的农户达到 100 户以上"。据当时宿迁市规划局村镇规划领导介绍:"宿迁市 2006 年有 350 万农业人口,1.2 万多个自然村,镇村布局规划确定建设 2 566 个集中居住点,平均五个自然村合并为一个新村。这 2 566 个农民集居点,大多数是扩建,原自然村保留的比例不到三分之一。通过村庄整治,每家农户的平均占地面积减少一半,全市可节约村庄建设用地近 79 万亩。"随后,宿迁市所辖县市区均依据《关于推进农村集中居住点及康居示范村创建工作的实施意见》具体细化各地的集中居住政策。

从政府层面来看,当时集中居住政策的执行操作主要分两个步骤:首先是房屋拆迁,自然村整体拆迁后,农民的宅基地、自留地和村庄其他土地,都会被用于"工业集中区""农民集中居住区"建设或充作"土地储备";其次是集中安置,在拆迁的同时,乡镇政府选定某一地块,委托当地的房地产公司建设农民小区,建成后由政府统一分配给拆迁农民。从农户层面来看,根据课题组调研得知,当时农民与由政府成立的拆迁办签订拆迁补偿协议,一般按照房屋合法的建筑面积确定补偿金额,但农民当时拿不到现金,只有到政府统一规划的农民小区购买新房,才能按照政府确定的安置房成本价,用当时补偿的拆迁款购买安置房。

二、李庄村拆迁历程

李庄村拆迁始于2009年,当时其并不是双沟镇最早推行农民集中居住的行政村,周边的罗岗村、汤南村等靠近镇区的行政村推行农民集中居住更早。但相较于其他村庄,李庄村的村庄整治力度是最为彻底的。截至2021年年底,李庄村大致经历了4次大规模拆迁。

1. 首次自然村庄整体拆迁(2009年)

2009年10—12月,依据上级政府的安排,李庄村杨庄自然村开始了整体拆迁活动。历时2个月的时间,杨庄自然村(1组和2组)实现了整体拆迁搬迁,拆迁搬迁约254套,土地增减挂钩约302亩。经查阅现有资料,《双沟镇土地利用总体规划(2006—2020年)》明确指出,由于镇区和工业发展的需要,与2005年年底基期相比,到2020年全镇建设用地将增加125.3公顷(1 879.5亩),全镇农用地面积净减少52公顷,这其中耕地面积增加40.8公顷,园地面积不变,林地面积增加56.3公顷,其他农用地面积减少194.8公顷。不难看出,为破解上述城乡土地资源使用难题,促进农村居民点有效整合成了唯一途径。依据规划,李庄村杨庄自然村将在2011—2013年期间整治20.15公顷(见表6.1)。但由于镇区建设用地需要,李庄村拆迁提前至2009年①。

表6.1　双沟镇村镇建设用地综合整治计划表

村名	整治面积/公顷	涉及自然村	实施起止时间
花园村	2.96	老庄	2011—2013年
李庄村	20.15	杨庄	2011—2013年

---

① 此处还有一个问题需要关注,即《双沟镇土地利用总体规划(2006—2020年)》成文时间为2010年12月,而李庄村杨庄自然村的拆迁在2009年12月已经完成,可以明显地看出,在上位法定土地利用总体规划尚未成文前,杨庄已经被拆掉,这是典型的实际操作先于规划的案例。

(续表)

村名	整治面积/公顷	涉及自然村	实施起止时间
罗岗村	9.60	罗岗、汤圩	2014—2015年
草湾村	14.24	上草湾、里马场、草湾	2016—2020年
高套村	19.10	大高套、陈涧庄、高套	2011—2013年
汤南村	0.11	汤南	2014—2015年
刘符套村	2.12	小符套	2016—2020年
双沟农场	2.33	黄泥庄	2011—2013年

资料来源:《双沟镇土地利用总体规划(2006—2020年)》。

随着杨庄自然村所有农户家庭的住房被全部拆迁,拆迁农户的宅基地使用权全部丧失,取而代之的是拆迁户全部自行选择居住场所,当时拆迁政策对拆迁户新的居住地没有限制。由于李庄村村内没有建设集中居住区,而周边罗岗村、汤南村、官塘村(瑶沟乡)已经实现了集中居住[1],且还有剩余集中居住住房。因此,本次的拆迁户绝大部分选择去其他村或社区购买集中居住房。

2. 为建集中居住区的再次拆迁(2012年)

2012年,在李庄村项岗自然村(南部区块)进行了第二次拆迁新建集中居住区行动。本次拆迁搬迁约80套,获得95~100亩建设用地指标。其中,项岗原址新建集中居住区占用了约68亩,剩余建设用地指标用于招商引资的美阳生态农林公司的建设。根据调查得知,这次拆迁的主要原因在于2009年第一次拆迁之后,大部分拆迁农户均被分散到本村以外的地方居住,在承包地尚未大规模流转的情况下,很多拆迁户对于自家承包地的耕作存在困难。加上进入其他村的新社区,在情感上难以融入,且第一批拆迁户认为外村和镇区房价较贵。因此,未拆迁的农户强烈要求在本村范围内新建集中居

---

[1] 相较于李庄村,同镇的罗岗村和汤南村更靠近双沟镇镇区;瑶沟乡的官塘村则更靠近瑶沟乡镇区。

住区。这一诉求被村两委反映至镇、县两级人民政府,在上级政府同意的情况下,第二次拆迁行动开启。在拆迁工作完成之后,在原址开始陆续修建二层联排集中居住区70套(2012年建,2013年完工),小高层(6层、7层)集中居住区6栋160套(2013年建设,2016年完工),总计230套。截至2021年,70套联排集中房全部认购,小高层仍有40套未认购,实际认购190套。

3. 逐步完善拆迁政策的第三次拆迁(2017年)

2017年,李庄村李庄自然村、项岗自然村(剩余部分)搬迁约283套,土地增减挂钩约280亩。根据调查得知,这次拆迁是2014年12月31日中共中央办公厅、国务院办公厅印发《关于农村土地征收、集体经营性建设用地入市、宅基地制度改革试点工作的意见》之后的再次拆迁,其根本目的依然在于通过土地增减挂钩为镇区发展提供必要的建设用地指标。

4. 基于苏北农房改善的第四次拆迁(2019年)

2019年,李庄村孙庄自然村整体搬迁约286套,土地增减挂钩约307亩。根据调查得知,此次拆迁是在2018年江苏省委、省政府印发《关于加快改善苏北地区农民群众住房条件推进城乡融合发展的意见》的基础上,结合土地增减挂钩、集体经营性建设用地入市试点进行的大规模拆迁。

截至2021年年底,李庄村仅有7套居民原宅基地及房屋没有拆迁,总占地面积约4亩,其中2户有居民临时居住(他处还有住房),全体居民基本实现了集中居住(本村或其他社区)和异地分散居住,如图6.1所示。

| 图示说明 | 2009年，杨庄①全部拆迁；
2012年，项岗②拆迁；
2017年，李庄③和项岗③全部拆迁；
2019年，孙庄④全部拆迁。 |

图 6.1　2010—2021 年李庄村拆迁示意图

三、农民居住现状

通过考察李庄村 4 次大规模拆迁历程可以得出，全村范围的土地整治使得拆迁户全部离开了原宅基地和住房，在拆迁政策的引导下，农户主动或被动地寻找新的居住场所。如今李庄村居民的居住分布、居住大小、居住环境以及生活生产方式均发生了质的变化①。

1. 居住分布

从表 6.2 可以看出，李庄村拆迁之后原居民居住总体呈现分散趋势。从居住分布来看，留在本村居住的村民户数仅占总数的 26.7%，

---

① 本节使用了两种数据：居住分布使用了李庄村全村的总体样本数据，其余问题统一用了 130 户被访户数据。130 户被访户中，涉及拆迁的有 128 户，1 户因没有宅基地所以未涉及拆迁，1 户有宅基地及建房，但不同意拆迁政策，故未参与拆迁，其除原宅基地及房屋以外，在他处仍有 1 处房产。

超过7成的居民已经离开了原村庄。从选择居住地来看,本镇外村(罗岗村、汤南村)和镇区是居民的主要选择区域,搬迁至县内(主要是县城和瑶沟乡)和县外(主要是地级市以及苏南地区)的住户仅占总数的16%。由此不难看出,拆迁户在家庭经济收入允许的情况下,倾向于选择交通更为便利、公共服务配套较好、乡土文化和人情纽带更深的本镇镇区落户。可以得出,未来镇(乡)区应是乡村拆并后城镇化发展的重点建设区域之一。集聚第二、三产业,提升基础设施,完善公共服务配套,将能进一步吸收农村居民入住,进而实现产业集聚、人员集聚的良性发展态势。

表6.2 李庄村村民居住分布统计

区域	本镇			县内	县外	总计
	本村	外村	镇区			
户数/户	179	174	211	95	12	671
占比/%	26.7	25.9	31.4	14.2	1.8	100

资料来源:依据2022年4月双沟镇"村村到、户户进、人人访"暖心走访行动统计获得。部分家庭存在一户多宅,本表按家庭户主要居住地统计。

2. 房屋拥有量与居住面积

从表6.3可以看出,2022年拆迁后被访户拥有的房产数较2008年并未出现结构性变化,即拥有1处房产的农户依然占据绝大多数比例。但2022年被访户户均房屋面积和人均住房面积较2008年分别增加了35.18平方米和4.65平方米,增长了33.1%和18.8%。由此可见,拆迁后农户住房面积出现了一定程度的扩大,改善了部分农民居住紧张的情况。户均居住面积增加也一定程度上解释了农户房屋拥有数减少的现象,即单套住房面积扩大进而减少了小面积房屋的拥有数量。

表6.3 被访户拥有房屋数量与居住面积统计

2022年被访户统计				
拥有房产数	户数/户	占比/%	户均面积/m²	被访户人均居住面积/m²
1处	108	83.08	123.5	29.45
2处	21	16.15	200.7	
3处	1	0.77	640	
总计	130	100	141.38(+35.18)	
2008年被访户统计				
拥有房产数	户数/户	占比/%	户均面积/m²	被访户人均居住面积/m²
0处	1	0.60	未统计	24.8
1处	125	74.85	未统计	
2处	40	23.95	未统计	
3处	1	0.60	未统计	
总计	167	100	106.2	

注：(1)2008年户均106.2 m²中，生活性面积为100.5 m²；(2)2022年户均面积统计为生活性居住面积。

3. 居住类型和居住结构

由前文可知，李庄村仅有7套居民原宅基地及房屋没有拆迁，且未拆迁的农户家庭在他处还有住房。因此，目前李庄村全体村民住房类型基本分为独栋楼房和小高层套间，与2007年相比，整体发生了翻天覆地的变化。结合现有独栋楼房和小高层套间均配备的自来水和室内卫生间等生活配套设施，故全体村民的居住品质大幅提升。此外，2007年，砖(石)木结构和砖混结构是李庄村住房最为常见的建筑结构，而目前李庄村的房屋结构基本转为钢筋混凝土结构类型。住房结构的保暖程度、安全性等方面显著提升。客观来看，十多年来李庄村居民的住房条件和住房品质总体出现了较为显著的改善。

4. 宅基地丧失与其他房屋产权获取

如前文所述,由于拆迁政策并未通过再次划拨宅基地用于农户自建房,因此,被拆迁农户均丧失了宅基地及其使用权。为进一步了解农户房屋产权拥有情况,调查获得被访户宅基地丧失与其他房屋产权获得数据,如表 6.4 所示。108 户拥有 1 处房产的农户家庭中,仅有 30 套所获房屋拥有完整产权,占比为 27.78%;21 户拥有 2 处房产的农户家庭中,所获 42 套房中仅有 14 套房产拥有完整产权,占比为 33.33%;1 户拥有 3 处房产的农户家庭,其 3 套房屋中也仅有 1 套拥有完整产权,另外 2 套没有完整产权。

表 6.4 被访户宅基地丧失与其他房屋产权获得情况统计

拥有房产数	户数/户	房屋数量/套	有房屋产权无土地使用产权（小产权房）		有房屋与土地使用产权（完整产权）	
			数量/套	占比/%	数量/套	占比/%
1 处	108	108	78	72.22	30	27.78
2 处	21	42	28	66.67	14	33.33
3 处	1	3	2	66.67	1	33.33
总计	130	153	108	70.59	45	29.41

从 21 户拥有 2 处房屋的家庭所获房屋的实际产权情况可以看出,有 10 户家庭拥有的两套房产均没有完整产权,仅有 3 户家庭拥有的两套房产均有完整产权,其余 8 户家庭各有一套房产拥有完整产权,一套无完整产权,如表 6.5 所示。

表 6.5 拥有 2 处房产家庭的房屋产权获得情况统计

	2 套房皆无完整产权	2 套房皆有完整产权	有产权与无产权各 1 套	合计
数量/户	10	3	8	21
占比/%	47.62	14.28	38.10	100

综合表 6.4 和表 6.5 可以得出,130 户被访家庭中,共有 41 户

家庭至少有1处房屋是拥有完整产权的,占总被访户的31.5%,即68.5%的农户家庭所获得的房屋并没有完整产权。这就导致这些家庭所拥有的房产并不能在市场上合法顺畅交易,家庭投入大量资金获得的房产实际是难以变现的,无法起到家庭资产增值保值的作用。

第三节 拆迁中农民的认知与行为

从中央层面来看,"土地增减挂钩"和"农民集中居住"政策设计和实施的目的有两个:一是通过合理的村庄拆并,整理乡村建设用地(主要是宅基地),缓解城乡建设用地供需矛盾;二是配合社会主义新农村建设,通过集中居住改善农民生产生活条件,同时通过加大耕地的流转和归并,实现耕地规模化利用,提高土地利用效率,进而释放更多农村剩余劳动力进入第二、三产业,最终实现城乡统筹发展。然而,由于各地区村庄情况不同,如何具体实施以及实施程度应该多深,均需要地方政府依据实际情况加以把握。换言之,地方政府在上述两项政策的实施过程中具有较大的决定权。

拆迁政策从最初制定到最终落实,是政府与农户之间反复博弈的过程。从双方目标实现角度来看,农户希望在拆迁过程中尽可能地保障自己的利益不受损;政府则更多地考虑政策是否能够顺利实施,并且在这一过程中避免激烈的社会冲突,保证最大程度的社会稳定。从双方行为来看,若农户认可拆迁,则会积极配合政府拆迁,获得合理收益;若农户不认可拆迁,则可能通过个人行动或集体行动来阻止拆迁的实施,个体和集体行为主要包括质问基层干部、暴力阻止拆迁、上访、诉诸司法等形式。在拆迁过程中,政府先制定拆迁政策,通过基层干部向农户宣传和执行政策,若农户配合则拆迁顺利实施;若农户不配合,基于农户个体或集体行动,政府可以通过与个体或集体协商、重新调整政策以及强制执行等行为来确保政策平稳实施。由此可见,农户对于宅基地和房屋产权归属以及拆迁政策理解的认知与行为,直接关系到拆迁是否能够平稳顺利实施(见图6.2)。基于此,本节主要从农户认知和行为视角来考察拆迁政策实施过程中农户和政府双方的具体博弈过程。

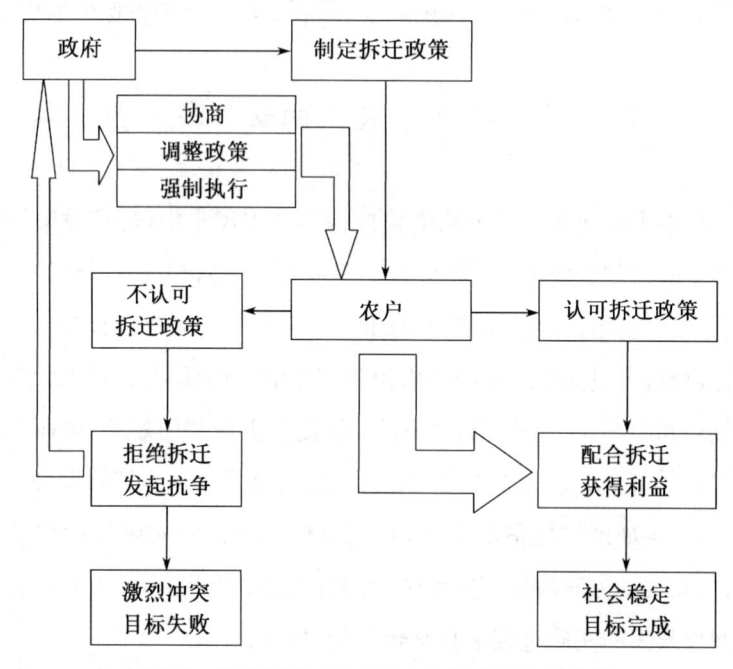

图 6.2　村庄拆迁过程中政府与农户行为示意图

注:⟶为单次博弈流程,⇨为反复博弈流程。

一、农民对宅基地与房屋产权的认知

理论上来说,对宅基地及其所属房屋产权的认知是农民开展维权行动的基础。依据130户被访者的数据分析可得(见表6.6),对于"宅基地是否可以买卖"问题,只有21.54%的农户认为不能进行买卖,78.46%的农户对于宅基地是否可以买卖并不清楚。对于"原宅基地上的房屋是否可以买卖"问题,有3.85%的农户认为可以买卖,15.38%的农户认为不能买卖,80.77%的农户对这一问题并不清楚。综合来看,农户对于宅基地及其所属房屋是否可以买卖的相关法律法规并不清楚,可以说是较为含糊。但根据专栏中被访户的回

答又可以看到,对这两个问题的认知并不影响农户的索赔行为。当任何外来人员、政府或组织要获取其宅基地和房屋时,农户均会索取必要的补偿,即无论法律法规是如何界定和限制宅基地及房屋产权交易的,绝大部分农户认为这属于个人私产,无论是以征收、正常买卖或租赁等任意形式的让渡权利,均需要向其支付费用。政府主导的拆迁亦是如此,否则农户不会配合。

表6.6 农户对宅基地与房屋产权的认知情况统计

	可以买卖		不能买卖		不清楚	
	数量/户	占比/%	数量/户	占比/%	数量/户	占比/%
宅基地	0	0	28	21.54	102	78.46
原宅基地上的房屋	5	3.85	20	15.38	105	80.77

专栏6.1:无论谁来要我的房子和地,都要给我钱!

调查者:您认为宅基地属于谁?宅基地能否买卖?

被访户L:宅基地应该属于我吧?宅基地能不能卖不是很清楚,但好像至少是不能随便买卖的。本村的应该可以,因为以前(20世纪90年代)本村同生产队(同组)的人之间买卖过,当时在村里要按手印,双方不得反悔。不过后来基本没有买卖过。再说,卖宅基地就肯定要牵涉到卖房子,所以,我也说不清。

调查者:那您认为原来宅基地上的房子是谁的?能买卖吗?

被访者L:原来宅基地上的房子肯定属于我的啊,因为是我1986年建的,后来又陆续翻修翻新了,房子肯定是我的。能不能卖,这个就像我前面说的,要卖房子,那么宅基地肯定也要给买的人,否则,肯定没人买房子的。

调查者:如果宅基地和上面的房子卖给别人了,您就不会再有宅基地了,这个您知道吗?

> 被访者 L：这个我知道，我前面讲的按手印、不许反悔讲的就是这个。宅基地只能要一回，给别人了，自己就没有了。
>
> 调查者：如果碰到政府要收您家的宅基地和房子，您会怎么办？
>
> 被访者 L：政府如果真的要强制收，我也没办法。但不管谁收我的房子和地，反正都要给我钱。不管给多少，反正至少要保证我还有房子住吧，你说是不是？

二、农户对拆迁政策的了解程度

拆迁的顺利实施依赖基层工作人员的执行，拆迁之前首先要通过基层干部向村民宣传和解释拆迁政策。农民知晓拆迁政策的基本信息是村民知情权得以保障的基本体现。当问及被访者"拆迁时村两委干部是否向您详细介绍了拆迁政策"时，57.36%的被访者认为村两委干部进行了政策宣传和解释，并且比较详细；33.33%的被访者认为村两委干部进行了政策宣传和解释，但不够详细，自己并不能太明白具体细节；还有9.30%的被访者认为村两委干部并没有对拆迁政策进行宣传和解释，自己获取拆迁政策的途径主要来源于农户间的传递。综合来看，在李庄村拆迁时，村两委干部对拆迁政策进行过宣传和解释，90.07%的农户是知晓拆迁政策的，虽知晓程度上有差异，但总体知情权还是得以保障的。

表 6.7 农户知晓拆迁政策的情况统计

知晓程度	频次/人	占比/%	累计占比/%
有，很详细	74	57.37	57.37
有，但不够详细	43	33.33	90.70
完全没有	12	9.30	100
总计	129	100	—

注：被访户有1户没有宅基地，该问题回答者129人。

三、农户在拆迁时所持态度与心理状态

世代生活在乡村的居民,当面对大规模村组拆迁时,其对拆迁所持态度和心理状态,能够比较好地反映出当时农民生产和生活面临巨大变化的反应。为此,课题组询问了被访户"在拆迁时所持的态度"和"当时拆迁是否会造成心理上的焦虑或恐慌"两个问题。从表6.8可以看出,无条件愿意配合拆迁的农户占21.71%;在补偿合理的情况下,愿意拆迁的农户占15.5%;不愿拆迁的农户占4.65%;有56.59%的农户选择了"不得不同意拆迁"的选项。从这个结果可以看出,在拆迁过程中,农户与政府的势力是不对等的,农户更多地处于弱势地位。从表6.9可以看出,面对拆迁时,有58.14%的农户产生过焦虑或恐慌,这也与"不得不同意拆迁"这类农户的占比形成了相互印证。

表6.8 农户对待拆迁时所持的态度统计

对拆迁所持态度	数量/人	占比/%
需要拆迁	1	0.78
配合拆迁,不太考虑钱的问题	27	20.93
补偿合理,愿意拆	20	15.50
大势所趋,不得不拆	73	56.59
不愿拆	6	4.65
无所谓	2	1.55
总计	129	100

表6.9 拆迁对农户心理状态的影响统计

心理状态	数量/人	占比/%	累计占比/%
比较焦虑	30	23.26	23.26
会有一定影响	45	34.88	58.14
基本没影响	54	41.86	100
总计	129	100	—

四、影响农户拆迁决定的因素

为了弄清哪些因素对当时农户做出拆迁决定产生了影响,课题组让被访者回忆当时其在拆迁时最关心或最看重的问题有哪些(多选题)。从表6.10可以看出,"生活是否便利""相较于原房屋,新房质量是否有改善""新社区软硬件配套是否到位""是否有过渡房以及能否买得起房"是排名靠前的几个选项,4个选项累计占比达到70.84%。与此对应的,"农业生产是否方便"仅占3.64%。在其他情况中,拆迁补偿款是否能及时发到位、是否能融入新社区也是部分农户考虑的问题之一。综合来看,在拆迁时,大部分农户更看重未来生活的便利性和新房屋质量及配套(是否有学校、有没有自来水、有没有卫生室)是否能够保障,农业生产便利性已经不再对其产生决定性影响。这在一定程度上反映出农户家庭城镇化意愿较为强烈。当然,部分经济条件相对较弱的家庭,还会考虑拆迁之后补偿款能否及时到位,这直接决定其是否有能力顺利搬入新家。

表6.10 影响农户拆迁决定的因素

影响农户拆迁决定的因素	数量/人	占比/%
生活是否便利	43	22.40
新房质量是否有改善	42	21.88
新社区软硬件配套是否到位	29	15.10
是否有过渡房以及能否买得起房	22	11.46
农业生产是否方便	7	3.64
无所谓,随大流,看情况	27	14.06
其他情况	22	11.46
合计	192	100

注:该问题回答者有129人,有1人没有宅基地。此题为多选题,合计为问答总频次。

五、农户拆迁过程中的行为表现

拆迁过程中,农户遇到问题时的应对策略和行为表现,可以反映出当时农户与政府之间的博弈过程。为此,课题组询问了农户"当时如果拆迁补偿或其他矛盾未能很好解决,您会不会坚持不拆迁?""若当时发生了矛盾,您将采取何种方式维护自己的权益?(多选题)"两个问题。从表6.11的分析可以看出,只有3位被访户表示,当时若拆迁条件不符合预期,会采取较为激烈的应对策略。超过90%的农户采取的是简单争取,以及观望政府及周边户的情况再做决定两种方法。由此也可以看出,普通单个农户知道其在与政府博弈中处于弱势地位,因此至少在心理上或矛盾产生初期,通常都采取较为保守或防守式的应对策略。

表6.11 拆迁条件不符合心理预期时农户的应对策略统计

农户应对策略	数量/人	占比/%
随大流	102	79.07
保障基本生活就拆	24	18.60
拆迁后上访	1	0.78
坚决不拆	2	1.55
合计	129	100

进一步考察被访户在拆迁过程中产生矛盾的实际原因和解决方式。129户被访家庭中,有18户在拆迁过程中产生过纠纷,占被访户总数的13.95%。当时矛盾主要聚焦于两方面:补偿款过低(11频次)和其他财产受到损失未能及时补偿(7频次)。在矛盾发生后,18位被访户均首先找村干部反映问题和评理,随后拒绝拆迁,等待上一级领导出面,接受调解。没有一户采取诉诸法律、上访、暴力抗拒拆迁等行为。由此可见,对于农户而言,当出现矛盾后,找村干部说出自身诉求,随后等待上级政府反馈,通过"讨价还价"行为策略获取更多利益补偿,是其最经济和最可行的矛盾处理方式。诸如上访、暴力

抗拒拆迁以及诉诸法律等处理方式,对于他们而言成本过高,并不经济,也不现实。

六、拆迁政策执行过程中存在的主要问题

针对拆迁政策和具体实施,课题组询问了被访户当时拆迁政策及其执行中存在的主要问题。面临拆迁的 129 户被访户中,有 32 户认为当时拆迁政策没有问题,其余 97 户均认为当时拆迁政策或多或少存在不足。具体询问"当时拆迁政策存在什么问题(多选题)"后可知,村民反映的问题主要集中在"补偿标准低""政策宣传不到位""硬性安置""政府行为透明度不够"等问题上。经统计,"补偿标准低"和"政策宣传不到位"出现的频次最高,分别占总频次的 62.59% 和 11.51%,两者累计占比达 74.1%。由此不难看出,拆迁政策宣传以及拆迁补偿标准是当时村民最为关心的问题。在其他问题中,还有村民反映,无法参与拆迁决策、拆迁款分多次给付、集中居住的房屋没有房产证等也是当时拆迁政策实施过程中存在的问题。

表 6.12 当时拆迁政策执行过程中存在的问题统计

存在的问题	数量/人	占比/%
补偿标准低	87	62.59
政策宣传不到位	16	11.51
硬性安置	9	6.47
政府行为透明度不够	8	5.75
对弱势群体照顾不周	4	2.88
补偿办法实际操作低	4	2.88
拆迁政策不统一	4	2.88
其他问题	7	5.04
总计	139	100

注:该问题回答者 97 人,此题为多选题,合计为问答总频次。

第四节　村庄拆迁导致的问题与农户现实困境

李庄村的大规模拆迁客观上促进了耕地规模化经营，居民实现了大规模转移，生活环境得到一定程度的改善。但同时，由于土地政策主要由行政力量推动，加之受当时考虑不周、过于超前等诸多因素影响，这一政策的实施对村庄和居民造成了一些不可逆的问题与后果，时至今日，这些问题依然值得总结和反思。

一、"自上而下"强制性的宅基地制度变迁，加速了农村居民离土离乡

长远来看，农民集中居住点建设是一项利国利民的实事工程，但其发展既需要具备一定的现实基础，也需要经历一定的认知过程，并不是所有的村庄都适宜大规模拆迁。特别是一些以农业生产为主的地区，农民的农业生产经营收入依然占据较大比重时，并不具备立即进行大规模拆迁的条件。查阅历史数据可知，2007年李庄村农民家庭收入结构中，家庭经营性收入占比为56.92%，工资性收入占比为37.17%，两者合计高达94.09%。可见，当时李庄村居民农业生产经营的收入是家庭最主要的收入来源。但2009年李庄村就迎来了第一次大规模拆迁，这一行动显然略有超前。2009年拆迁之后，村内没有安置小区，致使被拆迁农户分散至其他村庄居住，客观上使农民远离了自己多年耕作的土地。长此以往，由于农业生产与生活住所相距较远，耕作成本太高，农民不得不选择流转自己的耕地，另谋其他就业途径。课题组查阅泗洪县统计年鉴发现，2008年泗洪县城市化率为35.9%，到2021年这一数据达到62.8%，13年间提高了26.9个百分点，年均增长4.4%。如此快的增速背后，农民集中居住政策的快速推进是否贡献了一臂之力，这种助力究竟利弊几何，不得而知。

二、相关规划和配套政策的缺乏，忽视了农民生产生活的新困难

理想的村庄大规模拆迁和农民集中居住应在村层面制定详细的土地空间规划，进而对土地如何集聚、人员往哪里流动、居民去哪里居住、产业往什么方向发展等问题进行详细的讨论，并制定相应对策，从而做到既保留村落，又保障村民生产生活。然而，根据调研情况来看，2009年李庄村拆迁时，虽有上位双沟镇国土空间利用规划，但并无村庄发展规划，并且无论是村民还是村两委干部，都对规划问题不甚了解。因为没有村级层面的规划，也未能科学预测村庄未来的发展，村庄原有形态在大规模拆迁后已经荡然无存。

由于当时人员安置、农地流转等相关配套政策未能及时出台，农民从传统的生产生活方式直接转入外出务工和社区生活，面临诸多困难。首先，部分农户因为集中居住出现了"旧债未清，新债又生"的现象。对于家庭条件较好、有稳定收入的农户而言，集中居住是一件非常实惠的事情，不论是置换成集中居住社区的房屋，还是折算成现金自购商品房，都是居住条件的改善。但是，经济困难的农户则忧大于喜。新房的装修和购置家具都需要钱，而拆迁补偿金额并不足以支付，导致经济困难的农户拆迁以后要么住在毛坯房，要么举债装修。其次，对于高度依赖土地经营的农民而言，失去土地就意味着失去收入，失去后续发展。特别是一些年纪较大、受教育程度较低的农户，外出务工、再谋生计愈发艰难，安全感丧失。再次，农民进入社区生活，生活成本显著提高。随着宅基地的丧失，传统农村的庭院经济消失，农民副业收入也随之消失，原本自养家禽、自种蔬菜的农户大大减少。同时，集中居住后家庭用水、用电、用气均需要支付费用，家庭生活成本激增。最后，对于离土离村的村民来说，融入新社区、转变生活方式也不是容易的事情。很多农民依然把农村的生活生产方式带到农民集中居住社区，在社区里的公共绿地偷偷种菜，甚至在小

区里养家禽,屡见不鲜,这也为农民集中居住社区管理带来了很多新的挑战。

三、初期拆迁政策和操作的不完善,激发了农民的抵触情绪

如前文所述,苏北农民集中居住项目绝大部分都是政府主导进行的,农民由于短视,抑或经济实力不允许等众多因素交杂,其主动参与的意愿本身就不高。同时,政府出于自身的考虑,往往会留存一部分政策信息,特别是不方便自己开展工作的信息(如具体补偿金额、计算面积等),这就导致农民在被拆迁安置时,所得到的信息是不全的,与政府存在明显的信息不对称情况。由此,大量的纠纷产生。此外,现有的法律法规并不完善,各地拆迁政策制定并没有统一的法律、法规和制度标准,使得政府工作人员在具体操作过程中有很大的随意性,部分工作人员滥用行政权力,缺乏对农民意愿的尊重,不能保障农民的知情权与参与权,致使农民感觉一切都是政府强制的,抵触情绪极大。

根据调研获悉,在农民集中居住过程中,普遍存在着对农民房产、宅基地补偿不足的问题,主要表现在:一是只对农民"合法确权"的房屋面积给予安置补偿,对超出的面积仅仅按成本价补偿,有的甚至不给予补偿;二是对宅基地不给予补偿或只给予"合法确权"面积补偿;三是前期宣传时说安置房可以交易,但实际交付的安置房一般是集体土地产权证,不能直接上市交易,如果要变为可上市交易的房产,还必须补缴一部分土地出让金(关键这一过程也被限制);四是补偿标准偏低,农民得到的补偿与同类同地段的商品房价格、土地拍卖出让的价格相比,差距悬殊。因此,不少农民认为政府强行推进集中居住,只给房屋进行补偿,对宅基地不补偿或者补偿很少,这侵害了他们的土地和房屋财产权,造成经济上的极大损失。虽然李庄村后两期拆迁在政策实施过程中更多地考虑了农民的意愿,给予了农民更高的补偿,政策推进也逐步完善好转,但农民对政府不信任的种子

已经埋下。

　　综合来看,强制性的政策推进缺乏有效规划。未能合理组织村民民主参与的大规模村庄拆并,严重地破坏了原有的村庄形态,并从居民生产生活方式、乡村文化、社会治理等层面彻底肢解了乡村社会。李庄村的变迁历程就是诸多村庄发展的一个典型代表,其经验与教训值得后来者借鉴和吸取。

第五节　村庄拆迁与集中居住展望

　　李庄村的村庄变化和居民生活条件的改善,集中体现了近 20 年来中国农村土地制度变迁对乡村的改变与影响。李庄村的变化既有其特殊性——经济相对薄弱、拆迁规模大、持续时间长,又呈现出政策影响的代表性和典型性。其政策实施过程中的各种做法和经验均值得认真总结和反思。诚然,一些发达地区的村庄通过"土地增减挂钩""集中居住"等政策实现了城乡的融合发展,但放眼中国,当前更多的乡村更贴近于未拆迁时的李庄村,未来这些村庄何去何从,值得深思。结合李庄村的历史经验,课题组对未来准备进行拆并的村庄与地方政府给予以下建议。

一、重新审视"城市中心论",坚持走城乡融合发展之路

　　长期以来,很多地区基于城市中心论来指导区域经济社会发展,虽然取得了一定的成功,但城市侵蚀农村、城市与乡村割裂现象屡见不鲜。正是基于此,十八大报告提出要实现"四化同步",十九大报告提出要推动城镇化与农业现代化、农村现代化相互协调,走城乡融合发展之路,习近平总书记也多次指出,城乡融合发展的关键就是要破解城乡二元结构,构建新型城乡关系。而要真正实现城乡融合发展,首先就要打破"城市中心"主义的思想惯性,承认城市与乡村同等重要,二者要有机共同发展;其次,在城市发展已经面临瓶颈的背景下,

要转变发展思维,坚持农业农村优先发展,坚决贯彻各项惠农政策,以实施乡村振兴战略为抓手,推进农业农村现代化,而非简单地通过村庄拆并,为城市发展提供土地财政收入和发展空间。

二、因地制宜地推进政策实施,避免"一刀切"

"土地增减挂钩"和"集中居住"等土地政策的提出到推广既有时代性,也具有一定的合理性。但对其的具体实施需要保持高度警惕,以防政策目标的偏离。因此,未来其他地区推行上述政策时,应立足于地区的经济基础和区位条件,要确保具有可以承载农民集中居住政策的产业基础或区位优势,以保证集中居住后村落的持续性发展和农民的整体生活水平、稳定收入来源。特别要合理控制农民集中居住区政策施行的规模,防止短期内集约化生产模式的盲目扩大对小农生活的文化传统及社会稳定性的过激影响。

三、应充分尊重农民意愿,最大程度地保障农民利益

"土地增减挂钩"和"集中居住"等土地政策实施,既涉及城乡融合发展,又关乎农民根本性利益。政府与农民是上述政策最为直接的两个主体。一方面,无论政策是农户积极要求的,还是政府自上而下推动的,政府始终都会是核心发起者、组织者和协调者,只有政府出面,才能协调各职能部门,促使其通力协作,也只有政府才能最大程度地获得农民的信任;另一方面,作为政策的最大影响对象和政策后果的直接承担者,农民也必须作为核心利益主体被纳入整体进程之中。如果农民作为被动的主体出现,就很容易变成利益受损者,这将导致政策难以实施,进而影响社会的稳定和发展。在这种情况下,就必须充分尊重农民主体的意愿,保障他们的知情权,让他们参与其中,调动他们的主动性和积极性,通过多方、多轮协商,切实保障农民利益。只有这样,才能杜绝农民"被上楼"或"被市民化"现象,也只有这样,才能切实地展现乡村法治现代化。

四、稳中求进，积极探索更为多样的村庄发展模式

通过审视学界关于农民集中居住区总体研究可以发现，该政策背后隐含一个基本假设：农业生产现代化可以通过集约化和规模化生产模式实现。基于这个假设推演出农业土地规模化、农业生产机械化、农业剩余劳动力城市化、村庄数量和规模收缩化的农业农村演进过程，从而围绕土地资源整治这个核心，加快乡村各类资源向城市汇聚，使城市化保持在较高水平。如李庄村的变迁，其所在区域是苏北地区，虽所属西南岗片区的自然条件并不十分优渥，但本村人均土地规模3亩左右，加之处于平原地区，几乎无任何丘陵和山脉，在农业基础设施完善后，农业规模化和集约化是可以实现的。此外，李庄村所属的双沟镇拥有历史悠久的酿酒文化，有诸如双沟酒厂这样的大型国企和诸多小型酒厂，双沟镇又作为县城副中心予以发展。上述这些特定的现实条件客观上促成了现行的土地政策在此快速推进。

然而，集约化农业生产的理论假设与当前中国很多区域的乡村发展现状并不吻合。集约化大农业生产与小农户经济不应是一种简单的替代关系，而应是一种复杂的并存关系（常红晓，2006）。由此不难看出，并不是所有的村庄发展都可以或都应采取"集中居住"这种单一模式，具体采用何种方式和形式推进农业农村的发展，应更多考虑当地乡村及农民的生产、生活方式，在遵循村庄发展变化规律的基础上探索更为多样的村庄发展模式。

第七章　从生存性需要到发展性需要

党的二十大报告指出:"中国式现代化是全体人民共同富裕的现代化……我们坚持把实现人民对美好生活的向往作为现代化建设的出发点和落脚点。"全体人民的美好生活需要始终是党和国家的关注重点,是国家在新时代亟待解决的主要问题。美好生活需要直观的表现为生活品质向现代化转变,从生存性需要到发展性需要,从物质需要到精神需要,往往被表达为人们期盼更满意的收入、更舒适的居住条件、更丰富的精神文化生活和更可靠的社会保障等。不平衡和不充分发展的存在,导致新时代我国城市和农村居民群体、不同发达程度地区居民群体以及不同年龄层次居民群体等的收入存在一定的差距。不同的收入水平决定了不同的消费水平,而不同的消费水平与消费结构直接体现了居民生活质量的高低。为了适应社会主要矛盾的变化,更好地满足人民日益增长的美好生活需要,必须把促进全体人民共同富裕作为实现美好生活需要的推进策略。李庄村属于苏北地区相对欠发达的农村,居民的生活水平和质量可作为江苏落后地区农村的典型代表。本章重点分析进入新时代的李庄村居民的收入消费水平及结构与十多年前相比发生了哪些变化,与江苏其他区域居民生活质量相比还有多大的差距,并就提升李庄村居民生活质量提出了相应的路径与建议。

第一节 居民对美好生活的向往与追求

新时代背景下村民的"美好生活需要"是全方位和多层次的需要。在满足基本物质生活需要的基础上,人们的"美好生活需要"逐渐向精神生活、政治生活和社会生活等方面拓展延伸。现实生活中显性表现为,随着收入水平的提高,人们的消费需求结构不断优化升级,生存性消费需求支出明显回落,发展性消费需求支出不断提高。

一、"美好生活需要"的内涵特征

"美好生活需要"一词,作为一个奋斗目标,其内涵特征丰富多样且与时俱进。"美好生活需要"具有鲜明的时代特征,不同时代有着不同的生活诉求,不同社会发展阶段有着不同的科学内涵。站在当前新时代的维度上,党的二十大指出,"中国式现代化是物质文明和精神文明相协调的现代化""必须坚持在发展中保障和改善民生,鼓励共同奋斗创造美好生活,不断实现人民对美好生活的向往",明确了人们美好生活的当代诉求与实现路径。

第一,美好生活是物质生活的富足充裕。物质生活是美好生活的基础性和决定性要素,富足充裕的物质生活表现为人们安居乐业、衣食无忧,饮食上注重营养搭配、均衡合理,穿衣打扮讲究时尚与品质,住房要求宽敞与舒适,出行更加方便与快捷。

第二,美好生活是政治生活的自由平等。政治上的自由平等是美好生活的核心要素,政治生活自由平等主要表现为人们有充分的当家作主的权利。坚持人民当家作主是社会主义政治发展的本质要求,政治权利的广度与实效度直接影响着人民群众的社会地位和生活质量,确保人民民主权利得以自由平等地实现,有利于激发人民政治参与责任意识,不断实现人民的政治诉求,打造政治清明的美好格局。

第三,美好生活是精神生活的丰富多彩。精神生活是人们为了生存和发展而进行的精神生产和精神享受的活动。在物质生活比较富裕的新时代,精神生活显得尤为重要。精神生活主要表现为接受教育、社会交往、休闲娱乐和人生体验等方面的精神文化活动。只有精神文化生活富裕了,人们才能拥有崇高的意志品质与高尚的道德情操,向更高层次的生活发展,实现真正意义上的自由全面发展。

第四,美好生活是社会生活的安定和谐。人的生产和生活实践总是处于一定的社会环境中,社会环境直接影响着人的生存状态和生命样式,包括物质生活在内的各种生活本质上都是由人所处的社会环境决定的。安定和谐的社会生活为人类生活的开展提供了社会保障,是人民幸福的重要根基,也是美好生活的应有之义。

第五,美好生活是生态文明生活的和谐共生。人是自然界的一部分,人的一切活动都离不开自然,环境友好的生态文明生活是美好生活的必然要求。美好的生态文明生活意味着,人民能够立足于清洁的大地,呼吸到新鲜的空气,享受着大自然所恩赐的环境,真正实现人与自然的和谐共生。

与十多年前相比,李庄村居民的生活水平和质量发生了翻天覆地的变化。大部分村民搬进了集中居住区,出行更加方便快捷,村庄环境更加整洁宜居,村民对美好生活的向往不断转化为现实,生活需要重心从生存性需要向发展性需要变迁。

二、共同富裕的内涵

"美好生活需要"体现了共同富裕的价值原则。共同富裕就是要不断满足人民日益增长的美好生活需要,坚持物质富裕和精神富裕相统一,是全体人民对美好生活向往的题中之义。新时代的中国梦首先是全体人民实现共同富裕的梦。全国各族人民团结奋斗,不断创造美好生活,逐步实现全体人民共同富裕,奋力实现中华民族伟大复兴的中国梦。新时代要特别注意解决现实存在的重大矛盾,进一步营造公平发展的环境,创造更多的发展机会,实现"人人共享、普遍受益"的全面建设小康社会的新目标,人民群众的获得感与安全感不断得到满足,全体社会成员共享改革发展成果,实现共同富裕(孙芳,2017)。

农民富裕是推进共同富裕的重中之重。要促进农民富裕,核心是农民生活要富裕,而且要共同富裕,即富裕和共同有机统一。农民生活富裕,不单纯是物质生活的富裕,更重要的是精神生活也要富裕,包括生活消费水平、住房条件、人居环境改善和文化理念等方方面面。共同富裕可以从三个层面来理解:第一,城乡居民的共富,城市和农村居民收入和生活水平的差距要不断缩小;第二,农村地区不同农民群体要实现共同富裕;第三,不同发达程度地区的农民也要实现共同富裕(魏后凯,2022)。

共同富裕是乡村振兴的出发点和落脚点。随着双沟镇镇域经济的发展,许多李庄村村民可以实现家门口灵活择业、就业,同时还可以兼顾家庭,幸福指数明显提升。2021年,李庄村农户家庭人均可支配收入是2007年的2.84倍,年均增长率达7.73%,且农民内部间的收入差距在不断缩小,为共同富裕写下了生动的注脚。

三、生活消费需求相关理论

生活消费不仅是人们对美好生活需要的直接反映,还是拉动经济发展的重要动力之一,是判断人民生活水平与质量高低的重要依据。

1. 消费层次理论

根据人们生活的基本需要消费和非基本需要消费进行的结构划分,被称为"消费层次"(冉慧慧,2021)。消费一般分为三个层次:生存性消费、发展性消费和享受性消费。生存性消费是补偿劳动者必要劳动消耗所必需的消费,主要是指吃和穿等方面的消费,消费的主要目的是解决温饱问题;发展性消费是为了扩大再生产所必需的消费,通常将教育、交通通信、医疗保健等方面的消费定义为发展性消费;享受性消费是为了提高劳动者生活水平以及满足人们享乐性需要的消费,通常将文化娱乐服务、家庭设备用品和其他商品服务消费定义为享受类的消费。三类消费中,生存性消费是消费中的基础性层次,消费需求弹性最小,人们只有在获得这一层次的消费之后,其消费需求才会向更高的层次延伸和发展。一般的消费规律显示,低层次消费阶段,人们用于吃、穿、住等方面的比重较高。随着居民收入水平的提高,消费结构逐渐优化升级,人们用于发展性、享受性消费的比重会有较大幅度的上升。

2. 消费倾向理论

消费倾向是指人们的消费支出在收入中所占的比重,以及其所包含的消费行为的倾向性。消费倾向主要取决于人们的消费能力,可分为平均消费倾向和边际消费倾向(李羽林,2019)。平均消费倾向,是指某一个消费群体在一定时期的消费支出在其可支配收入中所占的比例。消费群体可以是一个地区的人群、一个阶层的群体、一个国家的公民或整个世界的居民,它主要用于衡量不同群体之间的消费行为习惯。一般情况下,收入越高的群体,平均消费倾向越低;收入越低的群体,平均消费倾向则越高。边际消费倾向,指的是消费支出的增减量在可支配收入增减量中所占的比例,表示每增加或减少一个单位的可支配收入时消费的变动情况。社会经济政策、科学技术进步水平、社会生产力水平、市场供求情况以及居民的购买心理等都会对消费倾向产生影响。

3. 消费需求与结构理论

消费需求指的是消费者具有货币支付能力的实际需要,具体可理解为两个方面的内容:一是消费者的实际需要;二是消费者愿意支付并有能力支付的货币数量。前者取决于消费者实际需要的商品的价格和替代商品的价格,后者取决于消费者的实际收入水平和支付心理。消费结构是指在一定的社会经济条件下,居民为满足生活需求而消费的各种物质资料的支出比例关系。消费结构能反映居民生活质量的变化状况,是判断居民生活水平和生活质量高低的标准(关彦智,2015)。消费结构主要是由生产力的发展水平决定的,并随着经济的发展而不断变化。居民的收入水平、物价水平、消费方式和消费政策等也都会对其产生影响。

从消费水平和结构上看,李庄村村民已经彻底改变了一吃、二穿、三用和四居的消费格局。在满足基本吃穿消费的基础上,逐渐在医疗保健、娱乐文教、居住和耐用品的更新换代等方面的消费较多,消费结构逐渐优化升级。

第二节 居民收入实现新突破

随着城镇化水平的快速推进,李庄村居民的收入已从十年前的以农业经营收入为主,转变为以非农就业收入为主。收入水平是决定居民生活质量的关键因素之一。根据新的统计口径,农村居民可用来自由支配的收入按照来源可分为以下四项:工资性收入、经营净收入、财产净收入和转移净收入。

一、收入水平及结构特征

人均收入是判断一个区域居民富裕程度最基本的标准之一。2021年,李庄村调查农户人均可支配收入为18 006元。从收入结构来看,工资性收入占据主导地位,经营净收入占比较低,财产净收入和转移净收入成为新的收入增长点,共同占可支配收入的12.28%。

一是工资性收入"压舱石"作用显著。调查农户人均工资性收入达到14 490元,占人均可支配收入的比重高达80.47%。承包地大量流转出去,给农户家庭务工就业提供了更多的时间和机会。130个调查农户中,有家庭成员在本地或外出务工的户数高达112户。李庄村入驻的企业和李庄村所在镇区的江苏双沟酒业集团吸纳了不少村民就地就业。

二是经营净收入已不再是重要的"增长极"。李庄村农户的承包地基本上都从普通农户流转到种植大户,目前以农业生产经营为主的农户非常少,农户家庭从事其他非农产业经营的也比较少。130个调查户中,只有20户从事产业经营活动,并且经营门类较为单一,以种植业和个体运输业为主。2021年,调查农户人均经营净收入为1 306元,只占人均可支配收入的7.25%。

三是财产及转移净收入激发增长"新活力"。随着农村改革红利持续释放,财产净收入增长较快,成为农民增收的新亮点。土地流转租金是目前李庄村财产净收入最重要的一项。2021年,调查农户人均财产净收入1 843元,占人均可支配收入的10.24%;随着农村居民医疗保险与养老保障体系等逐步健全,2021年转移净收入为367元,占人均可支配收入的2.04%。

二、收入水平及结构的横向比较

作为曾经的全省经济薄弱村,李庄村居民收入水平明显低于苏北地区和江苏省的平均水平,略低于全国农民收入平均水平,农村居民群体内部收入差距较大。

1. 人均收入略低于全国农民平均水平

李庄村仍属于江苏经济欠发达农村,但从全国层面看,李庄村居民富裕程度基本与全国平均水平接近。2021年,李庄村调查农户户均全年总收入突破10万元,达到104 421元,人均可支配收入比苏北地区平均水平低5 229元,比江苏省农民人均可支配收入低8 785元,低于全国农村居民平均水平925元。由于李庄村较早地推行集中居住与土地流转等政策,目前农户家庭主要以非农产业就业为主。因此,李庄村居民的收入结构与苏北地区、江苏省及全国农村居民有所不同,工资性收入占比明显较高。工资性收入占比高出苏北地区32.63个百分点,分别高出江苏及全国农民31.54和38.43个百分点。同时,经营净收入和转移净收入占比相较于苏北地区、江苏省和全国的平均水平偏低(图7.1)。在江苏省范围内看,李庄村处于江苏省的收入洼地区域,但放在全国层面看,李庄村处在全国农民收入平均地带。

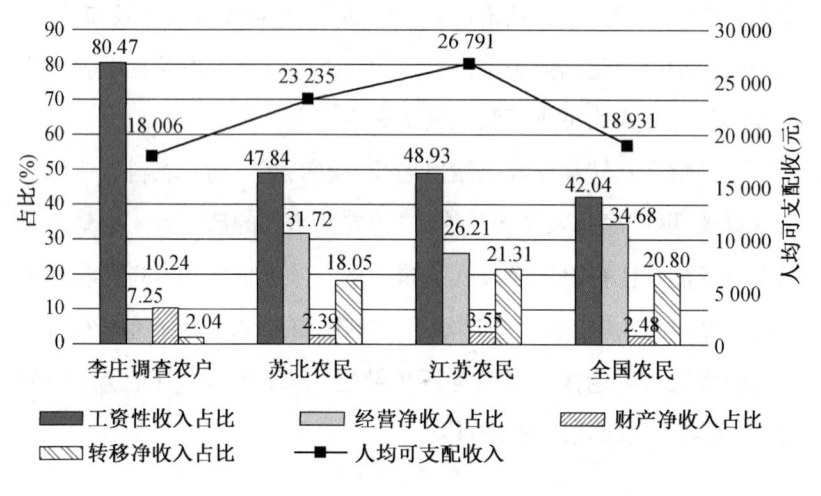

图 7.1 2021 年农村居民收入水平及结构对比

2. 农民群体内部收入差距较为明显

不同农民群体间的收入差距是衡量收入平等程度的重要指标。按照库兹涅茨比率将农民收入从低到高分为五等份,2021年,调查农户高收入户人均可支配收入是低收入户的5.88倍。低收入户的绝对收入水平仍然偏低,仅相当于李庄村调查农户平均收入水平的30.96%。从收入来源看,高收入户与低收入户的人均工资性收入分别为 25 709 元和 3 688 元,收入倍差高达 6.97 倍。人均经营净收入差别也较为明显,高收入户人均经营净收入高达 4 694 元,而低收入户人均经营净收入为－63 元。五个不同收入群体在财产净收入和转移净收入方面差别不是很大。群体收入差距较大的原因从调查农户家庭基本信息可见一斑,低收入组农户家庭往往以年龄偏大的成员为主,或者家庭主要劳动力残疾、患有大病等情况居多。因此,低收入组家庭成员生产经营能力非常有限,外出务工就业的机会也相对较少。农村居民群体内部收入差距成为推进共同富裕道路上的难点所在,应该引起足够的关注和重视(表 7.1)。

表 7.1 李庄村调查农户五等分法收入分组表   单位:元

指标	调查户平均水平	低收入户	中低收入户	中等收入户	中高收入户	高收入户
人均可支配收入	18 006.37	5 573.69	12 015.05	16 637.92	22 754.15	32 790.60
工资性收入	14 490.64	3 688.39	9 573.79	13 245.54	19 815.04	25 709.40
经营净收入	1 306.19	−62.50	45.45	1 372.69	665.04	4 693.68
财产净收入	1 842.69	1 601.07	1 648.53	1 511.85	1 907.68	2 586.75
转移净收入	366.85	346.72	747.27	507.85	366.40	−199.23

三、收入水平及结构的纵向演变

两次调查数据对比显示,李庄村农民收入结构发生了较大的变化。工资性收入、财产净收入和转移净收入三项都有较为明显的增加,而经营净收入却在不断减少。工资性收入和财产净收入成为目前拉动李庄村农民收入增长的主要因素。

1. 收入增长速度低于苏北农村平均水平

2007—2021 年,李庄村调查户家庭人均可支配收入从 4 422 元增长到 18 006 元,年均实际增长率为 7.73%。分项目看,工资性收入年均实际增长率为 10.82%,财产净收入和转移净收入年均实际增长率分别为 25.73%、7.40%,经营净收入年均实际增长率为−5.06%。全省农民人均可支配收入从 2007 年的 6 533 元增长到 2021 年的 26 791 元,年均实际增长率为 7.78%,略高于李庄村农民的收入增长速度;苏北农民人均可支配收入从 2007 年的 5 352 元增长到 2021 年的 23 235 元,年均实际增长率为 8.22%(图 7.2)。

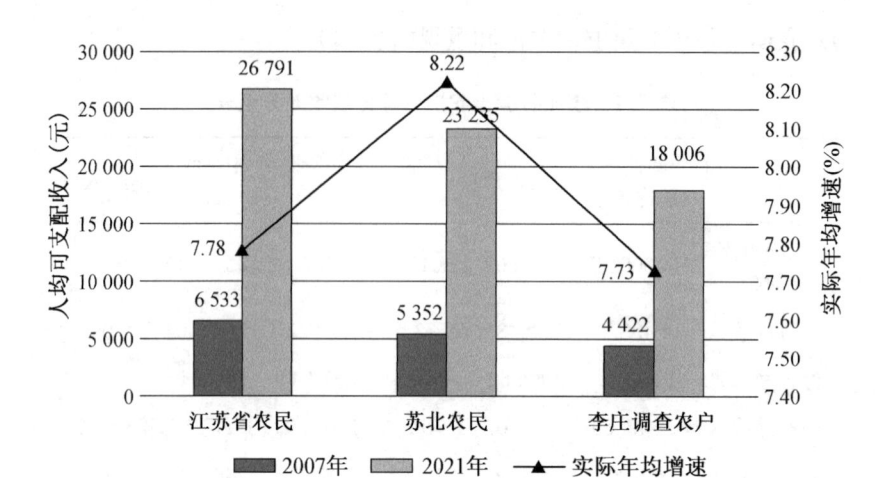

图 7.2 农村居民收入水平及增长情况对比

2. 收入来源与结构变化较大

2007年,李庄村居民以工资性和经营性收入为主,工资性收入占比超过一半,达到 54.12%,经营净收入占比为 42.56%,两者占到人均可支配收入的 96.68%。2021年,收入结构发生了明显的变化,工资性收入占比已增长到 80.47%,同时经营净收入占比下降幅度较大,只占到人均可支配收入的 7.25%。但财产净收入占比增长较快,达到 10.24%,转移净收入占比变化较小(图 7.3)。

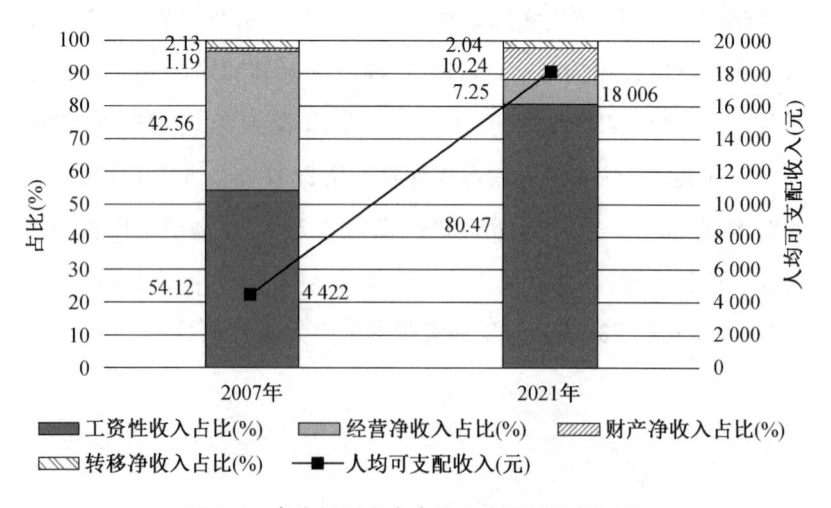

图 7.3 李庄村调查农户收入水平及结构对比

两次调查问卷对比显示,2007年,李庄村所有调查农户家庭均有农业经营收入,个别农户家庭兼业非农产业经营,农业经营收入是李庄村农户收入最重要的来源。2021年,有家庭经营收入的户数只占调查总户数的15.38%,而有工资性收入的农户家庭占调查总户数的86.15%(表7.2)。李庄村调查农户2021年人均经营净收入1 306元,与2007年的1 882元相比,下降了576元;人均工资性收入从2007年的2 394元增长到2021年的14 490元,绝对值增加了12 096元。随着农村土地经营制度改革不断深化以及农业农村现代化的快速发展,大量农村劳动力从土地上分离出来,在家庭情况和身体允许的情况下,基本上都转移到本镇或者外地务工就业了,工资性收入逐渐成为李庄村居民收入的最主要来源。

表7.2 李庄村调查农户收入来源统计对比

家庭收入来源	2021年		2007年	
	户数/户	比例/%	户数/户	比例/%
有家庭经营收入	20	15.38	167	100.0
有工资性收入	112	86.15	122	73.1
有财产性收入	125	96.15	21	12.6
有转移性收入	124	95.38	163	97.6

3. 农民群体内部收入差距逐步缩小

低收入组农户群体收入的增长率高于高收入组农户群体。根据收入五等份分组,从最低收入与最高收入农户群体收入的相对差距来看,李庄村农户高收入群体和低收入群体的收入倍差在2007年为8.10倍,2021年缩小到5.88倍。按可比价计算,2007—2021年,低收入组农户的收入年均增长率达到9.21%,而高收入组的收入年均增长率为6.74%。因此,李庄村低收入组与高收入组农户群体的收入差距在逐渐缩小。

四、家庭负债情况

李庄村农户负债比例较高,借债主要用于购房、看病,以亲友间的民间借贷为主。130 个调查户中,有 59 户家庭负债,占比达到 45.38%,负债家庭的平均负债金额为 122 271 元。从负债分组统计来看,家庭负债金额以 1 万~5 万和 10 万及以上两个区间居多,这两个区间的负债家庭比例均为 35.59%(表 7.3)。农户借款对象主要以亲友为主,占比达到 58.21%,其次是向银行和信用社借贷,占比为 38.80%(表 7.4)。农户借款主要用于购房、看病两项家庭开支上。而 2007 年调查农户家庭借款主要目的集中在看病、子女读书和生产设备购置上,借款用途变化较大。

表 7.3　2021 年李庄村调查农户家庭负债情况统计表

借款额	户数/户	比例/%	累计比例/%
10 000 元以下	5	8.48	8.48
10 000~50 000 元	21	35.59	44.07
50 000~100 000 元	12	20.34	64.41
100 000 元及以上	21	35.59	100
总　计	59	100	

表 7.4　2021 年李庄村调查农户家庭借款对象统计表

借款对象	频率/户	比例/%	累计比例/%
集体	0	0	0
亲友	39	58.21	58.21
银行、信用社	26	38.80	97.01
高利贷	2	2.99	100
赊购欠款	0	0.00	100
总　计	67	100	

第三节 居民消费结构优化升级

居民的消费水平及结构主要由收入水平决定,除此之外,还受消费习惯、消费理念和消费环境等的影响。随着经济社会的发展,农村公共设施覆盖率不断提升,社会服务更加全面,消费环境持续优化,农村居民从吃穿住用的产品品质到能够享受的医疗教育服务水平,都发生着明显的变化。李庄村居民在收入水平较大幅度提高的基础上,消费水平和消费结构也相应发生了较大的变化。与十多年前相比,生活消费从基本的吃穿方面的生存性消费向发展和享受性消费倾斜。

一、消费水平及结构特征

居民生活消费支出主要包括食品烟酒、衣着、居住、生活用品及服务、交通通信、教育文化娱乐、医疗保健、其他用品及服务八大类。李庄村调查农户家庭2021年人均消费支出为11 430元。从消费结构来看,饮食消费占比稳居第一,用于食品烟酒方面的支出达到4 867元,占人均生活消费支出的比重较大,达到42.58%;健康类消费支出占比位居第二,医疗保健消费支出为1 929元,占人均生活消费支出的16.88%;教育文化娱乐消费支出为1 599元,占人均生活消费支出的13.99%;交通通信、居住和衣着等五大类消费支出共占人均生活消费支出的26.55%(图7.4)。从饮食结构来看,人均食品支出3 605元,烟酒支出787元,在外就餐支出475元。

整体而言,李庄村农户家庭生活消费仍处于物质消费低度满足的消费模式,其衣食住行及生活服务等基本物质与服务消费满足程度偏低。医疗消费支出占比偏高,是李庄村农户家庭不得不面对的刚性压力消费,在很大程度上挤压了其他方面的消费,导致"挤出效应";教育支出高满足率与高边际倾向比较明显,是李庄村农户家庭主观支付意愿强烈的一项刚性消费支出。这也正是大多数农村居民生活消费的独特之处,虽然收入水平极其有限,却特别愿意在其他消费方面省吃俭用以尽可能提高教育消费支出,"再穷也不能穷教育"的观念在他们身上体现得淋漓尽致(赵卫华,2022)。

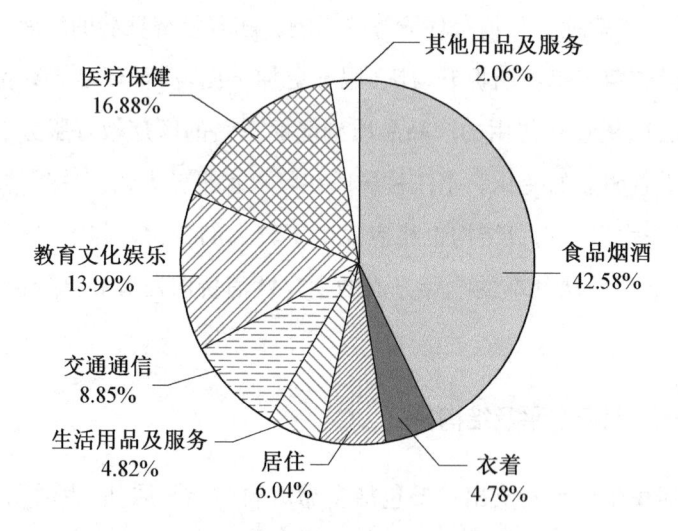

图 7.4 2021 年李庄村调查农户生活消费支出结构

二、消费结构的时序特征

随着经济社会的发展,李庄村居民的消费水平比过去有了很大的提高,但由于农村居民收入来源相对不稳定,消费层次总体水平较低。本部分对李庄村居民的消费特征进行比较分析,有利于准确把握农民的消费规律,结合社会主要矛盾及变化有针对性地引导农村居民消费结构的优化和调整。

1. 农村居民消费支出不断增长,生活必需消费占比较高

国际经验表明,居民的消费水平随着经济发展一般呈 U 形结构。经济发展初期,农业收入占比较大,收入和生活水平较低,收入中很大一部分用于消费,且刚性的生存性消费占比较高。随着经济发展和居民收入水平不断提高,居民收入中用于消费的比例不断下

降。当收入水平达到一定程度时,居民从生存性必需品消费向发展和享受性消费转变,此时居民消费支出比例又开始上升。李庄村调查农户家庭人均消费支出从2007年的3 845.8元增长到2021年的11 430.39元,年均增长率为5.33%。从各项消费支出的增长情况看,其他用品及服务消费支出增长幅度最大,年均增长了25.36%;其次是生活用品及服务消费支出,增长了12.04%;其他六大类生活消费支出的实际增长率都在4%~7%区间内(表7.5)。这表明李庄村村民近十多年生活水平有较大的提升,对美好生活的向往不断转化为现实。从消费结构看,2021年,李庄村居民在衣食住行生活必需品方面消费支出依然偏高。人均食品烟酒、衣着、居住和交通通信四项消费支出占生活消费总支出的62.26%,一定程度上挤兑了其他类型的消费支出预算。同时,部分家庭为存款购房或偿还住房按揭贷款,在一定程度上也抑制了居民的消费活力。

表7.5 李庄村调查农户家庭消费情况对比

项 目	2007年	2021年	年均实际增长率/%
人均生活消费支出/元	3 845.80	11 430.39	5.33
食品烟酒/元	1 875.98	4 867.03	4.31
衣着/元	174.98	546.79	5.71
居住/元	268.82	690.54	4.24
生活用品及服务/元	78.07	550.56	12.04
交通通信/元	289.97	1 011.89	6.55
教育文化娱乐/元	494.19	1 598.96	5.97
医疗保健/元	656.86	1 929.45	5.24
其他用品及服务/元	6.92	235.18	25.36

2. 农村居民收入消费同步增长,生活消费倾向较为保守

李庄村居民人均消费支出与人均可支配收入的增长趋势基本一致。2007—2021年,李庄村调查农户家庭人均消费支出占人均收入的比例(平均消费倾向)从86.97%下降为63.48%,但是平均消费倾

向依然偏高,这与农民群体收入相对较低直接相关。新增收入用于新增消费的占比(边际消费倾向)为55.83%,说明李庄村农户新增收入中只有55.83%用于生活消费支出,消费倾向比较保守。可能的原因为:一是被动因素,疫情防控政策限制了部分生活消费;二是预防性储蓄动机明显,由于对未来预期的不确定因素较多,农民们主动降低了消费支出比例。从各大类消费支出看,边际消费倾向由高到低依次为食品烟酒(22.02%)、医疗保健(9.37%)、教育文化娱乐(8.13%)、交通通信(5.31%)、生活用品及服务(3.48%)、居住(3.10%)、衣着(2.74%)和其他用品及服务(1.68%)。这说明李庄村居民在收入增加的情况下,首要关注的是饮食结构的提升和健康状况的改善,其次考虑的是教育文化等的消费水平和质量。因此,李庄村农户家庭的消费层次依然偏低。消费层次偏低的主要原因为:农村居民收入来源及收入结构稳定性较差,在这种情况下,即使农户群体间总收入差不多,收入来源与收入结构的差异也会直接导致消费决策的差异性。因此,在农民收入水平不断提高的同时,还要优化调整农民收入结构,降低收入不确定性,积极促进农民生活消费层次提档升级。

3. 农村居民消费结构持续优化,精神文化消费上升较快

李庄村居民物质消费比重下降的同时,精神文化消费比重持续上升。随着收入的增长,李庄村调查农户家庭食品衣着类消费占比不断降低,服务性消费占比提升较大。调查数据显示,八大类生活消费支出占比呈现"两降六升"的趋势,食品烟酒、居住消费支出占比下降,且食品烟酒消费占比下降最明显,从2007年的48.78%下降到2021年的42.58%;而生活用品及服务、其他用品及服务、交通通信和教育文化娱乐四大类的消费占比都有显著的提高。生活用品及服务、其他用品及服务两类消费支出占比上升较快,分别从2007年的2.03%、0.18%提高至2021年的4.82%和2.06%;交通通信和教育文化娱乐两类消费支出占比均提高超过一个百分点(图7.5)。

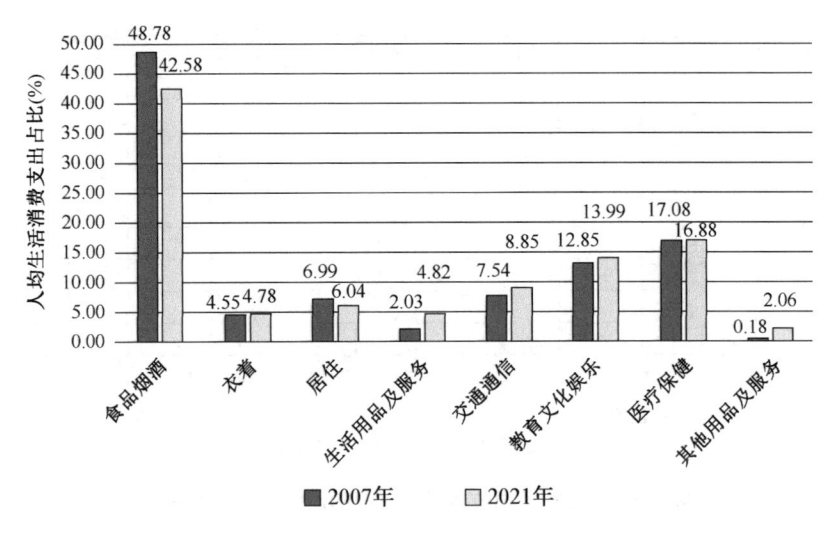

图 7.5 李庄村调查农户生活消费结构变化

4. 收入水平决定消费支出水平,低收入户消费结构单一

消费支出明显与收入水平有很强的正相关性。调查数据显示,中高收入户、高收入户两个群体的生活消费支出水平明显高于其他三个收入群体。中高收入户2021年人均生活消费支出水平最高,为17 659.09元,其次是高收入户,人均消费支出为14 257.39元,两者与消费支出最少的中低收入户间的绝对差距分别为10 496.87元和7 095.17元。将五个收入群体消费支出结构进行对比,低收入农户家庭消费结构特征较为明显,其他四类收入农户家庭消费结构基本类似。低收入户家庭最大的支出项目为医疗保健类,占比高达47.33%,食品方面的消费支出占比相对较低,占25.07%,两者共占低收入家庭消费支出的72.40%(图7.6)。这与低收入农户家庭成员主要以年龄偏大的农户为主有着较为直接的关系,这个群体因为年龄原因生病的概率较高,省吃俭用的生活习惯也已根深蒂固。

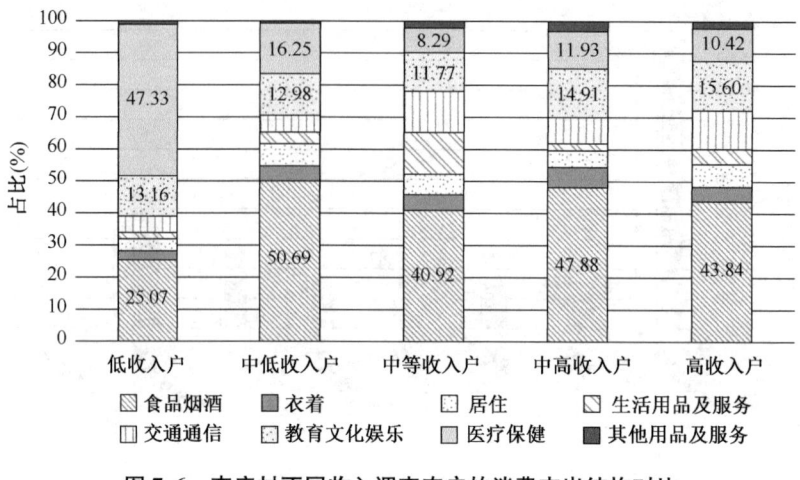

图 7.6　李庄村不同收入调查农户的消费支出结构对比

第四节　生活质量迈上新台阶

居民的收入消费水平及结构决定着其生活质量的高低。随着收入的不断提高,农村居民对于教育、医疗和社会保障等公共服务的要求也越来越高。对于农民最关心的现实问题,江苏省不断统筹推进普惠性、基础性和兜底性民生建设,李庄村居民生活质量得到较大的提升。

一、恩格尔系数小幅下降,生活水平有所提升

恩格尔系数(食品消费支出占生活消费总支出的比重)从客观上反映不同收入、不同价格水平下各地区居民的生活状况。根据联合国粮食及农业组织提出的恩格尔系数大小的判定标准,李庄村居民生活水平正从小康生活迈向共同富裕之路。调查数据显示,2021年,李庄村农户家庭人均食品消费支出为4 867元,占生活消费支出的42.58%,比2007年下降了6.20个百分点。其中,人均烟酒消费787元,占食品消费支出的16.17%,与2007年的17.10%相比变化

不大,李庄村村民在烟酒方面的消费支出一直偏高。农户家庭人均在外饮食支出不升反降,可能的原因有:一是受疫情影响,外出就餐频率明显下降,取消了一些非必要的亲朋好友聚会吃饭;二是疫情导致有些原本外出务工就业的家庭成员暂时未外出,在家闲暇时间增加了自己做饭吃的频次。

二、居住条件有所改善,居住环境与品质持续向好

随着农民收入水平的不断提高,他们对居住条件和居住环境改善的需求也更加强烈,居住消费支出呈现增长态势。调查数据显示,2021年李庄村农户家庭人均居住支出为691元,较2007年的269元增长422元,年均实际增长率为4.24%;农民家庭户均住房建筑面积138.9平方米,人均住房建筑面积28.9平方米,比2007年增加了4.1平方米,居住条件更加宽松。但与2021年江苏省及苏北农村居民住房情况比较,人均住房建筑面积低于全省人均水平(65.6平方米)与苏北人均水平(58.2平方米)。李庄村农户集中居住小区出行道路全部为水泥或柏油路面,实行物业化运作管理,小区居住环境卫生基本可以得到有效保障。

三、耐用消费品升级换代,生活设施城乡接轨

从电视机、洗衣机和电冰箱(柜)等传统家庭耐用消费品看,李庄村调查农户家庭拥有量已经饱和。2021年,每百户居民家庭拥有电视机、洗衣机和电冰箱(柜)分别达到153.1台、106.9台和121.5台,比2007年分别增加了57.3台、53.6台和99.2台。随着迈进美好新时代,家庭耐用消费品不断升级换代,现代化、科技化的耐用消费品也走入了寻常农户家。2021年,调查农户家庭平均每百户拥有手机343.1部和电脑29.2台,其中,能上网的手机每百户的拥有量也达到了262.3部(表7.6)。

表 7.6 2021 年李庄村调查户家庭耐用消费品拥有情况

耐用消费品类型	2007 年每百户平均拥有量	2021 年每百户平均拥有量
电视机/台	95.8	153.1
接入有线和网络电视/台	—	143.1
空调/台	3.6	176.9
电冰箱(柜)/台	22.3	121.5
洗衣机/台	53.3	106.9
电脑/台	1.2	29.2
手机/部	66.5	343.1
接入网络手机/部	—	262.3
液化气灶/台	—	106.9
抽油烟机/台	—	100.8
微波炉/台	—	46.2
热水器/台	—	95.4
电动车/辆	—	145.4
小汽车/辆	—	43.1
健身器材/台	—	3.1

注:"—"表示数据缺失。

四、交通通信消费快速增长,汽车拥有量不断增加

农村居民在交通通信方式上发生较大变化的同时,交通通信消费支出也增长较快。交通出行中,人们开始注重出行效率与舒适度,农户家庭小汽车拥有量不断增加。农村通信基础设施建设的快速发展与通信服务的提速降费,极大地激发了农村居民的信息消费需求。亲朋好友基本上是用手机联系的,甚至主要是靠手机微信语音或者视频聊天;从出行的交通工具看,电动车和小汽车成为李庄村农户家庭的主要出行工具。调查农户中,每百户电动车拥有量高达 145.4 辆,小汽车拥有量为 43.1 辆。用于交通通信项目方面的人均消费支

出从2007年的290元增加到2021年的1012元,年均实际增长率为6.55%。

五、教育文化娱乐需求增强,教育消费占比不断上升

在农村居民八大类消费中,教育文化娱乐消费支出的绝对值增长较大。从消费形式上看,子女教育、文娱耐用品购买、休闲旅游和体育健身等消费方式逐步走进农村居民的日常生活,居民消费倾向明显改变,精神文化需求得到进一步的满足,农村居民消费提档升级,生活品质进一步提升。李庄村调查农户人均教育文化娱乐消费支出从2007年的494元,上升到2021年的1599元,年均实际增长率为5.97%,教育文化娱乐消费支出占比从12.85%增加到13.99%。

调查数据还显示,李庄村居民对子女教育尤为重视。有94.62%的农户家庭认为读书对子女未来的发展有非常重要的影响,并有72.31%的家庭表示希望自己的子女能够取得大专及以上文凭。在问及如果子女学习不错,是否愿意让子女完成大学学业这一问题上,84.61%的家庭认为,即使借款也要让子女完成学业,10.77%的家庭认为在经济条件允许的情况下肯定愿意支持子女完成学业。由此可见,绝大部分居民对子女教育的重视程度极高。同时,在子女教育方面的投资意愿也比较强烈。调查户成员中,目前在读学生有效样本153个,2021年人均教育支出为10 527元,教育消费支出已经成为有子女上学家庭中最重要的一项支出。

六、医疗保健消费较快增长,健康意识逐步增强

随着生活水平的不断提高,农村居民的健康意识也明显增强。新冠疫情的突然爆发为人们敲响了警钟,卫生、健康的生活观念深入人心。同时,农民有了一定的预防性意识,会购买、囤积各种医疗卫生用品(如口罩、酒精和消毒液等防疫物资),一定程度上增加了医疗保健类的消费支出。调查数据显示,2021年李庄村调查农户人均医

疗保健支出达到1 929元,比2007年增加1 273元,年均实际增长率为5.24%。调查户624个家庭成员中,2021年有280人次接受过常规体检,占家庭总成员的44.87%。

在各项惠民政策落实、医保体系不断完善和医疗制度改革深化、报销范围扩大等因素的共同推动下,农村居民认为看病难的"顽症"得到了较大的缓解,但依然觉得看病较贵。90%的调查农户家庭表示,所在地区医疗资源充裕,只要有钱,看病一点也不难,这表明泗洪县医疗卫生服务供给是充足的。但同时有50%的家庭表示,医疗费用较高,与其家庭收入水平不匹配。如果患普通感冒、发烧等小毛病,64.62%的居民选择去村卫生室进行治疗,另有24.61%和7.69%的居民会选择去乡镇医院治疗和自己购药治疗。在家庭成员患需住院的大病时,14.81%和38.89%的家庭会选择在乡镇和县医院进行就诊,有11.11%的家庭会选择到省内县级以上的医院就诊。

第五节 提升居民生活质量的路径与建议

居民生活质量的提升,须在收入不断增加的前提下,促进消费活力释放才能得以实现。从收入角度看,工资性收入目前是李庄村居民最主要的收入来源,但农村居民普遍文化程度偏低,劳动就业技能十分有限,加之经济大环境影响,导致外出务工工资增长动力不足,农民增收已进入爬坡期。从消费角度看,李庄村居民目前生活消费需要已开始进入追求生活品质的发展性消费初级阶段。在克服经济下行压力及其他不确定因素的影响的环境下,目前应考虑采取一些比较有针对性的措施,稳住农民增收的好势头,创造良好的消费环境,激发农民消费动力与信心,促进农民生活质量迈上新台阶。

一、持续聚焦务工人群,不断筑牢增收根基

随着李庄村务工人员持续增加,工资性收入成为农户收入的支柱性来源，目前必须重点关注农户工资性收入持续稳定增加。一是要做好就业信息服务工作。抓好农民稳岗就业工作，确保农村劳动力"输得出、稳得住"。以劳动力精准输出为导向，设立劳动力输出服务站，搭建供需平台，加强同本地及外地劳动密集型企业的就业对接工作，让劳动力多元选岗、用人单位按需用人，从而确保劳动力与岗位匹配度提升，减少劳动力浪费。二是要在摸清李庄村村民近年务工主要类型的基础上，有针对性地开展相关职业技能培训，实行"菜单式""分段式"和"帮带式"等培训方式，采取"线上+线下"的灵活培训形式，培育实用型技术人才，提升农民务工技能水平。不断提高村民劳务输出的组织化、专业化和标准化水平，推动李庄村这样欠发达地区的农村劳动力有序转移。

二、构建现代乡村产业体系，促进农民增收致富

推进乡村产业高质量发展是实现农民增收致富的根本途径。李庄村目前优势产业不明显，在产业发展上还大有文章可做。一是培育壮大本地优势产业项目，补齐农民增收短板。充分发挥好产业项目的引领作用，在产业发展政策落实与项目扶持等方面要有针对性地采取措施，助力本地优势产业良好发展。用好用活乡村振兴政策，适当对优势产业的培育给予政策倾斜。引导重大工程与项目吸纳本地农村居民就业。深入挖掘本地重大工程与项目的用工潜力，在政策扶持方面要充分考量工程项目对本地农民工的带动作用，鼓励优先吸纳本地农村劳动力。二是推进农业产业链整合和价值提升，让农民共享产业融合发展的增值收益。以"互联网+农业"为抓手，联结小农户和大市场，整合农产品生产、加工、流通、销售全产业链，加强农村电商主体培育和人才培育，加快推进流通基础设施和农村电商（物流）服务体系建设，依托农村电子商务网络，拓展农产品销售渠道，打造农产品品牌，助力优质农产品走向市场。发挥产业链发展带动引领作用，真正惠及农村居民，促进农民增收（张晖，2022）。

三、盘活农村资产资源,激发农民增收活力

随着城镇化进程的不断加快,农村劳动力的转移已经逐渐成为农村劳动力不足的突出问题。要积极抓住逆城镇化消费的变化趋势,充分利用好双沟镇周边的农业农村资源,积极发展乡村新产业、新业态,促进农民就地、就近就业增收。一是促进一二三产业融合发展。要充分利用当前农村休闲旅游消费持续升温的契机,将高效生态农业、乡村旅游与农家乐等结合起来,充分发挥农业的生态功能与文化功能,以游助农,为农业增效、农民增收注入新动能。加强农产品流通和市场建设,借助"互联网+"的平台和动力,大力发展农村电子商务,培育农村电商实体和网络直播等新业态,促进农产品营销增收。二是推进资源变资产,拓展农民增收渠道。围绕李庄村耕地、水面和劳动力等资源要素,以股权为纽带,参与入股农村合作社、家庭农场与龙头企业等新型农业经营主体。

四、降低不确定性风险预期,增加农民消费信心

居民对未来预期不明确是导致消费动力不足的重要原因之一。当前,农村居民消费动力不足与消费能力依然偏弱,一方面跟收入增长直接相关,另一方面,自然灾害、重大疾病、市场价格波动与子女教育等不确定性风险的存在,在一定程度上抑制了农村居民的消费冲动,导致农民边际消费倾向较低。因此,政府部门要继续优化、完善农村社会保障体系与新型农村合作医疗体系等,从根本上降低农村居民老无所养、病无所医等不确定性风险预期。进一步推进城乡教育体制机制改革,让农民的孩子能真正公平地享受到优质的教育资源。从不同方面解决农村居民的后顾之忧,增加其消费信心(祁康,2018)。

五、倡导新的消费理念,促进消费结构优化升级

消费理念是影响消费结构的重要因素之一,决定着消费的方式

及内容。因此,要通过社区公告栏、网络和电视广播等载体和手段宣传新的消费理念,引导农民转变消费观念,提升消费层次,促进农村消费结构可持续发展。一是加强适度消费理念宣传,鼓励农村居民适度消费,推动生活品质提升。由于受各种因素影响,大多农村居民节俭意识根深蒂固,节俭是中华民族的传统美德,需要继续发扬,但过度节俭不仅不利于经济的发展,更不利于居民生活质量的提升和消费结构的升级。二是坚决遏制与杜绝跟风、攀比的消费观念。随着农村居民收入的增加,厚葬薄养、大操大办与相互攀比等婚丧嫁娶消费陋习在农村时有发生,需通过宣传教育及时扭转农民的这种消费心理。三是倡导绿色消费理念。可持续发展是经济社会发展的根本要求,倡导保护环境的绿色消费理念是经济发展的要求,也是消费结构发展与升级的必然要求。在推进农村人居环境整治、补齐农村生活垃圾与生活污水处理短板的基础上,要大力宣传低碳消费、绿色出行等绿色消费理念,引导农民形成健康的绿色生活方式。

六、优化消费环境,促进潜在消费活力不断释放

消费环境直接影响着农民消费的积极性与购买力。尤其是近年来假冒伪劣产品的频出和食品行业多次出现的安全问题,使得农村的消费环境更加令人担忧,优化消费环境任务迫在眉睫。首先,加强农村消费市场监管力度。强化法制宣传,加强市场监管,保障产品质量,严厉打击假冒伪劣等商业欺诈行为,建立良好有序的市场秩序,净化消费环境,保障农民的合法消费权益。其次,继续加强农村基础设施建设,为农村居民的生产生活消费提供便利。网上购物日益成为消费新方式,但农村快递进村入户面临"最后一公里"难题,农民家庭耐用消费产品售后服务、维权渠道等跟不上都会对农村消费市场产生影响。因此,水电路网等基础设施应继续往村覆盖、向户延伸,农村物流、通信网络等新型基础设施应加快补上欠账(王浩,2021)。

第八章 从传统习俗迈向乡风文明

"乡风文明"是乡村振兴二十字总要求的内容之一,是乡村振兴"塑形铸魂"的关键。新时代下乡风文明具有丰富的内涵,是农村长期以来所形成的先进价值观念、文化习俗、行为方式以及各方面影响因素的总和,对于推动乡村振兴以及农村物质文明和精神文明协调发展具有重要作用。本章主要从我国乡风文明建设的政策演变与时代内涵,婚姻、家庭与邻里关系,村民的宗教信仰,移风易俗与居民生活方式转变以及新时代文明实践活动五个方面描述和探讨李庄村在农业农村现代化过程中乡风文明的变化情况,这对于新时代在全省乃至全国范围内推动乡风文明建设、助力乡村振兴和"强富美高"新江苏社会主义现代化建设具有一定的启示。

第一节 乡风文明建设的政策演变与时代内涵

本节主要阐述乡风文明的基本概念,并梳理我国乡风文明建设相关的政策演变,从中可以窥见,我国乡风文明的内容随着时代发展而益发丰富,乡风文明的标准也逐步提高,体现了国家顶层设计对于乡风文明的高度重视,在此基础上尝试总结了乡风文明的时代内涵。

一、乡风文明的基本概念

乡风,简单来说,就是乡里的风俗。从社会学意义上来看,乡风是由自然条件的不同或社会文化的差异而造成的特定乡村社区内人们共同遵守的行为模式和规范,是特定乡村社区内人们的观念、爱好、礼节、风俗、习惯、传统和行为方式等的总和,它在一定时期内和一定范围内被人们效仿、传播并流行(董欢,2007)。乡风既是特定乡村内人们长年累月沉淀下来的一种行为方式,也是这些特定行为方式背后的乡村成员文化和价值观念的表现,从而对该地区的人们形成无形的社会约束和行为规范(万远英,2018)。

乡风文明是指"好的乡村风气,好的乡村风尚",是乡村文化的一种状态,是一种有别于城市文化,也有别于以往农村传统文化的新型的乡村文化(万远英,2018)。乡风文明也是乡村社会风气的进步状态,是乡风中摒弃了消极成分后的精华部分,是乡村优秀文化的重要组成部分(徐学庆,2018)。它表现为农民在思想观念、道德规范、知识水平、素质修养、行为操守以及人与人、人与社会、人与自然的关系等方面继承和发扬民族文化的优良传统,摒弃传统文化中的消极落后因素,适应经济社会发展,不断有所创新,并积极吸收城市文化乃至其他民族文化中的积极因素,以形成积极、健康、向上的社会风气和精神面貌(万远英,2018)。

二、乡风文明建设的政策演变

改革开放以来,党和政府高度重视乡风文明建设,出台了一系列政策,为乡风文明建设打下了坚实的基础,创建了良好的氛围。通过梳理相关政策,把改革开放以来乡风文明建设的政策演变分为乡风文明的酝酿与探索阶段、乡风文明的正式提出与全面推进阶段以及高质量推进阶段,为了解乡风文明的政策演变趋势提供借鉴。

1. 乡风文明的酝酿与探索阶段(1978—2004年)

改革开放后,我国经济与社会发展重新步入正轨,乡风文明建设也被重新重视起来。改革开放是从农村首先取得突破的,以邓小平为核心的第二代中央领导集体始终把农村作为改革的重点,在改革开放之初就确立了物质文明和精神文明两手都要抓、两手都要硬的战略方针,保证了在推动农村改革与经济发展的同时,农村精神文明建设能够同步跟进。1986年,中共中央发布了《关于社会主义精神文明建设指导方针的决议》,认为忽视社会主义精神文明建设,就会贻误工作全局。1996年,《中共中央关于加强社会主义精神文明建设若干重要问题的决议》发布,认为"在社会精神生活方面存在不少问题,有的还相当严重",迫切需要解决。1998年10月,中国共产党第十五届三中全会通过了《中共中央关于农业和农村工作若干重大问题的决定》,要求"在文化上,坚持全面推进农村社会主义精神文明建设,培养有理想、有道德、有文化、有纪律的新型农民。加强思想道德教育,倡导健康文明的社会风尚;发展教育事业,普及九年制义务教育,扫除青壮年文盲,普及科学技术知识;发展农村卫生、体育事业,使农民享有初级卫生保健;建设农村文化设施,丰富农民的精神文化生活"。

虽然这一时期乡风文明尚未正式提出,但这并非表明在此之前党和政府对乡风文明建设不够重视,而是因为乡风文明是社会主义精神文明的重要内容,也是农村精神文明建设的结果。在这一时期,党对农村精神文明建设的思路、内容和举措不断清晰完善,为乡风文明的提出奠定了坚实的基础。

2. 乡风文明的正式提出与全面推进阶段(2005—2016年)

2005年10月,中国共产党第十六届五中全会通过的《中共中央关于制定国民经济和社会发展第十一个五年规划的建议》提出了建设社会主义新农村的总要求:生产发展、生活宽裕、乡风文明、村容整洁、管理民主,第一次明确提出了乡风文明的概念,并把乡风文明作为新农村建设的重要内容。

2005年12月31日,中共中央、国务院颁布了在乡风文明建设方面具有重要意义的《关于推进社会主义新农村建设的若干意见》,强调"繁荣农村文化事业"和"倡导健康文明新风尚",要求"大力弘扬以爱国主义为核心的民族精神和以改革创新为核心的时代精神,激发农民群众发扬艰苦奋斗、自力更生的传统美德,为建设社会主义新农村提供强大的精神动力和思想保证。加强思想政治工作,深入开展农村形势和政策教育,认真实施公民道德建设工程,积极推动群众性精神文明创建活动,开展和谐家庭、和谐村组、和谐村镇创建活动。引导农民崇尚科学,抵制迷信,移风易俗,破除陋习,树立先进的思想观念和良好的道德风尚,提倡科学健康的生活方式,在农村形成文明向上的社会风貌",首次细化了乡风文明建设的内容,为乡风文明建设提供了具有可操作性的行动指南。

乡风文明建设离不开乡村文化的支持,2006年,中国颁布了第一个关于文化建设的中长期规划——《国家"十一五"时期文化发展规划纲要》,指出"我们必须增强忧患意识,加快发展文化事业和文化产业",也对农村文化发展作出了规划和指示。

党的十七大提出"坚持把发展公益性文化事业作为保障人民基本文化权益的主要途径,加大投入力度,加强社区和乡村文化设施建设"。党的十七届三中全会明确指出,"坚持用社会主义先进文化占领农村阵地,满足农民日益增长的精神文化需求,提高农民思想道德素质。扎实开展社会主义核心价值体系建设,坚持用中国特色社会主义理论体系武装农村党员、教育农民群众,引导农民牢固树立爱国主义、集体主义、社会主义思想""广泛开展文明村镇、文明集市、文明户、志愿服务等群众性精神文明创建活动,倡导农民崇尚科学、诚信守法、抵制迷信、移风易俗,遵守公民基本道德规范,养成健康文明生活方式,形成男女平等、尊老爱幼、勤劳致富、扶贫济困的社会风尚",进一步细化和充实了乡风文明建设的内容。

党的十八大以来,习近平总书记多次强调"美丽乡村"建设的重要思想,建设美丽乡村,不仅要求农村富裕和洁净,而且要乡风文明、邻里和谐、彬彬有礼,强调乡村塑形和铸魂的并重。至此,我国的乡风文明建设已进入全面推进的阶段,乡村公共文化服务设施短板不断补齐,乡风文明建设的软硬件设施齐头并进发展,乡风文明建设取得阶段性成果。

3. 乡风文明的高质量推进阶段(2017年至今)

2017年10月,党的十九大提出了实施乡村振兴的伟大战略,要求按照"产业兴旺、生态宜居、乡风文明、治理有效、生活富裕"的总要求实施乡村振兴战略。乡风文明被一以贯之地保留了下来,虽然乡风文明的表述未变,但是其他四项要求与新农村建设时期的要求相比是明显地拔高。由此可见,乡风文明的建设要求在乡村振兴战略下蕴含了更高的要求,结合当前高质量发展的要求,可知乡村振兴战略提出后的乡风文明建设也进入了高质量推进阶段。2017年12月12日,习近平总书记在江苏省徐州市贾汪区马庄村考察时指出,"农村精神文明建设很重要,物质变精神、精神变物质是辩证法的观点,实施乡村振兴战略要物质文明和精神文明一起抓,特别要注重提升农民精神风貌"。

2018年9月26日,中共中央、国务院印发了《乡村振兴战略规划(2018—2022年)》,从加强农村思想道德建设、弘扬中华优秀传统文化、丰富乡村文化生活三个方面对发展繁荣乡村文化做了详细规定,成为新时代推进乡风文明建设新的参照。

2022年10月16日,党的二十大报告提出"统筹推动文明培育、文明实践、文明创建,推进城乡精神文明建设融合发展""培育时代新风新貌",对于乡风文明建设提出了更高要求,但同时也指出了乡风文明建设新的方向,即走城乡融合发展之路,这就把乡风文明建设的标准提高到与城市同等的地步,并且在乡风文明建设的过程中坚持包容开放的理念,既要能吸收城市文明的成分,也要能向城市文明进行输出,对乡风文明建设提出了更高的要求。

三、乡风文明的时代内涵

党的十九大提出了实施乡村振兴战略,并把乡风文明作为乡村振兴总要求的重要内容之一,体现了党和政府对于乡风文明建设的高度重视。党的二十大提出了推进城乡精神文明建设融合发展的新要求。乡风文明建设旨在使农民的思想、文化、道德水平不断提高,在农村形成崇尚文明、崇尚科学的社会风气,农村的教育、文化、卫生、体育等事业发展逐步适应农村社会生活水平不断提高的需求,使一个村落的乡风向更加现代、健康、文明、高级的方向发展(万远英,2018)。所以,乡风文明是一个动态发展的概念,其内容和要求随着时代的发展而发展,伴随着我国经济社会发展进入新时代,乡风文明自然也就有了新的时代内涵。

新时代的乡风文明,是指在习近平新时代中国特色社会主义思想的指引下,培育和践行社会主义核心价值观,坚决反对长期以来的盲目攀比、奢侈浪费等陈规陋习,开展打击封建迷信和邪教传播活动,促进农村移风易俗,树立中国特色社会主义新风,全面提升农民素质,打造农民的精神家园(王琨,2018)。在当前,乡风文明的时代特征主要体现在以下四个方面:乡风文明体现了全面小康的内涵特征、乡风文明是乡村文明的内核、乡风文明建设是乡村振兴战略的灵魂、乡风文明展现了村民的时代精神面貌(于法稳,2022)。新时代的乡风文明建设必须注重传统与现代的融合、乡村文化与城市文化的融合以及中国文化与世界文化的融合(万远英,2018),从而为乡村振兴提供强大的精神动力和智力支持。

第二节 婚姻、家庭与邻里关系

婚姻方式、家庭结构以及邻里关系是乡风文明的重要方面,婚姻自由、家庭和睦以及邻里和谐是乡风文明的重要表现。根据调研数据统计分析，李庄村目前的婚姻方式主要以自由婚姻为主，结婚开支总体较为合理，但在宴席、彩礼方面还存在着一定的攀比之风，这对部分家庭生活造成了较大压力；文明家庭占比大约为三分之一，还有较大提升空间，代际之间关系比较紧密；邻里关系总体来说比较和谐。

一、村民婚姻状况

婚姻是组建新家庭的前提，自古以来婚姻都是人生大事，从而围绕着婚姻也形成了诸多仪式和礼仪，成为考察乡风文明的基础。目前，李庄村婚恋方式已经完全转为自由恋爱，不文明的婚姻缔结方式已经被完全摒弃。结婚开支与家庭收入相比总体来说较为合理，但随时间推移快速增长，依然存在一定的攀比浪费之风，结婚开支主要用于婚房家具，而资金来源则主要依靠父母。

1. 婚恋方式更为自由

婚恋方式即男女双方恋爱和缔结婚姻的方式，是乡村民俗文化和乡风文明程度的重要体现。130名调查农户中，有123名调查农户对自己或子女的婚恋方式作了明确回答，其中，52.85%的受访者回答为自由恋爱，47.15%的受访者回答为相亲介绍认识，两者大体相当。父母包办、买卖婚姻以及其他形式的婚恋方式的数量都为0。2008年时，父母包办、买卖婚姻和换亲这三种婚恋形式在李庄村依然还不同程度地存在，分别为7例、3例和1例，详见表8.1。由此可以看出，随着时代的进步，乡村社会文明程度稳步提升，自由恋爱和相亲介绍已经成为当前李庄村村民的基本婚恋形式，婚姻自由度大幅上升，古代封建社会遗留下来的"父母之命，媒妁之言"这种基本不考虑结婚双方意愿的传统婚姻缔结方式，在新时代已经逐渐被完全摒弃。

表 8.1　2022 年与 2008 年李庄村婚恋方式比较表

婚恋方式	2022 年		2008 年	
	数量/户	占比/%	数量/户	占比/%
自由恋爱	65	52.85	87	53.70
相亲介绍	58	47.15	64	39.51
父母包办	0	0	7	4.32
买卖婚姻	0	0	3	1.85
其他	0	0	1	0.62
合计	123	100	162	100

注：将 2008 年"换亲"归入了"其他"类型中。

2. 结婚开支总体较为合理，但依然存在铺张浪费现象

勤俭节约是中华民族的传统美德，也是乡风文明建设的重要目标，结婚作为人生大事，自古受到重视，但是过分地讲究结婚排场并不符合现代乡风文明的要求。108 个调查农户对此问题作了回答。根据被调查农户的回答，结婚开支最小的为 0 元，即结婚没有任何花费，结婚开支最大的为 962 000 元，可见目前李庄村村民在结婚开支上的差异悬殊，受到多种因素的共同影响。108 名被调查农户在结婚上的平均花费为 54 732.41 元，家庭平均总收入为 108 495.9 元，可见农户家庭收入基本能够覆盖结婚总开支，但从图 8.1 来看，依然有部分家庭的结婚总开支远远大于家庭总收入。而从李庄村 2021 年的人均可支配收入（18 006 元）来看，结婚总支出大大高于李庄村目前的人均可支配收入，即使将其转化为家庭平均总收入，也需要一个家庭整整一年的收入才能承担结婚开支。

根据农户结婚总开支整理出来的农户开支情况统计表（如表 8.2），结婚总开支在 0~10 000 元之间的农户数量为 37 户，结婚总开支在 10 000~50 000 元的农户数量为 43 户，两者合计占调查农户的 74.07%。但是结婚开支在 50 000~100 000 元以及 100 000 元以上的农户依然分别有 15 户和 13 户，两者合计占 25.93%。可见，经过

长期的宣传,结婚开支在李庄村的村民当中已经较为理性,将结婚总开支控制在家庭能够承受的范围内。但仍然有一部分农户的结婚支出较大,这也对这部分村民的日常生活造成较大的压力,甚至有些农户为了结婚背上了沉重的债务,对婚后生活质量造成了较大的负面影响,可能因为债务问题影响了家庭和谐。

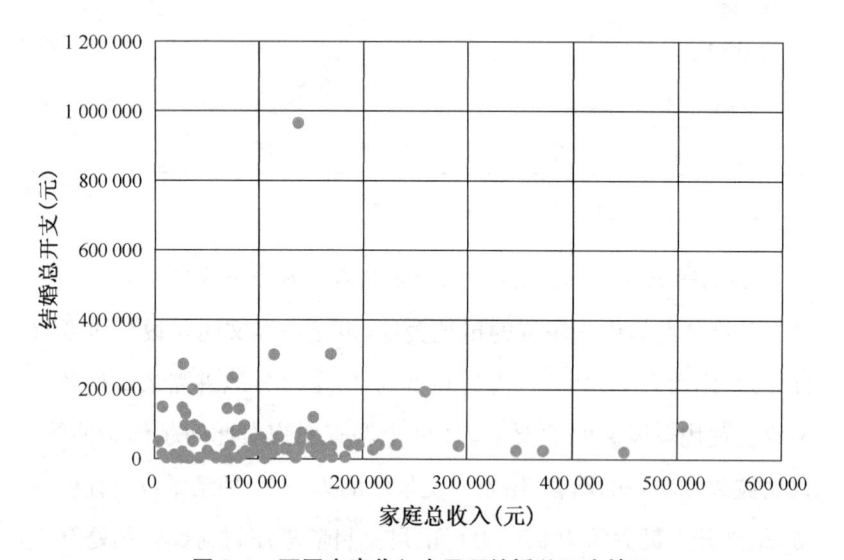

图 8.1 不同家庭收入水平下结婚总开支情况

表 8.2 农户历年结婚总开支情况统计表

金额	农户		户均支出/元	户均收入/元
	数量/户	占比/%		
0~10 000 元(含)	37	34.26	6 110.81	73 987.55
10 000~50 000 元(含)	43	39.81	28 720.93	141 203.2
50 000~100 000 元(含)	15	13.89	77 333.33	114 133.6
100 000 元以上	13	12.04	253 076.92	92 021.54
合计	108	100	54 732.41	108 495.9

有 85 名村民回答了结婚开支和结婚时间,根据这 85 对时间—开支数据绘制了如图 8.2 所示的散点图,可以发现,这 85 名村民的结婚时间主要发生在 2000 年以后,具体数量为 71 对,占比为

83.53%,而且随着时间推移,结婚开支呈上升趋势,在相同或相近时间,不同家庭的开支差异较大,表明部分家庭在结婚上追求排场,进一步印证了前文的结论。

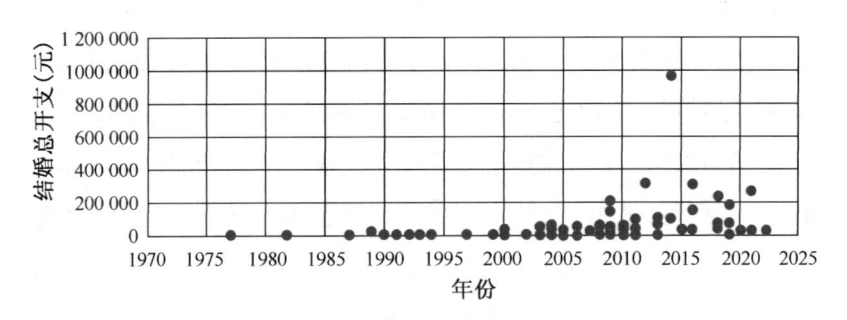

图 8.2　1977—2022 各年份结婚总开支情况

3. 婚房家具支出成为结婚开支的主要部分

为了进一步搞清楚结婚开支的具体情况,课题组把结婚开支进行了细分,分别为相亲、定亲、彩礼、婚房家具、酒宴、其他等各项具体支出,表8.3给出了李庄村村民结婚开支各分项情况的描述性统计。对相亲开支进行回答的农户数量仅15户,其中还有12户的回答结果为0元,只有3户在相亲上有实际支出,分别为300元、880元和1 000元,可见相亲方面的开支很少,几乎可以忽略不计。在定亲支出上给予回答的依然不多,只有19户,其中有11户的回答结果为0元,只有8户在定亲方面有实际支出,支出范围在1 000~40 000元之间,一方面表明了定亲方面农户支出悬殊较大,另一方面反映了定亲这种形式在李庄村目前还不够受到重视,属于可有可无的环节。

彩礼、婚房家具、酒宴和其他方面是结婚开支的重要方面,特别是前三项,构成了李庄村结婚开支的主体部分。有57户农户对彩礼开支进行了回答,有7户彩礼支出为0元,最高彩礼支出为300 000元,彩礼平均支出为29 394.74元,彩礼在50 000元以上的有10户,可见"天价彩礼"在李庄村依然存在。有45户农户对婚房家具开支进行了回答,有3户婚房家具支出为0元,婚房家具支出最高为

930 000 元(这也是上文提到的结婚总开支为 960 000 元那户家庭结婚开支的最主要部分),平均为 38 284.44 元,婚房家具支出在 50 000 元以上的有 5 户,可见当前在城里买房已经成为农村一些年轻人结婚的必要前提条件。有村民反映现在年轻人已经看不上村子里集中居住区的房子了,自己的儿子之所以将近 30 岁还没结婚就是因为在县城里买不起房子。在县城买房逐渐成为年轻人结婚的刚性需求,这对农村年轻人结婚造成了较大压力。有 57 户农户对酒宴支出进行了回答,其中有 21.05% 的农户的酒宴支出为 0 元,最高为 50 000 元,平均为 7 701.75 元,超过 10 000 元的农户只有 10 户。据村民反映,由于现在村里大部分人都外出打工,且原来的村庄被分散到汤南、罗岗以及镇上等多处,现在村里遇事一般只请近亲参加宴席,而且随着农村生活水平的提升,村民对吃喝已经不太看重,所以李庄村结婚大摆筵席的景象已不多见。在其他支出方面主要表现为买汽车或嫁妆,调查农户中,有农户花 130 000 元为子女结婚买了辆小汽车,但是有其他支出的农户不多,只有 8 户,最低花费为 6 000 元,最高花费为 130 000 元,平均为 43 125 元。

表 8.3 李庄村结婚相关分项开支情况

开支类型	样本量/户	最低支出/元	最高支出/元	平均支出/元
相亲	15	0	1 000	145.33
定亲	19	0	40 000	8 684.21
彩礼	57	0	300 000	29 394.74
婚房家具	45	0	930 000	38 284.44
酒宴	57	0	50 000	7 701.75
其他	8	6 000	130 000	43 125

4. 结婚资金主要来源于父母

结婚资金来源主要分为父母出资、自筹和借贷三个方面,具体见表 8.4。有 85 个被调查农户反映自己在结婚上受到了父母的资金支持,占总样本的比重为 65.38%,支持金额从 3 000 元至 300 000 元不等,最高者是最低者的100倍,父母对子女结婚支持的平均金额为45 363.95元。自筹资金结婚的有12个农户,占总样本的比重为9.23%,自筹金额从1 000元到762 000元不等,最高者是最低者的762倍,更是悬殊惊人,平均自筹结婚金额为96 750元。为了反映自筹金额的正常水平,剔除最低金额1 000元和最高金额762 000元之后,平均自筹结婚金额为39 800元,这在一定程度上反映了农村正常的结婚支出自筹金额。其中有8户农户在结婚支出上发生了借贷行为,占总样本的比重为6.15%,借贷金额从3 000元到200 000元不等,平均借贷金额为54 750元。从李庄村村民结婚资金来源情况来看,父母依然是子女结婚的最大依仗,没有父母的资金支持,年轻人很难靠自己的能力结婚。在当下农村,大部分农民默认支持子女特别是儿子结婚是父母的义务或任务,这种自上而下的资金和其他要素支持对于将来要求子女为自己养老提供了正当性,对于构建起家庭成员不同生命周期的相互支持体系具有重要意义。

表8.4 李庄村村民结婚资金来源情况

资金来源	农户		最低金额/元	最高金额/元	平均金额/元
	数量/户	占总样本比重/%			
父母出资	85	65.38	3 000	300 000	45 363.95
自筹	12	9.23	1 000	762 000	96 750
借贷	8	6.15	3 000	200 000	54 750

二、村民家庭与代际关系

家庭是人们生活的基本单元,而家庭环境对于家庭成员的性格和素质的形成具有重要影响,文明乡风、良好家风、淳朴民风三者之间具有内在的一致性。家庭内部关系是否和睦以及外部关系是否和谐,是乡风文明的重要体现,而加强乡风文明建设,有利于构建和睦的家庭内部关系。

1. 文明家庭建设富有成效，中等规模家庭更有利于形成良好家风

文明家庭评比是促进良好家风形成的有效手段，为了提升家庭内外部关系，建设和美家庭，培养良好家风，当地政府和村委会积极开展"文明家庭""最美家庭""新乡贤""好邻居"等评选活动。被调查农户中，有36.15%的农户家庭获得过"文明家庭""最美家庭""新乡贤""好邻居"等称号，63.08%的农户家庭没有获得过以上荣誉称号，还有0.77%的农户没有回答该问题。可见李庄村获得过"文明家庭""最美家庭""新乡贤""好邻居"等荣誉称号的家庭超过三分之一，不在少数。为了鼓励村民积极培养良好家风，村里还会给获得"文明家庭""最美家庭""新乡贤""好邻居"等称号的家庭发放一些小奖品，进一步激发村民建立良好家庭关系的积极性。

为了进一步了解家庭规模对良好家风的影响，本节对获得过荣誉称号的47户家庭进行分析。李庄村青壮年劳动力大量外出务工，导致家庭人口与常住人口的分离，鉴于常住人口之间接触更为频繁亲密，相互影响更深，所以用常住人口进行分析。根据表8.5，获得荣誉家庭称号的家庭其常住人口集中在2至4人，数量分别为12户、8户和8户，占比分别为25.53%、17.02%和17.02%，三者合计占到59.57%。而且在所有家庭常住人口为2至4人的家庭中，获得荣誉家庭称号的家庭占对应常住人口组的比重分别为38.71%、38.10%和36.36%，三者比重接近而且不低。虽然常住人口为8人和9人的家庭总数少，但全都获得了荣誉家庭称号，这可能是由于在大家庭中通常都有一个能维系家庭凝聚力的核心人物，否则大家庭无法维系，而这个核心人物往往对家庭成员的关系以及家庭的风气起到决定性作用。但是通常来讲，建设一个和谐家庭，家庭规模不能太大，也不能太小，规模太小无法有效实现家庭分工，规模太大其家庭成员关系又会变得复杂，都不利于良好家风的建设。从相应数据来看，李庄村的文明家庭建设和评比还有较大的提升空间。

表 8.5 家庭常住人口规模与荣誉家庭关系

家庭常住人口/人	荣誉家庭数量/户	占比1/%	家庭数量/户	占比2/%
1	2	4.26	5	40.00
2	12	25.53	31	38.71
3	8	17.02	21	38.10
4	8	17.02	22	36.36
5	5	10.64	20	25.00
6	3	6.38	16	18.75
7	6	12.76	10	60.00
8	2	4.26	2	100.00
9	1	2.13	1	100.00
合计	47	100	128	—

注：占比1代表对应家庭常住人口规模下获得荣誉家庭称号的家庭数量占荣誉家庭总数量的比重，占比2代表对应家庭常住人口规模下获得荣誉家庭称号的家庭数量占此常住人口规模家庭总数量的比重。

2. 男女平等的思想渐入人心，但家庭稳定性下降

对于生育意愿，有102户被调查农户作了回答，其中想生1个孩子的农户占27.45%，想生2个孩子的农户占48.04%，想生3个孩子的农户占11.76%，想生4个孩子的农户占1.96%，还有1户对于生多少小孩表示无所谓（占比仅为0.98%）。由此可以看出，李庄村村民想生2个孩子的占据了主体，占比接近一半，而且，想生2个孩子的农户大多希望能够儿女双全。其他农户也大都表示生男生女无所谓，说明重男轻女的思想在李庄村已经大为改观，男女平等的思想逐渐深入人心，体现了乡村文明程度的提升。

家庭稳定性方面，2008年调查数据显示，169个调查农户中有1人是离婚状态，占比为0.59%，而2022年的130个调查农户中，婚姻状况是离婚的占7.69%，这与全国农村离婚率上升的趋势相一致。从离婚者的年龄来看，80%集中在30～45岁，呈现以"80后"

"90后"为主体的特征。这说明李庄村家庭的稳定性在下降,这与当前人口流动频繁、夫妻分居以及现代个人自由主义观念盛行有关。离婚对家庭成员的心理和精神会造成很大的负面影响,在李庄村的离婚家庭中,也出现了患上抑郁症等心理疾病的家庭成员。而且对有孩子的家庭来说,父母离婚对孩子的成长会造成难以弥补的心理创伤,这迫切需要有关部门加强道德教育,增强夫妻双方的责任感,建立互相体谅、互相包容的夫妻关系,为家庭成员特别是孩子的心理健康创造和睦稳定的家庭关系。

3. 居住方式更加多样自由

随着收入水平的提高和生活条件的改善,李庄村村民的居住方式呈现出多样化的特征,这也说明李庄村村民的居住自由权比以往大大扩展了。具体情况是,有52户农户对居住方式作了回答,其中46.15%的农户是从夫居,即女方到男方家居住,34.62%的农户是入赘,即男方到女方家居住,有19.23%的农户是夫妻与父母分开单独住。在居住方式上,李庄村还是以女方到男方家居住为主,这与我国传统的嫁娶风俗是一致的。

在实地调研中也发现,一些父母年纪大了之后会主动选择与已经成婚的子女分开住,特别是与已经生育小孩的子女。老人多住在集中居住小区家庭所购买的一层车库里,车库约10平方米,也就是一间房子的大小,老人会对车库进行适当装修,以便适合自己居住。老人选择与成婚子女分开居住,既有不想打扰子女生活的原因,也有身体机能老化、腿脚不便、爬楼负担较重的原因,还有房间面积有限的原因。集中居住小区有的虽然装有电梯,但是往往不能正常运行,而爬楼梯显然会对老人的身体构成较大的压力,所以老人往往自身也不愿意与居于高层的子女生活在一起。

4. 代际关系总体较为亲密

代际关系主要指父母与子女、爷孙等不同辈家庭成员之间的亲疏关系,代际关系良好说明家庭和睦亲密,是乡风文明的基础和重要表现。父母与子女之间的关系是代际关系的重要内容，所以我们选择以父母与子女之间的关系作为家庭代际关系的代表，主要利用子女和父母之间的电话联系频率、子女探望次数以及父母收到子女的赡养费用来衡量父母与子女之间的代际关系。

有103户调查农户回答了每个月与父母（或子女）电话联系次数的问题，一个月大约为4周，所以我们设定每周联系1次为正常，每个月电话联系小于4次为关系疏远，大于4次为关系亲密，以此来对李庄村的家庭代际关系进行分析。根据统计数据，有26.21%的调查农户表示与父母（或子女）的每月通话次数小于4次，关系较为疏远；11.65%的调查农户表示与父母（或子女）的每月通话次数为4次，关系较为正常；62.14%的农户（包含父母与子女居住在一起或天天见面）表示与父母（或子女）的每月通话次数大于4次，关系较为亲密（表8.6）。可见李庄村大部分家庭父母与子女的关系较好，联系较为紧密，但是依然存在一些父母与子女关系比较疏远的家庭，这对于老年人的养老和情感慰藉是不利的。

在子女看望方面，考虑到年轻人外出打工，回家不便，在此我们将中秋节、国庆节和春节3个重要节日或较长节日作为回家探望父母的机会，设定子女去年看望次数大于3次为父母与子女关系较为紧密，等于3次为父母与子女关系正常，不足3次为父母与子女关系较为疏远。根据统计数据，有79户调查农户回答了去年看望父母或子女来看望自己次数的问题，只有20.25%的农户看望次数小于3次，6.33%的农户看望次数为3次，73.42%的农户（包含父母与子女住在一起或天天见面）看望次数都大于3（表8.6），与前面电话联系的情况基本一致，进一步印证了李庄村目前父母与子女之间关系总体较为亲密的结论。

此外，目前李庄村子女与父母总体较为亲密的关系突出体现了我国交通通信基础设施不断完善的现状，交通和通信成本不断下降，使人们的沟通和出行更加自由，也让人们更为看重亲情。

表 8.6 父母与子女关系亲疏表现

关系亲疏程度	电话联系家庭		子女看望家庭	
	数量/户	占比/%	数量/户	占比/%
疏远	27	26.21	16	20.25
正常	12	11.65	5	6.33
亲密	64	62.14	58	73.42
合计	103	100	79	100

在子女去年给予父母的养老费方面,有 79 户农户对问题作了回答,其中 18.99% 的农户的子女没有给予任何养老费(有 2 户老人表示暂时还不需要,有 1 户以买礼品代替养老费)。有 81.01% 的农户的子女给予父母养老费,最低给了 1 000 元,最高给了 55 000 元,平均为 5 256 元。收到(或者给予)养老费在 1 000 元至 10 000 元(不含)之间的农户占比为 64.56%,考虑到农村老人生活水平以及李庄村的村民收入,给予 1 000 元至 10 000 元(不含)的养老费用还是比较理性的,既能有效改善农村老年人的生活处境,又不会对子女家庭的正常生活造成较大压力。而收到(或者给予)养老费在 10 000 元(含)以上的农户为 13 户,占比为 16.46%,说明部分收入较高的家庭对于老年人的养老支持还是比较慷慨的。从以上数据可以看出,李庄村的老人在老有所养上是有一定保障的,随着社会文明程度的逐步提高和生活的富足,子女大多数能够自觉地承担起赡养老人的责任。而且在调研中,也没有发现子女不赡养或虐待老人导致老人饿死、自杀等恶劣情况,这与 2008 年调查时发现李庄村依然有至少 4 例严重虐待老人的恶性事件相比,无疑是一个巨大的进步。

三、村民邻里关系

邻里关系随着乡村社会结构以及矛盾产生的利益基础的瓦解而出现了明显改变。劳动力大量向外流动,从形式和实质上基本瓦解了宗族组织,基于家庭的邻里关系变得简单和谐。邻里矛盾的解决方式依然以村干部调解为主,但村民的法律意识逐步觉醒,采用法律途径解决矛盾的数量和占比明显提升。

1. 宗族组织基本瓦解,邻里关系总体和谐

俗话说:"远亲不如近邻。"邻里之间诚信友爱、互帮互助既是提高乡村生活品质的前提,又是实现村民发家致富的基础,良好的邻里关系自然也就成为乡风文明的重要表现。过去,宗族斗争是导致邻里关系紧张的重要原因,李庄村过去也是存在宗族组织的,但随着村庄分拆,村民大量外出打工,以及社会主义核心价值观的推行,李庄村的宗族斗争已经大幅减弱。有6.35%的被调查农户表示村里现在仍然有宗族斗争,有92.86%的被调查农户表示村里现在已经没有宗族斗争(表8.7),由此可见,村中宗族斗争已经大幅减弱,这在很大程度上抑制了家庭之间的小范围矛盾演化为大范围的宗族斗争。同样的,由于李庄村宗族组织的瓦解与宗族势力的大幅减弱,强大宗族欺压弱者的现象也大幅减少。根据调查,有7.09%的被调查农户表示村里现在依然有强大宗族欺压弱者的情况,有92.12%的被调查农户表示村里现在已经没有强大宗族欺压弱者的情况。为了避免个人对村里总体情况的不了解导致回答偏误,我们询问了被调查农户自己是否被人欺负过,结果有7.94%的农户表示自己被人欺负过(其中1名是20年前被人欺负过),有92.06%的农户表示自己没有被人欺负过,情况与前面两种情况基本一致。由此可见,由于李庄村已经被打散重组,大量人员外流,再加上土地绝大部分已经流转,宗族存在的环境和矛盾滋生的土壤已经大为削弱,生产生活环境的剧变使当前李庄村宗族或者个人欺压别人的事情已经很少发生,邻里之间关系总体比较和谐。

表 8.7　李庄村邻里关系表现

邻里关系	宗族斗争		强大宗族欺负弱者		自己被人欺负过	
	户数/户	占比/%	户数/户	占比/%	户数/户	占比/%
有	8	6.35	9	7.09	10	7.94
没有	117	92.86	117	92.12	116	92.06
不清楚	1	0.79	1	0.79	0	0
合计	126	100	127	100	126	100

2. 邻里纠纷解决方式以村干部调解为主

虽然目前李庄村邻里关系总体比较和谐，村民之间发生矛盾纠纷的案例较少，但是邻里之间在相处的过程中难免会发生矛盾和纠纷，当出现矛盾和纠纷时，采用什么样的方式进行处理在一定程度上表明了村民更加相信谁，同时也是乡风文明程度的体现。由表 8.8 可知，2022 年，有 27.68% 的农户选择请家族成员或亲戚帮忙，有 0.89% 的农户选择请宗族长辈调解，有 45.54% 的农户选择请村干部进行调解，有 4.46% 的农户选择诉诸法院，有 21.43% 的农户选择其他方式解决（主要是忍耐、报警、自己沟通等）。根据调查所获信息，选择村干部进行调解的最多，将近一半，说明村干部在村民中有着较高的威信，对于解决邻里纠纷起到了关键作用。

通过前后对比也可以发现，虽然请村干部调解一直都是村民解决邻里纠纷的主要方式，但是 2022 年与 2008 年相比还是有了比较明显的下降，下降幅度高达 25.70 个百分点，说明村民对村干部的信任程度有所下降。令人欣慰的是，诉诸法院的数量和占比与 2008 年相比有了较大提高，说明农村社会村民的法律意识逐渐觉醒，开始有更多的村民懂法、用法、信法，这对于建立法治乡村是一个积极信号。

表 8.8 邻里纠纷解决方式选择

调解方式	2022年		2008年	
	农户数量/户	占比/%	农户数量/户	占比/%
请家族成员或亲戚帮忙	31	27.68	10	6.54
请宗族长辈调解	1	0.89	4	2.62
请村干部调解	51	45.54	109	71.24
诉诸法院	5	4.46	1	0.65
其他	24	21.43	29	18.95
合计	112	100	153	100

第三节 宗教信仰

宗教信仰会对人的思想和行为产生重要影响,也极易形成宗教团体,成为一股不容忽视的力量,从而对乡村社会的道德、习俗和处事方式等乡风文明建设产生重要影响。在乡风文明建设过程中,除了需要大力进行科普宣传,破除宗教信仰中的迷信成分,引导村民理性看待宗教信仰,还需要发挥宗教信仰劝人向善等积极一面,为乡风文明提升提供助力。

一、村民宗教信仰概况

宗教信仰对人类的心灵慰藉以及行为方式具有重要影响,故而对乡风文明也有着重要影响。根据调研数据,李庄村村民的宗教信仰基本上为基督教,但是与过去相比,信仰基督教的人数和比例有所下降,而且村民信仰基督教的动机主要为社交性动机和功利性动机。

1. 信教村民规模和比重均有所下降

在调查的130户农户中,有129名农户对是否有宗教信仰问题作了回答,有19名表示自己或家属有宗教信仰,占回答该问题调查农户的14.7%,统一信仰基督教,没有信仰其他宗教的。据了解,村里目前尚有 40~50 名基督徒,占村里常住人口的十分之一左右。2007 年,抽样调查农户家庭中,有宗教信仰者共 141 人,占抽样调查总人数的 19.08%,对比来看,无论是信教群众的数量,还是占比,从 2008 年至 2022 年均有所下降。

村民对于宗教信仰的了解情况差异较大,有 121 名被调查农户回答了该问题,其中,19.83% 的农户表示家乡有宗教信仰的人很多,40.50% 的农户表示有一些,34.71% 的农户表示只有个别人有宗教信仰。对于自己或家属有宗教信仰的受访者来说,42.11% 的受访者表示家乡有宗教信仰的农户很多,36.84% 的受访者表示有一些,15.79% 的受访者表示宗教信仰只是个别现象。这说明,对于普通村民乃至对于有宗教信仰的普通信众来讲,他们对于家乡宗教信仰的一般情况也是不甚了解的,这在一定程度上反映了宗教信仰在村民们的心目中还具有一定的神秘感,也不是日常聊天的话题所在。但从以上数据还是能发现,宗教信仰在李庄村至少不是个别现象,虽然信仰基督教的村民数量有所下降,也越来越难吸引到新的信众,但作为村庄内唯一的宗教信仰,基督教信仰在李庄村村民中仍然有一定的群众基础。

表 8.9 村民对村庄宗教信仰认知情况

村庄宗教信仰认知情况	一般村民		自己或家属有宗教信仰的村民	
	人数/人	占比/%	人数/人	占比/%
不了解、不知道或不清楚	4	3.31	1	5.26
很多人有宗教信仰	24	19.83	8	42.11
有一些人有宗教信仰	49	40.50	7	36.84
个别人有宗教信仰	42	34.71	3	15.79
没有人有宗教信仰	2	1.65	0	0
合计	121	100	19	100

2. 宗教活动规范化，但信教村民去宗教场所频率的差异较大

在李庄村还未开始集中居住之前，村里有一座小教堂，作为村里基督教徒的宗教活动场所，但是在集中居住之后，教堂被拆除了，主要是因为防火设施不到位，建设不规范。现在李庄村基督教徒的宗教活动主要是到双沟镇上的教堂进行，有村民反映也会到某位基督教徒的家中进行。

另外，为了了解村民对于宗教场所的兴趣，我们调查了农户或家人去过何种宗教场所，结果有 27.63% 的农户去过基督教堂或天主教堂，9.21% 的农户去过教友私家住所，63.16% 的农户没有去过任何宗教场所，而寺庙、庵堂和道观则没有人去过。说明随着现代生活水平的提高以及科学文化的普及，宗教对于人们的吸引力在下降，绝大多数村民已不再需要宗教信仰作为心灵的慰藉。但同时，中国传统的道教以及中国化了的佛教在中国本土特别是农村开始衰落，也是一个不争的事实。

而去宗教场所的频率能够反映一个人宗教信仰程度的深浅，那些去宗教场所多的，可以排除只是因为好奇或者旅游观光，而是为了参加宗教活动，是有着较深宗教信仰的人群，对这部分人来讲，宗教教义对人的行为影响较大。在去宗教场所的频率上，村民差异较大。我们不考虑从没去过宗教场所的村民，那些去过宗教场所的村民，去得少的，近两年内总共 2 次，而去得多的，达到 1 周 3 次，共有 16 名受访者表示近两年内去宗教场所的次数超过了 10 次（含），9 名受访者表示近两年去过宗教场所但次数不足 10 次，占比分别为 64% 和 36%，去宗教场所频率较高的村民约是频率较低村民的 2 倍，说明一个人一旦拥有宗教信仰，很容易由浅信徒变为虔信徒。

二、村民接受宗教信仰的动机

探究村民接受宗教信仰的动机，对于引导村民树立正确的宗教观有着重要意义。被调查农户中，有 27 名受访者去宗教场所的目的

是参加宗教活动,只有1名受访者去宗教场所是为了做义工,占比分别为96.43%和3.57%,其余农户对此问题未作回答,可见农户去宗教场所的主要目的是参加宗教活动。另外,在被问及去宗教场所的原因时,47.83%的受访者表示是为了找人聊天、排解寂寞,同样有47.83%的受访者表示是为了求神佛保佑平安发财等,4.34%的受访者表示是为了追求死后能过上更好的生活。如果把找人聊天、排解寂寞归结为社交性动机,而求神佛保佑平安发财和追求死后过上更好生活则可归结为功利性动机,从上可知,村民的宗教信仰动机有较大差异。有一半是出于社交性动机,为了满足自己社会交往的需求,另外一半则是出于功利性动机,为了满足自己世俗物质的需求,而且有迷信的成分在内。这就提醒有关部门要加强农村公共文化供给,搭建村民社交平台,加强科普宣传,为村民提供丰富多彩的业余生活。

三、宗教徒的行为规范

但凡宗教,皆有教义,而宗教教义会对宗教徒的行为规范产生重要影响。以李庄村村民的唯一宗教信仰——基督教来说,就有"摩西十诫"等内容,从总的方面来说,也是教导信众要向上向善,对主的信仰也给那些遭遇困境的人们带来了精神上的力量,对于人们走出困境有一定的帮助,这也是宗教在教化世人方面的积极作用。据了解,李庄村的一些基督教徒在行为上存在着与非信教群众不一样的地方,主要是生活规律,逢礼拜日要去参加宗教活动,基本上是固定的;在待人接物上也比以前要友善热情、乐于助人,更希望通过自己的亲身经历和宣传把周围的人也拉进"主的怀抱";还有一部分基督教徒在听闻教义之后改掉了自身的一些坏毛病、坏习惯等,如打牌、赌博、好逸恶劳等。总的来说,如果能破除宗教信仰中迷信的成分,发挥其积极向好的一面,对于乡村社会风气的好转是有一定助力的。

第四节 移风易俗与村民生活方式转变

移风易俗是乡风文明建设的重要内容，也必然会导致村民生活方式的各种转变。村庄公共文化服务供给是政府推动乡村社会移风易俗的重要方式，但是目前李庄村的公共文化服务供给与村民需求之间还存在着结构性不匹配的情况，导致村庄公共文化服务设施利用效率较低，村民的精神文化需求也得不到有效满足。在主观和客观因素、外部和内部因素的共同影响下，婚丧嫁娶等重要习俗向着文明现代的方向稳定改变，过程有所简化，但攀比之风依然在一定程度上存在。

一、村庄公共文化服务供给与村民需求

村庄公共文化服务供给是村民参与公共文化活动的前提，但是目前李庄村的公共文化服务供给与村民需求之间还存在着结构性不匹配的情况，公共文化服务设施供给不足，已有公共文化服务设施较为陈旧、利用效率较低，对村民新的需求反应不足。

1. 公共文化服务供给不足

李庄村的公共文化服务供给较为短缺，设施不足。目前李庄村仅有农家书屋、妇女儿童之家、道德讲堂（兼作会议室）、体育锻炼小广场，而且以上公共文化服务设施较为陈旧，农家书屋与妇女儿童之家使用的是村部的两间不足10平方米的房间。农家书屋只有一排书架、两张桌子、几把椅子，书籍以小说、农技、理论宣传为主，而且较为老旧，村干部也反映，几乎没有人到农家书屋来看书或借书，农家书屋的使用率极低。妇女儿童之家也只有桌子和椅子，基本没有其他设施，平常也基本没有妇女、儿童到妇女儿童之家参加活动。体育锻炼小广场上的体育锻炼器材只有单杠、双杠等几种，很少有人到体育锻炼小广场利用体育器材进行锻炼，小广场现在被利用成晒场，以

及晚上村民跳广场舞的场地。村里公共文化设施的短缺与利用不足,再加上村庄人口流失以及留守村民文化程度偏低,共同导致村民的文化生活较为简单。

被调查农户中,有47.66%的农户参加过村里组织的看电影、舞台演出、法律宣传、农业技术推广、免费体检等活动;有52.34%的农户没有参加过村里组织的任何活动。而参加过的也主要是以体检为主,其他方面比较少,没有参加过公共文化服务活动的农户超过一半,一方面说明李庄村村民参加公共文化服务活动的积极性不高,另一方面说明李庄村在公共文化供给方面存在短缺,而这也是因为村庄的公共文化供给大多来自上级政府的输入,村庄本身供给公共文化服务的能力很弱,几乎不存在。

2. 村民的新需求不断涌现

在人们的物质需求得到基本满足之后,人们便开始产生精神和文化需求,这从李庄村部分村民自发跳广场舞以及宗教信仰情况就可以得到明证。随着李庄村从最初被卷入到如今主动融入市场经济体系,村民的收入水平不断提高,生活居住条件不断改善,再加上城市文化观念的涌入等,村民的精神需求和文化需求也在不断增长。李庄村的土地已经全部流转,村中已经很少有村民种地,农村老人拥有了大量空闲时间,如何满足这些空闲老人的养老和精神文化需求,是包括李庄村在内的所有村庄都必须考虑的事情。农村留守儿童的教育、作业辅导、玩耍、看护等,同样需要慎重考虑。留守妇女的家门口就业以及精神文化活动需求同样不容忽视。

比如在养老问题的选择上,被调查农户中有36.15%的农户表示要回乡养老或是居家养老,有58.46%的农户表示要在子女居住地养老,只有1.54%的农户表示要到养老院或机构养老,另有3.85%的农户表示未来的事情不好说。可见,目前李庄村村民绝大多数还是希望回乡养老或者到子女居住地养老,子女仍然是老人养老的主要依靠,养儿防老的观念在当前李庄村老年人中依然占据重要地位,同时也说明村民对于社会养老的不信任。增加社会养老机构的供给,提高养老的品质,并使得养老费用能够为普通大众所承受,对于快速老龄化的中国乡村来说迫在眉睫。

二、婚丧嫁娶等风俗的转变

李庄村的移风易俗取得一定成效,赌博之风大为削弱,但攀比之风依然在一定程度上存在,婚丧嫁娶的程序较传统有所简化,对部分传统习俗依然较为尊重,村民认知水平逐步提升,村规民约发挥了一定作用。李庄村应当发挥好政府和村民在保护和传承乡村文化中的共同作用。

1. 赌博之风大为削弱

根据被调查农户的回答,从不赌博的农户占77.70%,偶尔赌博的农户占6.15%,而没有回答的农户占16.15%,从不赌博的农户占了主体。偶尔赌博的农户中,除1人(占调查农户和赌博农户的比重分别为0.77%和12.5%)赌博金额较大(5 000元)外,其余农户赌博金额都在50元以下,最低仅为20元,所以,大部分村民的赌博仅以娱乐为主。在输赢问题上,除赌资最大的1人最多输过10 000元和最多赢过10 000元之外,其余农户的输赢都在100元以内,所以并不会影响农户的日常生活。赌博时间一般在节假日或农闲时节,只有2户赌博不定时间,赌博场所除赌资较大者外都在村内,赌资较大者是在打工地赌博,可见赌博基本上都是在熟人之间进行。赌博工具主要是麻将、扑克和骰子,具体为5人选择麻将,2人选择扑克,1人同时选择扑克和骰子,占比分别为62.5%、25%和12.5%,村民主要选择麻将作为赌博工具,这可能与麻将的慢节奏有关。从上面可以看出,李庄村的赌博之风已经大为削弱,甚至可以说基本消失,村民打牌、打麻将主要以休闲娱乐、消磨时光为主。

2. 攀比之风依然存在

2021年,李庄村被调查农户中,礼金支出最低为0元,最高为

60 000元,平均礼金支出为7 704元,而李庄村当年家庭人均可支配收入为18 006元,平均礼金支出占家庭人均可支配收入的42.79%。另外,2021年礼金支出水平超过10 000元(含)的就有44户,占回答该问题农户数量121户的36.36%,说明还有不少农户的礼金支出金额较高。有54.62%的农户表示现在的礼金水平依然很高,30.77%的农户表示一般,只有6.92%的农户表示现在的礼金水平不高,其余7.69%的农户对此问题没有回答,可见,现在李庄村的礼金水平对于大部分农户来说还是存在较大的压力。从礼金支出情况来看,李庄村在人情往来方面依然存在一定的攀比之风,对大部分村民的日常生活造成了较大压力。

3. 婚丧嫁娶程序有所简化

由于现在大部分青壮年外出打工,留在村庄的时间不长,工作当中请假不易,这就逐渐导致农村在婚丧嫁娶方面不得不进行适当简化,以节约时间。根据调研访谈得知,李庄村目前婚事基本一天办完,丧事大约三天办完,比早年的办理时间要有所缩短。在办事场所方面,以前分散居住时,基本都是在自家院落举办,而随着集中居住的实行,部分村民家庭已经没有办理宴席的场地。婚事方面,一部分村民选择到酒店、饭店,另一部分采用流动车到家门口办理的方式;而丧事方面,都还是在家办理,主要是请流动车到家门口搭棚办理。

4. 对传统习俗依然比较尊重

对于春节、端午、中秋这些节日以及喜事、丧事等是否还遵循过去的传统,大部分村民认为还是遵循的。被调查农户中,有30.00%的农户认为是严格遵循传统,57.69%的农户认为基本遵循传统,4.62%的农户认为很遵循传统,只有6.15%的农户认为已无人遵循传统,还有1.54%的农户认为是很少遵循,前三项认同遵循传统的农户占比高达92.31%。从中可以发现传统习俗的稳定性特征,体现出村民对于传统习俗还是比较尊重的,虽然也存在一些与时俱进的部分,但绝大部分村民在传统节日以及婚丧嫁娶方面主要还是按传统习俗来办理。

5. 村民认知水平有效提升

村民的认知水平和思想观念决定了其行为方式,在对于传统习俗是否合理,特别是传统习俗中的一些禁忌是否合理的认知上,有22.58%的农户认为这些禁忌是完全合理的,有68.55%的农户认为是有些合理、有些不合理,有5.65%的农户认为不合理,都是封建迷信,有3.22%的农户表示对此问题不太清楚。可见,认为传统习俗部分合理、部分不合理的村民占了绝大多数。传统习俗虽然是在代代相传中形成的,但并非全是精华,也存在一定程度的糟粕。李庄村绝大部分的农户对传统习俗中的禁忌并没有全盘接受或者全盘否定,而是有选择地接受,说明随着农民认知水平和文化素质的提升,传统习俗已经在扬弃过程中获得了新的发展。

6. 村民行为约束各有所据

被调查农户认为,村委会或村干部、族中长辈或有威望的人、村规民约、面子都是影响本地人遵守规矩的因素,选择以上因素的农户数量分别占总样本的25%、6.25%、27.5%和18.13%,还有23.12%的农户认为本地人都遵守规矩,没有人胡作非为(表8.10)。从上述结果可以发现,以上诸因素对村民的行为约束都起到了一定的作用,各因素之间虽然存在一定差异,但差异不大,说明对不同村民个体来说,约束其行为的主要因素并不相同。其中,虽然村规民约排在了首位,但占比也仅为27.5%,而且村民对于村规民约的具体内容并不清楚,这说明村规民约起作用的机制可能还是其内容与传统美德有较大的一致性,村民的行为无形中暗合村规民约的要求。对此,还需要进一步加大村规民约的宣传力度,发挥村规民约在提升乡风文明方面的积极作用。村委会或村干部的影响次之,因为村干部是村庄掌握一定权力的人,对于村民还是具有一定威慑力的,这也启示我们要加强村干部作风建设,为村民树立良好的示范。村庄是一个熟人社会,村民们抬头不见低头见,所以面子在促进人们遵守规矩方面也发挥着一定作用。而族中长辈或有威望的人的影响最低,说明现在农村已经基本没有权威存在,年龄已经不是让人们信服的主要因素了。

表8.10 村民遵守规矩的原因分类

村民遵守规矩的原因	数量/户	占比/%
村委会或村干部	40	25.00
族中长辈或有威望的人	10	6.25
村规民约	44	27.50
面子	29	18.13
无不守规矩之人	37	23.12
合计	160	100

7. 政府应在保护地方优秀传统文化中发挥主要作用

不容忽视的是,随着乡村青壮年人口大量外流,乡村在衰落,乡村文化和习俗也在随着乡村衰落而衰落,乡村优秀传统文化的传承和保护刻不容缓。对于谁应该在保护地方传统文化中起主要作用,有123户对此问题作了回答,其中78.86%的农户认为是当地政府,26.83%的农户认为是当地居民,4.88%的农户认为是其他外来组织,认为本地没有传统文化和表示不清楚的占0.81%。① 其中,有7.32%的农户认为当地政府和居民应该共同发挥保护传统文化的作用,有1.63%的农户认为当地政府、居民和其他外来组织应该共同发挥保护传统文化的作用。除以上两种认为应该多主体共同保护传统文化外,村民并没有选择其他的主体组合。可见,在村民心中,还是认为当地政府应该在保护地方优秀传统文化中起到主要作用,而当地居民也要起到补充作用,只有政府发挥作用,才有人力、物力和财力做好地方传统优秀文化的保护工作。对于外来组织,村民的认知还存在着欠缺,这与社会组织在农村的发育不足有关,甚至很多村

---

① 此项为多选题,故所有比例相加大于100%。

庄根本就不存在任何的社会组织。

三、村民生活方式转变及原因

文明生活方式是乡风文明的重要表现之一，随着经济社会的快速发展，李庄村村民的生活方式也发生了较大变化。首先是居住方式的改变，由过去的分散居住转变为现在的集中居住，村民之间的距离变得更近，交往也更加方便。其次是就业方式，随着土地流转的全部完成，村民由过去的务农为主转变为务工为主，大部分老人由于无地可种和打工无门而赋闲在家。最后就是村民的休闲方式呈现出多样化特征，根据调查（见表8.11），在休闲方式选择方面，66.15%的农户选择看电视、听广播，37.69%的农户选择串门聊天，36.15%的农户选择玩手机，而选择读书看报的农户仅占3.08%。总的休闲方式频次为247，调查样本为130，可见李庄村村民平均约有2项休闲方式。其中一个值得注意的变化是，随着移动互联网的发展，玩手机的人群数量也不在少数。

表 8.11 李庄村村民休闲方式选择情况

休闲方式	人数/户	占比1/%	占比2/%
种花养鸟	2	0.81	1.54
读书看报	4	1.62	3.08
打牌或打麻将	31	12.55	23.85
看电视、听广播	86	34.82	66.15
串门聊天	49	19.84	37.69
参加社会活动	3	1.21	2.31
玩手机	47	19.03	36.15
参加宗教活动	8	3.24	6.15
其他	17	6.88	13.08
合计	247	100	190

注：此项为多选题，占比1为以休闲方式总频次247为分母计算的各休闲方式占比，占比2为以总调查样本130为分母计算的各休闲方式占比。

村民生活方式转变的原因主要有 6 个方面。第一,居住方式的转变。由过去的分散居住转变为现在的集中居住,村民之间往来更为方便。第二,公共设施的完善。村里有了农家书屋、锻炼小广场以及公共卫生设施,为村民读书看报、锻炼身体以及处理垃圾提供了场地设施,对人们的行为方式有着一定影响。第三,收入水平的提高。与 10 年前相比,村民的收入水平有了大幅度提升,有 63.08% 的农户反映自家的生活水平与 10 年前相比有了很大改善。第四,就业方式的改变。村中土地已经基本流转,村民的就业方式从过去务农为主转变为务工为主,或者赋闲在家,使村民拥有了较多的空闲时间。第五,人口流动所引致的城市文化的渗透。虽然农村青壮年劳动力大多数都外出打工了,但是逢年过节还是会返乡,这就会把城市的一些思想观念和行为方式带回农村。第六,文明生活方式的大力宣传,使社会主义核心价值观逐渐深入人心。被调查农户中有 22 名表示很熟悉社会主义核心价值观,55 名农户表示听说过社会主义核心价值观,但是对具体内容不熟悉,51 名农户表示没有听说过社会主义核心价值观。知道社会主义核心价值观的农户共有 77 名,占比达到 60%,说明社会主义核心价值观已经逐渐在乡村社会深入人心,对村民行为方式逐渐产生影响。

第五节　新时代文明实践活动

2018 年 7 月 6 日,习近平总书记主持召开中央全面深化改革委员会第三次会议,会议审议通过了《关于建设新时代文明实践中心试点工作的指导意见》,从此我国的新时代文明实践中心建设拉开了序幕。新时代文明实践活动着眼于凝聚群众、引导群众,以文化人、成风化俗,对于不断提升人民思想觉悟、道德水准、文明素养和全社会文明程度具有重要意义。新时代文明实践中心的架构为县设置新时代文明实践中心,乡镇设置新时代文明实践所,村设置新时代文明实践站。李庄村作为行政村,目前也已经挂牌成立了李庄村新时代文明实践站,并常态化开展新时代文明实践志愿服务活动。

一、新时代文明实践站主要情况

李庄村新时代文明实践站位于李庄村便民服务中心,村两委主要负责人分别担任站长和副站长,目前站长由村书记兼任。李庄村新时代文明实践站目前成立了5支志愿服务队,常驻志愿服务人员60余人。站内设置了道德讲堂、志愿者工作站、读书阅览室、中老年活动中心、妇女儿童活动室等活动场所,面积120平方米,具有理论学习、党员教育、道德宣讲、图书阅览、书画棋牌、健身娱乐等多种功能,是一所集学习培训、专题讲座、文化普及、休闲娱乐、便民服务为一体的综合性活动中心。实践站外部设有主题文化广场,集中展示身边好人、红黑榜、善行义举榜、志愿者活动计划、活动掠影、社会主义核心价值观、宿迁文明20条、宿9条等内容。

二、新时代文明实践活动开展情况

新时代文明实践活动对于活跃村庄氛围、提升乡村文明程度具有积极作用,李庄村新时代文明实践站能够按照规定常态化组织相关新时代文明实践活动,但是村民参与活动的积极性不高,参与过志愿服务的村民比例较低,李庄村新时代文明实践活动还有较大提升空间。

1. 活动按照规定正常组织

李庄村新时代文明实践站自成立以来便常态化开展道德讲堂、理论宣讲、文化文艺、健康科教、扶贫帮困等志愿服务活动,基本上能够做到月月有活动。为了便于村民了解活动计划和积极参与新时代文明实践活动,新时代文明实践站工作人员会将提前做好的活动计划表展示出来,如2022年9月李庄村新时代文明实践站活动计划表显示,当月开展的活动共有4项,主体分别为"为党增辉 喜迎二十大"主题宣讲活动、"相约春天一起拼搏"主题教育活动、"月圆相聚"

主题活动、"倡导全民阅读 建设书香李庄"主题阅读活动。同时对10月份即将开展的4项新时代文明实践活动进行了预告,方便对活动感兴趣的村民及时参与。

2. 村民参与活动的积极性不高

我们对李庄村村民参与新时代文明实践的情况进行了调查,被调查农户中,参加过村里组织的新时代文明实践活动的农户占10.77%,没有参加过新时代文明实践活动的农户占85.38%,没有回答的农户占3.85%,而没有回答的农户参加过新时代文明实践活动的可能性非常低。那些参与过新时代文明实践活动的农户,最低参与过1次,最多参与过12次,有1户表示经常参加,但没有给出具体次数,平均为5次左右。可见,李庄村村民参与新时代文明实践活动的积极性并不高,大部分村民对于新时代文明实践活动漠不关心,而那些参与过新时代文明实践活动的村民大多数具有党员或村干部身份,这些村民参与新时代文明实践活动主要还是行政力量推动所致。

3. 村民参与志愿服务的积极性不高

志愿服务是新时代文明实践活动的主要开展方式,也是衡量一个地方文明程度的重要标志,被调查农户中,10.94%的农户本人或其家人参加过志愿服务活动,0.78%的农户参加过无偿献血,88.28%的农户表示没有参加过志愿服务活动,没有参加过志愿服务活动的村民占了绝对主体。而参加过志愿服务的少数农户多为党员或村干部,可见目前李庄村参加志愿服务活动的村民还不多,参加志愿服务活动还没有蔚然成风,这对于以志愿服务为主要形式开展的新时代文明实践活动是相当不利的。

三、新时代乡风文明建设的总抓手

江苏省新时代文明实践中心建设积极贯彻中央相关要求,并结合江苏省特色,强化县、乡(镇)、村资源整合和功能融合,打造理论宣讲平台、教育服务平台、文化服务平台、科技与科普服务平台、健康促进与体育服务平台五大平台,常态化开展学习实践科学理论、宣传宣讲方针政策、培育践行主流价值、丰富精神文化生活、倡导文明生活方式等新时代文明实践活动。可以说,新时代文明实践的五大平台以及相关活动要求涵盖了村民生活的方方面面,对于凝聚群众、引导群众、以文化人、成风化俗具有重要意义,对于提升村民的思想道德水平和科学文化素质能够发挥重要作用,可谓新时代乡风文明建设和提升的总抓手。打造文明乡风、良好家风、淳朴民风,就是要开展好新时代文明实践活动,把新时代文明实践活动坚决贯彻好、落实好。

四、村级新时代文明实践活动的提升路径

新时代文明实践活动为乡风文明建设提供了有效有力的抓手,也为乡风文明建设指明了方向。新时代文明实践活动统筹乡村各类阵地资源,综合开展理论宣传、文化、教育、科普、体育、健康等各种活动,是未来乡风文明建设的重要依托,可以说,新时代文明实践活动开展的好坏决定着乡风文明建设的成败。但是从李庄村目前新时代文明实践活动的开展情况来看,依然存在着一些不足之处,这也是江苏省苏北地区的普遍问题,还需要进一步提升。

第一,加强公共文化设施供给和改造升级。在调研中发现,李庄村还存在公共文化设施供给不足、已有公共文化设施陈旧老化的问题,已经无法适应农村数字化、信息化快速发展的现实和农村居民的需要,制约了新时代文明实践活动的有效开展,同时也是村民参与新时代文明实践活动积极性不高的原因之一。各地应该在认真调研的基础上,准确研判村庄发展前途,对于需要保留的村庄,应当对照江苏省基本公共服务设施配置要求,补齐基本公共服务设施短板,需要更新换代和提档升级的加速更新换代和提档升级。对于将来需要撤并的村庄,应针对目前常住人口规模,在保证基本需求的前提下,加强流动文化服务供给,同时加快村庄人口迁移,帮助村民尽快融入其他村庄或城镇。

第二，强化新时代文明实践活动经费保障。新时代文明实践活动的开展还存在经费不足的问题。李庄村所在的双沟镇政府给予每个村庄每年2万~3万元的文化宣传经费，这对于新时代文明实践活动的常态化开展显然是不够的，村干部也明确表示开展新时代文明实践活动的经费捉襟见肘。所以，在新时代文明实践已经成为未来全省普遍趋势的情况下，应该从省级层面落实江苏省新时代文明实践的村级经费保障问题，由省财政和宣传部共同建立新时代文明实践活动省市县镇各级财政支持机制，村集体通过全体村民大会确立村集体收入中应当拿出多少用来支持新时代文明实践活动，确保村庄有足够的经费保障新时代文明实践活动的开展。

第三，推动县级志愿服务和公共文化资源下沉。村级特别是经济发展比较薄弱的村庄往往缺少新时代文明实践活动开展所需的阵地资源和人才资源，为了推动村级新时代文明实践活动的正常开展，这就需要推动志愿服务、文化资源和文化人才向村级的下沉，打通县级志愿服务、公共文化资源与村庄的联系通道，解决村级志愿服务和公共文化资源不足的问题，以支持乡村新时代文明实践活动的开展。同时要鼓励县级人才与乡村人才或者积极分子结对，帮助乡村人才培养，推动村级志愿服务人员和文化文艺人才的成长，为乡村新时代文明实践活动的开展注入内生动力。

第四，在摸清村民需求的基础上针对性开展活动。摸清村民活动需求，有针对性地开展新时代文明实践活动，才能提高村民参与活动的积极性。提高村民的参与度和积极性是新时代文明实践活动的内在要求，这就要求村干部发挥好在村庄新时代文明实践活动开展中的作用。鼓励村干部经常走访村民，积极发现村民需求，收集村民需求，为村民定制新时代文明实践活动；对于新时代文明实践活动开展成效较好的村庄和村干部进行物质和精神奖励，鼓励其开展新时代文明实践活动的精气神，扩大新时代文明实践活动的影响力，不断提升乡风文明程度。

第九章　生态环境的绿色转变

党的十八大以来,生态文明建设纳入了"五位一体"总体布局,摆在了治国理政的重要位置。农村生态环境是我国生态系统的重要组成部分。生态振兴不仅是乡村振兴的内涵要求,也是破解农村生态治理困境的路径依据。李庄村历经了从脱贫攻坚到乡村振兴有效衔接的各个阶段,见证了农村生态环境治理政策制定及实施的全过程,其建设成效及存在问题具有典型意义。前后两期的调查对比有助于刻画农村生态环境的动态变化及深层次变化原因。

本章首先从农村生态环境治理政策变迁及地方实践入手,分析宏观背景演变历程;其次,着重利用实地调查访谈资料,概述李庄村的生产、生活环境及防灾设施等建设情况,系统比较、阐述发生的变化及问题的根源;最后,根据新形势及共性难题,提出提升脱贫乡村生态环境治理现代化水平的相关建议。

第一节　生态振兴与美丽乡村战略

党的二十大报告提出,要扎实推进乡村生态振兴。中国式现代化是人与自然和谐共生的现代化,农村生态环境是农村经济社会持续发展的资源基础与空间载体。脱贫乡村逐步实现"生态扶贫"向"生态振兴""村容整洁"再向"生态宜居"的升级转变,与其他乡村一道,进入追求"百姓富、生态美"的新时期。以李庄村为代表的脱贫乡村如今走上了乡村全面振兴的崭新道路,回顾与总结国家及地方的治理理念、创新实践等演变路径十分必要。

一、农村生态文明思想与生态环境治理

近年来,国家从上到下的"绿色生态发展观"深入人心。随着习近平生态文明思想的确立,农村生态环境治理体系不断健全和完善。中央和地方政府统筹安排,以构建农村生态环境治理的长效机制为目标,大力提高农村生态环境服务、监管和技术、设施水平,切实改善农村居民的生产生活质量。乡村生态振兴是美丽乡村实践的理论遵循,既科学阐释了经济效应与生态价值的平衡统一,又彰显了以人民为中心的发展理念(曹立 等,2022)。以生态文明建设推动乡村生态振兴,一方面要注重自然物质环境的改善,另一方面要注重人文治理环境的好转,构建良好的社会、经济与生态耦合适应、稳定有序的乡村有机统一体。

1. 农村生态文明思想的形成

党的十七大报告首次提出了"资源节约型和环境友好型"的"两型"社会发展模式,标志着我国为应对国际金融危机和生态危机,启动了"绿色新政"转型发展的道路(余泳泽 等,2022)。同时,中央正式将环境指标纳入了政府工作考核,确保环保政策的落实效果。从2006年开始,"节能减排和环境保护"就被列入地方领导干部的政绩考核体系中。"一票否决"制彰显了中央对地方环保绩效考核的严格性。以"五年规划"的时序性纲领文件约束、引导各地方的资源配置及环境治理。这些生态环境规制工具对地方经济增长、产业发展、生态保护有着显著的影响。

党的十八大以来,中国绿色发展导向更加清晰。随着城乡融合战略、乡村振兴战略等的提出,"美丽乡村"建设成为精准脱贫与污染防治两大攻坚战的主战场。除继续加大污染物减排力度及实施绿色

转型发展外,农村人居环境的厕所革命、污水与垃圾处理以及"生产、生活、生态"的三生规划等都提上了日程。"农村人居环境整治"从之前相关文件的辅助内容,上升到由两办专门出台的"三年行动方案",在改变农村环境卫生、农业可持续发展以及农民日常习惯等方面开展了大量工作。

良好的生态环境是农村的最大优势和宝贵财富,要让良好生态成为乡村振兴的支撑点。习近平总书记围绕生态文明建设提出了一系列新思想,这些都是改善农村生态环境和农民生产生活水平的理论遵循与行动指南。生态宜居的美丽乡村正在成为当代人以及后代人进行乡村建设的"理想田园"。美丽乡村建设是生态文明理念指导下一次全新的农村综合变革。建设生态宜居的美丽乡村,就是要把生态文明理念和思维融入乡村建设实践之中,把农村生态环境改善纳入美丽乡村建设框架之内。

2. 农村生态环境治理的历程

"十一五"时期提出的新农村建设,明确了"村容整洁"的要求。从2006年中央一号文件开始,之后每年的中央一号文件均提到了乡村规划和农村生态环境建设的相关内容。在全面建设小康社会和脱贫攻坚的过程中,农村生态环境基础设施和公共服务亟待改善。城市污染转移、农村面源污染等带来的农村环境恶化问题受到越来越多的重视,李庄村也不例外。2008年调研结果显示,李庄村当时的农作物化肥农药用量较大,农业面源污染较为明显;垃圾收集、污水粪便处理等环境设施缺乏,人畜禽居住尚未完全分离。

"十三五"时期生态环境的治理力度达到了前所未有的程度。大气、水、土壤等分类型专项治理开始实施。基于城市与乡村、长三角、珠三角、环渤海等不同区域的环境治理规划也更加明确完备。城市偏向的生态环境整治出现农村地区转向,针对农业农村环境污染防治的相关条例及行动计划陆续出台。2018年由中共中央办公厅、国务院办公厅联合印发的《农村人居环境整治三年行动方案》(中办发〔2018〕5号)出台,2021年《农村人居环境整治提升五年行动方案(2021—2025年)》(《国务院公报》2021年第35号)印发,再到《"十四五"土壤、地下水和农村生态环境保护规划》(环土壤〔2021〕120号)的发布,表明农业农村生态环境建设已经上升到乡村振兴的突出地位。

"十四五"时期,全国脱贫攻坚任务全面完成,农业农村现代化的新征程开启。乡村建设运动再次将农村生态环境治理推到了新的高质量发展阶段。从住房改善、饮水安全、垃圾分类、污水处理及农田保护等方面都提出了更为具体翔实的要求。李庄村这样的脱贫乡村因其经济、社会及生态条件相对脆弱,新的城乡不平衡、地区不平衡及国际风险冲击,迫切需要在巩固衔接期注重"补短板""强弱项",持续分享农村生态环境整治工程的红利,积极探索"绿色共富"的路径。此次对李庄村的生态环境调研就是从这些方面集中展开,这既是对"十一五"以来环保成果的回顾,也是对未来发展的体检和诊断。

二、地方实践及主要做法

政府主导的农村生态环境治理工作主要依赖自上而下的科层制度。这种制度以专业化分工为原则,有利于组织效率的提高(张诚等,2022)。农村生态环境治理涉及农业农村、生态环境、城乡建设、卫生健康、自然资源、交通水利等多个职能部门,国家、省市县镇村等不同层级被赋予不同的权力和责任。国家与中央政府根据不同阶段的主要矛盾和目标,进行顶层设计,省市县镇村等地方政府在解读中央方针的前提下,结合地区实际,制定更为细致和差异化的实施方案及操作措施。

1. 江苏省顶层设计的对接方案

江苏省农村环境管理机构建立较早。2008年中华人民共和国环境保护部成立,2009年该部成立了农村环境保护工作协调小组,旨在推动地方农村环境保护机构改革。同期江苏省环保厅增设了农村处,标志着省级层面具有了相对独立的农村环保机构和队伍。这个时期村庄清洁、化肥农药减施、秸秆综合利用等工作有序开展。党的十八大以来，美丽乡村及农村生态环境综合整治工作在省域范围内进行了全面部署，积极响应中央大部制改革，农村生态环境治理工作实行了部门分工和细化。新时期更关注农村生态环境问题的根源治理，精准施策、精细管理，饮用水源、污染物排放等突出环境问题逐步好转。

江苏省增加自选动作，务求实效，高标准改善贫困乡村生态环境面貌。省级政府结合本地实际，组织开展农村生态环境治理的各项活动，并制定本地区的农村环保督察制度，加大监督问责力度。从乡村内部看，标准高、要求高、建成速度快。环境设施的覆盖率、质量以及建成时间领先全国。从省域条件看，全省经济实力强、营商环境好、就业机会多、实体经济发达，产业扶贫、光伏环保等项目产生效益的比例较高。脱贫农户有非农务工渠道兼农地流转收入以及扶贫资产收益分红，增收相对稳定。江苏"强政府""强集体"所提供的财政资金也是农村生态环境改善的有利条件。

经过多年建设，江苏省农村的出行、居住及环境卫生条件明显好转，农民的生产生活方式也发生了巨大变化。2021年年底江苏省农村生活垃圾集中收运率超过了99%，农村生活污水治理率达到37%。村庄清洁行动常态化展开，"四清一治一改"工作整理了公共空间和各种废弃物、积存垃圾。特别是入组到户的道路基本硬质化，苏北地区农民的住房条件得到了普遍改善，"四类"重点对象的危房全部消除。为支持苏北农村环境卫生和公共设施的运行维护，2019年起每年安排8.19亿元列入县级固定补助，李庄村正是省级方案的受益村庄。

2. 泗洪县及镇村的主要做法

基层政府是乡村治理的第一责任人，也是推动农村生态环境治理现代化的重要力量。脱贫乡村的生态环境整治工作，在脱贫攻坚时期服务于"两不愁三保障"目标，在乡村全面振兴时期升级为"生态宜居、共同富裕"目标,相比前者,任务更艰巨,时效更长久。县镇村三级组织可谓是相对完整的基层治理体系,三者成为责任共同体。

（1）县级层面。县域是城乡过渡的重要节点,是大中小城镇和广大农村连接的"最后一公里",也是国家政策承上启下的关键场所。县级政府既有把握国家与省级政策目标的职能,也有了解地方乡土需求的特征。泗洪县因地制宜将脱贫成果巩固与人居环境整治紧密结合,对生态经济、空间利用及设施改善等内容深入探索,增强了地区发展韧性,预防了大规模返贫及环境恶化发生的可能性。

2011年7月村庄建设与环境整治试点工作领导小组成立,10月泗洪县政府办公室制定实施《泗洪县农村环境综合整治方案》(洪政办发〔2011〕119号),提出了创建"环境优美乡村"的活动。双沟镇被确定为城乡生活垃圾一体化处置试点乡镇,要求及时收集、转运和填埋村组垃圾。2013年4月泗洪县政府办公室印发的《泗洪县2013年度村庄环境整治工作实施意见》(洪政办发〔2013〕49号)明确了打造康居示范村的任务,强化了基础设施建设。2014年大气、饮用水、禽畜养殖等污染防治管理方案和专项提升方案密集出台。泗洪县在2017年被国家环境保护部列为"绿水青山就是金山银山"实践创新基地。自此,全县更加注重以生态环境整治促进地区经济社会发展的导向,重点开展了以下工作。

一是治理生态河道。泗洪县近年来以农村生态河道治理为抓手,高标准打造水生态风景线。双沟镇通过河道疏浚及水系沟通,强化了农田系统旱涝保收的功能,为沿河村庄提供了生产生活便利,而且对河岸两侧进行了绿化改造,将河岸打造成景观节点。李庄村东邻洪泽湖,历史上是行洪区,2008年调查时因地势落差大,河堤渠道简易,防洪任务十分艰巨。如今,已经变成了洪泽湖湿地公园的一部分,成了乡村靓丽的景观带。

二是村庄环境清洁。2021年泗洪县所有自然村庄都达到了"环境整洁村"的标准,累计投入9035余万元用于镇村配套建设。全县农村生活垃圾收运处理体系实现全面覆盖,农村生活垃圾收运处理率达100%。2008年调查时李庄村主要进行了居民房屋的外墙立面出新,有垃圾池4座,入组到户的道路不少是泥质土路。如今,全村道路全部硬质化,村庄集中小区有联排别墅和多层楼房等形式,生活垃圾实现日清日结,1座污水处理站正常运转。

三是示范载体创建。为了充分发挥示范带动作用,2021年泗洪县创建设施优等、管理优化、服务优质、人文优异、环境优美的"五优"美丽示范社区35个,打造"五美庭院"示范户10.07万户,全县共建成美丽宜居乡村90个。李庄村也在努力创建中,开展环境卫生常态化评比,村庄中不少农户家庭获评"五美庭院"称号。

(2)乡镇层面。镇域主要负责落实和反馈,协助村庄搞好农村生态环境整治工作。乡镇政府位于行政管理体系的末端,成为农村生态环境治理的执行主体之一。在"五级书记"抓振兴的要求下,县委书记挂帅、分管县委领导和乡镇领导包干的治理格局形成。其中,农业农村局等部门负责调度考核,乡镇政府和村委负责项目的落地实施。日常工作除排名评比外,还要接受来自部门、纪委等上级政府的不定期检查、督察,农村生态环境治理任务比较繁重。

近年来双沟镇按照"脱贫村抓衔接、一般村抓发展、示范村抓提升"的思路,全域推进城乡融合及人居环境整治,农村生态环境持续好转。由于乡镇政府的治理资源、资金权力相对有限,双沟镇农村生态环境治理资金主要依靠上级转移支付。镇级环保部门因缺少行政管理、执行处置的权能,起到上传下达、下情上报的作用。2017年省级卫生乡镇创建工作启动,建立了镇村环境常态化保洁机制,实现所有村居环卫一体化覆盖。

此次调研访谈发现,双沟镇生态环境与建设局共有在编人员3名,日常开展环保事务监督排查及文件资料汇编等工作。以村庄污水处理设施为例,其由泗洪县住房与城乡建设局承担建设,双沟镇环保部门负责每月2次检查,重点查看排水口是否出水、供电灯是否照明、居民排水是否正常等运转状况,如有损坏及时向上级报告。污水处理设施后期维护由泗洪县久安水务有限公司负责。

(3)村级层面。村级组织既承担国家行政管理任务,也发挥村民自治管理功能。脱贫攻坚是举全社会之力帮扶的结果,运动式变革使这些地方的乡村对政府更具有依赖性。"强行政,弱自治"的局面有所强化。经过十多年的农村生态环境治理,李庄村自然生态条件和经济社会面貌发生显著改观,村集体执行村庄公共环境保洁、减少农业面源污染等具体事务,努力构建常态化环境卫生机制。

此次调研访谈发现,普通村民较少参与村庄公共环境卫生工作,公共环境卫生工作以两种形式展开:一是依靠政府购买服务的形式设置公益性岗位;二是以村干部及少数积极分子组成的志愿者服务队定期整理。从公益性岗位看,村庄招聘5名保洁员,优先考虑年龄大、外出务工能力欠缺的低收入户。他们每天分片区早上与下午各打扫1次全村公共区域卫生,由镇环卫所按照500元/月/人的标准统一打卡发放工资。从志愿者服务队看,成员以村干部为主,有少数村民自愿加入,形成7~8人的巡查服务团体。他们固定在每周一开展检查及清洁活动,线路从村里集中居住区开始,走遍村部及田间、水塘、河堤等全村区域。

环境整治大检查集中在春秋两季,全年有6~7次。检查标准有村庄外观是否整齐干净、路面池塘有无漂浮垃圾、小区田间是否乱堆乱放等项目。村庄环境整治支出每年在4~5万元,以先支后报的形式由村集体负担。李庄村环保大事记按时间线主要有3件:2012年村庄环境整治投资力度最大,由县级主管部门拨付100万元实现村庄路面的全部硬化、亮化和绿化;2014年建成一座污水处理站,于2021年升级改造;2019年到2020年间,村庄实施公共空间治理,分别在高速公路和窑厂取土坑以及堤坝等3类空间整理出115亩水面、土地及水渠,通过产权交易平台规范发包,每年为村集体增收4.35万元。

第二节 保护生产环境

处理好村庄生产和环境保护的关系,是提高农业农村现代化经济及生活、生态品质的重要手段。乡村生产空间根据产业属性可划分为农业与非农业两类。这样的承载空间不仅需要消耗资源能源,同时要向自然界排放大量的废弃物,是造成农村环境污染的重要原因。

与2008年调查相比,李庄村农业生产方式由分散、小农生产,转变为集中、规模化生产,种植作物由稻麦、玉米等粮食作物,转变为稻麦、蔬菜、红薯、苗木等复合型作物,还有零星水产养殖。非农业生产中原有砖瓦窑厂已经废弃复垦,建成美阳农林、德康饲料和纳格新材料3家企业。村庄产业结构及类型决定了生产环境质量及主要污染来源。

一、农业生产环境有所改善

李庄村耕地目前主要由大户、家庭农场及企业规模化经营,经济作物品种繁多,其农资成本及化肥农药难以统一核算,不便与前期调查比较。稻麦种植一贯有之,比较前期散户种植与规模化种植的差异更有价值。

1. 化肥农药减施

泗洪县加快化肥农药减量增效的步伐,注重新型肥料及低毒防治技术的应用与推广,大力提高科学施肥和综合防治技术的覆盖率。每年由植保部门根据农作物生长季节制定不同地区的测土施肥建议卡和病虫害防治信息。农技人员及时发放到户,并到田间地头指导。土地规模经营能够更好地实现统防统治,以盈利为目的的大户提前防治的意识更强,对种子、化肥、农药的品质要求更高。

李庄村属于中等肥力区,以水稻为例,一季生长期在基肥、追肥

2个环节,泗洪县农技推广中心推荐使用复合肥40千克/亩、尿素20千克/亩。水稻的病虫害种类较多,对于病虫害的发生时间、程度及防治配方和次数都有明确的指导意见。以小麦为例,一季生长期在基肥及分蘖肥、拔节运穗肥3个环节,泗洪县农技推广中心推荐使用复合肥35千克/亩、尿素20千克/亩。小麦的病虫害较少,主要在除草环节,根据单位面积杂草株树及类型确定除草剂的种类与用量。植保部门建议各种化肥与有机肥混合施用。高毒长效等农药已经禁用,化肥农药施用的机械化程度显著提高,人工基本退出,普遍采用无人机飞防技术,极大地减少了这些劳动环节对人体健康的直接伤害。

2. 生产废弃物集中处理

李庄村的生产废弃物主要有两类:一类是有机垃圾,包括作物秸秆等;另一类是无机垃圾,包括农膜、农药瓶袋及建筑垃圾等。

作物秸秆主要来自稻、麦作物。与前期的直接焚烧相比,近年来全面禁烧,形成了以秸秆机械粉碎还田为主的综合利用格局。秸秆禁烧管理严格,由镇村组层层落实,开展秸秆"清田"专项行动,奖惩分明。还田部分由收割机直接粉碎处理,留茬高度不得超过10厘米。除还田部分外,田间地头及沟渠等处的秸秆要集中堆放,及时清运收储。2022年夏季双沟镇拨付李庄村秸秆禁烧工作经费1.2万元,验收合格后可增补40%经费,若出现过火面积,会对支部书记实行处罚。

废旧农膜、农药包装物多为塑料或玻璃制品,不易降解,是农村"白色污染"的主要来源。泗洪县供销合作社建立了县镇村三级回收体系,采用"村集中、乡镇回收转运、县回收处理"的模式,将废旧农膜及农药包装废弃物回收处理。李庄村使用农膜数量不大,每年的产生量不足10千克。农药包装的瓶、袋等废弃物由大户收集后统一送到收购点。使用者签订回收承诺书,落实主体责任;废弃包装回收站用以旧换新及有偿回收的方式吸引农户置换。

建筑垃圾主要来自基础设施改造、废弃宅基地复垦等方面。近年来,李庄村村民绝大多数集中居住,宅基地拆迁和村庄基础设施建设力度较大,不定期产生一定数量的建筑垃圾。因建筑垃圾常与生活生产垃圾混杂,需要及时清理。建筑废渣彻底处理难度较大,恢复成耕地的土壤修复要求较高,投资和工程量可观。城乡增减挂钩的土地指标需要土壤深入治理改良后才能重新变为适宜性农用地。

二、非农业生产环境仍有污染源

李庄村现有3家非农企业,位于国道235东侧,由南向北依次排开。美阳生态农林有限公司入驻时间最长,距离集中居住区最近,产生的废水、废气存在一定的污染。德康饲料和纳格新材料两家企业建设投产时间短,距离集中居住区较远,开工建设前经过较为严格的环评规划,尚未产生明显污染源。

1. 大气污染少量存在

美阳生态农林有限公司于2012年在李庄村选址建成生产车间。生产红薯粉丝产生的废气中,硫化氢、氨等物质的浓度较高,还未能完全处理,有恶臭气味散发。李庄村居民集中居住区与工厂隔路相望,距离很近,臭味扩散时会对居民生活造成困扰。因红薯加工具有季节性和时间性,当地风向也会发生变化,集中加工且处于下风口时影响较为明显。

2. 生产污水及水体污染少量存在

美阳生态农林有限公司在生产过程中有尾水需要处理。2020年年底,泗洪县生态环境局在进行农村黑臭水体排查的过程中,发现美阳农林后方的围塘有3处黑臭水体,共计长度约150米,面积3千平方米左右。① 主要污染源为企业生产、生活污水直接排入,水体供

---

① 宿迁市泗洪生态环境局:《泗洪县农村黑臭水体排查和治理实施方案(2020—2023)》,2021年5月。

养不足,并且底泥淤积、水系沟通不畅,导致池塘灌排功能衰减,水质变黑变臭,并有浓烈异味。根据专项治理方案,预计投资145.26万元,分3年实施。绝大部分工程完成时限在2022年至2023年年底,课题组走访调查时这3处黑臭水体还存在。

三、存在问题及根源

与2008年调查相比,李庄村农业面源污染和工业点状污染依然存在。就农业面源污染而言,其程度减轻,本身具有分散性、资源性及非主观性等特点。肥料中的氮磷钾元素、秸秆、地膜等都是错放的资源,本质上是生产资料,多排放意味着成本增加,生产和施用主体没有偷排、超排的主动性(王泽龙,2022)。就工业污染看,尚需进一步协调经济税收贡献与居民生活质量改善之间的矛盾与目标。

1. 化肥农药总量偏高,效益动机较明显

我国农业化学投入品保持着持续减少的状态,但仍是世界上化肥农药消费量最大的国家,单位面积用量超过国际安全施用水平。即使粮食作物化肥农药的利用率已经提高到40%左右,仍低于欧美等发达国家10~20个百分点。江苏省化肥农药用量高于同期全国平均水平,李庄村同样存在这样的问题。

调研访谈中发现,规模经营主体更注重生产效益和效率。不少大户及企业不是本地人,对于土壤地力缺乏长期可持续利用的考虑,流转期"地尽其用"是出发点。在施肥用药促进产量提高的正向阶段,即使成本增加,边际效益降低,经营主体仍有依赖施肥用药的倾向。稻麦实际施肥量往往超过推荐用量的1/3以上。与2008年相比,用量仅下降5千克左右,但是费用增加了1倍以上。与小散户不同的是,大户更关注化肥农药质量及配比结构,更重视有机肥和低毒农药的施用。

2. 水汽质量有待提升,防治力度需加大

李庄村部分区域存在坑塘水体污染和空气恶臭污染情况,主要来自美阳生态农林公司。由于非农产业创造的物质财富显著,非农产业在乡村振兴的建设过程中常处于强势地位,挤占生活和生态空间的现象仍有发生(李伯华 等,2022)。污染原因主要有:

一是乡村企业监管力度尚显不足。带动地方经济发展依然是判断企业落地的重要标准之一。李庄村的3家企业都属于县级直管企业,村集体只有参与收益分配的权利。企业选址均在国道附近,便于产品与原料的交通运输,但是距离居住小区过近,忽视了空气扩散、水体污染消纳的安全范围。

二是各种规划尚未有机协调。企业落地经过了严格的环境评估和规划,李庄村居民集中小区的选址与建设也有相关规划。其中,居民小区建设启动时间早于3家企业开工建设时间,生活生产设施前后落地的时间有滞后性。选址依据缺乏对企业与居民区、坑塘水体之间关系的长远考虑。

三是企业污染处理技术和标准有待加强。随着企业生产厂区扩大、生产线延长、产品增多、气候变化等内外在因素叠加,生产过程中废气、废水、固体废物、噪声等对村庄生活的影响也在发生变化。当污染物处理不到位对人群及水体环境等产生负面作用时,污染物排放量、处理技术和标准需要进一步改进和提升。

3. 废弃物处理单一化,研发技术待提高

就有机废弃物看,农作物产量提高导致秸秆量增加。秸秆还田量过大、土壤水分不足、耕作措施不当直接影响作物出苗率和生长情况,甚至导致病虫害增加、土壤碳氮比例失调等现象。秸秆离田后仍以饲料化为主,能源化等方式因成本高、技术不成熟、需求少等尚未有效实施,与当前的"双碳"目标不匹配,农业生物质能源的技术转化和研究开发有待深化。

就无机废弃物看,地膜、肥料袋、农药瓶袋等塑料制品与建筑垃圾等容易混放,分类处理的难度较大。废旧塑料制品回收后资源化利用的企业不多,废旧塑料处理系统前期建设及后期维护资金量大,特别是低值包装类废弃物回收利用价值不大,常与生活垃圾一起焚烧或直接填埋。农村建筑垃圾缺少固定消纳场所,收集转运费用高,长期残留在土地里,增加了复垦难度。

探究上述问题的根源,则是没有处理好环境成本与社会经济成本的关系。负向外部性由生产者和消费者共同承担。就农业来看,过度依赖集约化生产和过密化投入,单位土地面积上化学物质、肥料、机械能源及用水量快速增加,既提高生产成本,又造成土壤侵蚀、能源和水资源消耗大、产品污染物残留等不利影响。就工业来看,企业为顺利启动运营,污染控制成本在开工前期占比较大。生产过程中会将污染成本传递给其他行业,例如通过提高价格向前传递给消费者、减少工资及岗位向后传递给工人或者降低回报率传递给企业家,甚至是三种方式的组合。各行业之间为控制环境成本、提高经营收益,对社会经济稳定及环境质量产生一系列冲击。实现环境公正任重道远,仍需进一步建立完善促进生产方式绿色转型的政策体系和市场机制。

第三节 美化生活环境

"生态宜居"是乡村振兴的五项目标要求之一。党的十九大以来,改善农村人居生态环境成为农村生态环境治理的主线之一。生活环境是农村人居环境的基本组成部分,是人类为满足自身需要、对自然物质加工改造形成的,主要包括住房及卫生条件、垃圾与污水处理设施等方面。

李庄村的村容村貌焕然一新,呈现出"田成方、路成行、村居洁净"的新气象。与2008年相比(表9.1),农户满意度大幅提高。根据问卷调查,2022年130户受访农户中对村庄环境表示很满意的有84户,占比为64.6%;认为一般满意的有40户,占比为30.8%;不满意的有6户,占比为4.6%。2008年上述调查占比分别为

25.3%、43.4%和31.3%。

表 9.1　李庄村村庄环境评价对比

满意度	户数/户		比例/%		
	2008年	2022年	2008年	2022年	变化率
很满意	42	84	25.3	64.6	39.3
一般	73	40	43.4	30.8	12.6
不满意	52	6	31.3	4.6	−26.7
合计	167	130	100.0	100.0	—

数据来源：课题组当年实地调查结果。

一、居住卫生条件好转

当前农村总体状况好转，农户深切感受到环境改善对个人、家庭健康以及经济社会发展的正面影响。与2008年相比，李庄村大多数村民已经离开原有宅基地，进入县、镇、村的楼房集中居住区，居住卫生条件发生根本性变化。这里主要分析本村居民生活环境条件。

1. 饮用水源城乡一体

与2008年相比，李庄村实现了城乡一体化自来水供应。2008年李庄村居民以地下水为主要饮用水源。村内小型自来水厂为深井供水，水质一般；自家水井多为浅层地下供水，水井水质较差。自来水每天定时供应。2011年江苏省开展集中式饮用水源地达标建设工作，落实最严格的饮用水源地保护措施，全面提高饮用水安全保障水平。2016年年底，泗洪县农村区域实现与城区供水"同水源、同管网、同水质"。2021年以来，泗洪县水利局委托第三方检测机构，每半年对农村饮用水源的水质进行检测，均为合格。

泗洪县农村供水由泗洪博世科水务公司统一管理。博世科水厂建于2016年，水源主要取自成子湖。供水管分东、西北和西南三线供水，西南线供水是由西南岗增压站接出后，沿121省道覆盖双沟镇乡村,李庄村就在此范围。目前李庄村饮用水源能够达到Ⅲ类以上标准。李庄村居民小区阀门口径为 110 毫米,控制阀门有 4 个。居民生活用水水价为 2.4 元/立方米,其中基本水价为 2 元/立方米、污水处理费为 0.4 元/立方米。

2. 家庭卫生状况普遍好转

李庄村集中居住区分为南北两个部分,多层楼房共 160 套,联排别墅共 70 套。房屋为砖混结构,楼房多为 100 平方米左右、三室两厅的居住结构。农民对个人家庭卫生比较注重,尤其妇女在家主事的,房间较为整齐有序、卫生舒适。根据问卷调查,130 户受访农户中认为家庭干净整洁的有 90 户,占比为 69.2%;认为家庭卫生较为一般有 37 户,占比为 28.5%;脏乱差的仅有 3 户。

2014 年李庄村集中居住区户厕改造全部完成。修建楼房时一体建设,均为自来水冲式处理方式,能正常使用,已与村庄污水收集管网接管处理,与 2008 年庭院露天旱厕有天壤之别。全村公共厕所共有 2 个,根据人口密度分开设立,1 个位于小区附近,1 个位于村部附近,由专职保洁员负责一天两次冲水。

李庄村集中居住区家庭生活的炊事能源以液化气和电能为主,即电饭锅、电磁炉、液化气灶等普遍的炊事用具。与 2008 年柴草主体能源相比,更加清洁、便利,能源消费支出也更高。罐装液化气换取方便,可电话预约上门,也可自行去液化气集中点置换。根据问卷调查,李庄村居民户均液化气费用 1 238.36 元/年,按照 110 元/罐的平均价格,相当于每年每户使用 11~12 罐,每罐液化气按照 6 立方米换算,户均年使用液化气总量为 72 立方米左右。李庄村集中居住区居民用电常态化供应,户均电费 1 936.08 元/年,按照 0.52 元/度的平均电费价格,户均月使用电量为 300 度左右。部分农户房顶有作为扶贫产业的光伏发电板,可以节省用电费用。

二、生活垃圾集中处理

与 2008 年相比,李庄村生活垃圾收集处理情况改善明显,村庄公共环境较为整洁。2008 年村庄建有 4 处垃圾收集池,分别位于 4 个自然村口,存在生产生活垃圾混放、垃圾随意倾倒、水体和土壤污染等现象。李庄村生活垃圾从 2014 年开始集中收集处理。全村共设有 5 处垃圾桶,集中居住小区有 3 处,村部有 1 处,散居户有 1 处,农民倾倒垃圾较为方便。全村垃圾收集做到日产日清。农户无需缴纳处理费,前期建设费用由政府承担,后期维护由村集体实施。随地吐痰、揩鼻涕、乱倒脏水、乱丢垃圾等不良卫生习惯有很大改变。

农户对垃圾分类有了初步认知,行为共识有待时间检验。根据问卷调查,130 户受访农户中日常进行垃圾分类的有 63 户,占比为 48.5%;没有进行垃圾分类的有 67 户,占比为 51.5%。未进行分类的原因主要是无人监管(32 户)、不了解分类知识(18 户)和嫌麻烦(17 户)。

三、生活污水管网连通

与 2008 年相比,李庄村集中居住小区的生活污水全部进入污水管网处理,主要包括冲洗卫生间的粪便污水、厨房洗涤水、洗衣污水、生活垃圾堆放渗滤液产生的污水以及部分降雨入流等。2008 年李庄村还没有统一规划建设的排水管道,生活污水和雨水往往通过明沟、明渠、道路就近汇入河流等水体,雨季容易导致排水不畅、污水横流、道路泥泞等问题。

农村生活污水具有自己的排放特点。一是生活污水排放量较小。李庄村集中居住区村民不到 200 户,人均生活用水指标明显低于城镇居民,加上老年人数量多,从经济节约及重复利用的角度来看,居民日用水量在 60 升左右。二是生活污水排放时序变化大。生活污水排放量与居民生活规律密切相关,呈现不连续状态。一般早晚比日间大,夜间排水量小;周变化与季节变化也大,周末及节假日、炎热季节污水量明显变大。三是生活污水污染性较低。水质检测指标较生产污水浓度低,可生化性较好,除含有氮磷元素外,基本不含重金属和其他有毒有害物质。

李庄村近年来经过两轮污水治理工程。第一轮为2013—2017年间泗洪县开展覆盖拉网式农村环境综合整治。2014年李庄村污水处理站建成,2015年开始集中处理生活污水。第二轮为2020年至今的农村人居环境整治提升工程。李庄村污水处理设施位于村庄排灌渠附近,2021年升级改造,目前已改造完成正式运转。污水处理设施达到了一级B标准,每日可处理100吨污水。该系统在单户收集基础上,将各户污水用管道集中引入污水处理设施,由县级水务公司统一维护运营。

四、存在问题及根源

与2008年相比,李庄村住房与环保基础设施已经从"有没有"转变到"好不好"的质量提升阶段。设施技术与质量的适宜性、居民意识及习惯的匹配度值得进一步关注。

1. 个人卫生习惯与环保要求较难匹配

农民生活卫生习惯等属于私人行为,仍处于国家介入并引导的状态,在基层治理场域出现了农村人居环境治理过密化的问题(冷波,2022)。留守村民年龄较大,时间较为松散自由,经济能力相对不强,倾向于生存理性安排生活方式,更多地融入了经济成本、生活便利等多方面因素。

以生活垃圾倾倒为例,农户扔垃圾的时间比较随意,一般根据个人需求及方便而定,而垃圾清运中转时间相对固定。了解垃圾分类知识并付诸实践是件要求极高的事情。如今,城区中的老旧小区也很难做到。村庄清扫频率和垃圾分类细节等,不符合农民的生产生活节奏和对垃圾本身的认知,例如他们认为厨余垃圾是可以直接还田或者浇菜地的有用物品。

以厕所使用及生活污水为例,从经济成本考虑,水冲式厕所需要每次按键冲洗,比较费水,农户更愿意收集洗菜水、洗脸水等冲洗。一定程度上导致厕所难以清洁到位,尤其冬天水循环系统长期不使用,容易上冻损坏。底楼少数老年农户习惯随手将洗菜水、淘米水等浇花、浇菜,倾倒在室外地面。

2. 生活环境设施与地区实际不尽适应

镇村住房及环境道路等硬件设施质量难以与县城及以上城市(地区)相一致,经久耐用、舒适便捷等基本技术要求及质量规范还未达到。

住房建筑质量及物业管理水平不高。李庄村居民集中居住区因售卖量不足、资金无法回笼,导致有几栋楼房成为烂尾楼。有些空置住房仅保持原始框架;有的单元因入住率不够,至今没有接通电路,住户只能私接乱搭电线,存在安全隐患。在本村外购买住房的农户,也多因是经济适用房而物业服务不足,小区卫生保洁状况较差。

公共设施维护没有明确标准。在垃圾处理站、公共厕所等服务大众的公共产品方面尤为突出。以公共厕所为例,没有固定保洁员岗位,且工资水平较低,为500元/年,工作责任不明确,清洁、冲水频率较为随意,常态化卫生难以保持。以供水管网为例,农村供水管道为二三级管道,材质基本为PE管,漏损率偏高,需要更新改造。农村供水管网信息化监测、水压稳定等能力有待提高。

农村垃圾分类及污水治理运营成本较高。农村垃圾分类程度较低,生产生活垃圾混放比例高,导致垃圾焚烧等处理过程需要提高燃油等成本。另外,农户外出务工及节省等思想导致污水收集量不足时,也需添加较多药剂促使设备运行。这些都增加了农村环保项目的运营成本,让有参与意愿的企业望而却步。

探究上述问题的根源,则是没有处理好经济增长与环保意识、环保投入的关系。一方面,生态福利水平与人的经济认知及行为能力密切相关。当人受到贫穷、老弱、疾病及文化程度等客观约束时,生存是第一要义,对于生活环境改善及为改善而开展的行动力明显不足,需要代际人群的共同努力。另一方面,外部性内部化有利于创造公平竞争的市场环境。乡村环保项目的投资回报周期不可预见性较大,回报率不高,不少企业参与是因为受政府指令或短期显性激励不得已而为之。地方政府追求任期政绩、生态项目产权不清晰、优质产品不优价等现象普遍存在。加大乡村公共生活环境设施的投资力度,制定更明晰、持久的产权监管体系以及让企业和民众能在环境保护中受益,都是有待深入探索的合理路径。

第四节 加强防灾减灾

全面建立以生物多样性和生态服务为目标的生态修复体系,是乡村生态系统的主要功能。良好的绿化交通格局和高质量的农田水利设施不仅是提高农村发展韧性与安全保障能力的有力支撑,而且是人与自然和谐共生现代化的物质基础。

与 2008 年相比,李庄村道路堤坝、农田水利工程以及村庄绿化都得到显著改善,防范各种灾害的能力不断增强,形成更加协调的水路田林生态格局。

一、绿化交通设施优良

李庄村位于西南丘陵岗坡经济林果区,也是西南岗重点帮扶片区。在脱贫攻坚过程中,李庄村的村内交通及村域交通设施基本完善,村庄绿化质量和经济效益逐步提高。

1. 村庄绿化水平较高

泗洪县对全县森林覆盖率要求较高,不仅要求流域性河道全面绿化到位,而且要求加大农田林网和绿色通道建设力度,完善区域农田防护林景观结构,重点实施绿色通道、片林、林网、河道、村庄绿化、杨树更新等"六大工程"。

与2008年相比,李庄村农田绿化重视生态效益和经济效益并行。2008年时大田地有栽种树木,间距约5米。由于林间光照不足,常规的稻麦等作物产量较低、品质不高,倒伏后收割难度大。目前农田林网尽量做到与沟、渠、路配套建设,形成"树随路走,树随水走"的新格局。在保证农田林网发挥最大防护效益的同时,减少树荫胁地,避免造成农作物减产。

村庄集中居住区提倡建设宽度不低于30米的多树种围村林。村庄道路树种以榆树、榉树、栾树、高杆女贞等乡土树种为主。居住小区搭配红叶石兰、樱花、桂花、枇杷等经济树种和彩色树种。碧根果作为泗洪县"围庄林"的主打树种,2018年集中栽种980亩,打造集生态景观和经济效益于一体的林业产业带。

2. 道路交通较为便利

与2008年相比,李庄村的村内道路已经全部硬化,水泥和沙石路均有。在进出村的主干道上设有路灯照明。村庄机动车道路长度为15千米,路宽达到3.5米,满足机动车双向并行。主要生产路为3~3.5米宽,长度7.31千米,能够通行常规农业机械。2008年李庄村进组入户道路及生产路多为狭窄土路,主要有一条通往村部的水泥主路,交通条件较差。

李庄村的村域外围被高等级公路包围。东侧有新扬高速公路穿过、西侧有国道235穿过、中部有省道330穿过,生产生活区域被割裂。田地与居住区分开,虽然方便了村民出行,但是也容易造成交通隐患。目前留有两个标准出口。2008年李庄村生产路与高等级公路交叉处缺少限速安全标志,机动车辆对行人威胁较大;与涵洞交叉处限高较低,不利于大型机械出入。

二、防洪水利设施较为完善

李庄村是典型的农业村庄,毗邻洪泽湖,西南岗坡地水土保持的先天性能较差,每年防汛抗旱任务较重。与2008年相比,李庄村的农田水利设施基本齐备,防洪抗旱工作得到有力保障。

1. 农田水利设施较完善

2019年李庄村被列为双沟镇绿色优质农产品稻麦基地,实施高标准农田建设。农田水利基础设施升级,沟渠路、桥涵闸基本到位,灌排较为便利。2008年李庄村农田水利设施老化严重、灌排不畅,也是作物低产减产的重要原因之一。

目前李庄村水利设施基本满足农田灌排需求。水泥渠道替代了土渠,"涝愁淹、旱盼水"的历史一去不复返。通过实施沟渠清淤、新修水泥路、铺设地下PVC灌溉管道、架设高压线路、新修桥涵闸等项目,农田水利基础设施落后的局面彻底改变,水源工程和灌排骨干工程运行良好,农田灌排体系的整体效益得以提升。

2. 防洪抗旱能力提高

与2008年相比,李庄村防洪抗旱能力显著增强。李庄村东临溧西河,连接洪泽湖,地势落差较大,防洪除涝任务较重。溧西河大堤周边土地由原来的行洪区改造为湿地公园,占地约3千亩。之前可以季节性蓄水养殖,转变为生态用地后,有利于保障生产安全和生态功能。

每年进入夏季汛期,双沟镇政府制定应急预案,成立防汛抗旱指挥部,提前在村部备好防汛物资,包括化纤袋、木桩、铁丝、土工布等,由村支书、副镇长和镇水利局干部共同负责防守。经过提前排查,2022年李庄村防汛的险工险段主要有2处:一处位于东北部溧西大堤,堤防标准不高,部分堤身单薄;另一处位于七圩涵闸电站,进水池易进杂草,影响排涝。

三、存在问题及根源

与2008年相比,李庄村防灾减灾体系基本建立。以绿化造林为代表的生态经济及产业水平有待提升,安全应急知识及措施有待加强。

1. 林业产业同质竞争，是规模优势还是低效重复

2021年泗洪县林业增加值达到0.97亿元，同比增长了17.9%，一直保持较高增速。全县成片造林面积连续3年位列全省县级第一名，主要路径就是结合农村人居环境整治，回收整理闲散宅基地、打谷场，在堤坝周边、围村周边营造果材兼用林。西南岗坡地种植碧根果等经济林木成为脱贫攻坚的有力措施之一。在规模经济作用下，应及早考虑差异性竞争、产业链延伸和产品价值的提高。李庄村集中居住和土地规模经营较早，宅基地、田间地、大堤等公共空间适宜建造生态林地。李庄村种植碧根果起步较晚，在市场逐渐饱和的前提下，如何持续产生收益值得长远考虑。

2. 防灾减灾存在隐患，应急安全措施有待加强

李庄村生产生活的空间及方式与2008年相比有本质变化，需要加强已知风险和新型风险的共同防范。一方面，交通安全标志仍显不足。李庄村交通干线多，与农田的桥、涵、洞交叉节点也多。进出口通道上安全标识不够显著，不少地方没有标识。机动车、电动车快速增加，与行人混杂通行易发生车祸。另一方面，集中居住区各楼层缺少消防设备。楼房居住人员密集，过火电器、线路、燃气等集中，火灾危害比分散居住的更大，分散独立居住的火情往往相对容易阻隔。另外，安全常识宣传不够。未来应加大交通、防火、防疫等应急常识的宣传力度，让广大村民应知尽知，及时开展自救。

探究上述问题的根源，则是没有处理好政府与市场的关系。一方面，"强政府"容易对市场产生干扰和阻力。自上而下的制度安排和政策导向对地方行动统一部署实施。规模经营并不一定能带来规模经济，遵循市场规律统筹谋划，更需要实际经营的企业主体在获取补贴支持等激励政策后，长久用心地开展市场调查与产品设计。另一方面，单凭社会资本难以保证农村生产生活设施的长期运营维护。村庄交通、居住等安全设施及服务，不但需要房地产、交通集团等社会资本投入建设，而且需要来自村庄内外的乡贤、精英及社会组织监督参与,更需要政府对村庄安全设施的规划布局与监督管理。转变政府与市场"孰强孰弱"的定位之争,促进二者建立互补协调的治理格局尤为重要。

第五节　农村生态环境治理展望

农村生态环境治理不仅是乡村振兴战略的组成部分,更是实现农村生态现代化的重要支撑(苏星鸿,2020)。在城镇化、工业化及技术快速发展的新时代,李庄村聚落格局、生计来源、空间治理及技术需求发生了不同程度的变迁与重构,这也是广大乡村正在经历的演变过程。充分考虑共性难题,从政府管理、市场培育及农民意愿等方面提升新时期农村生态环境治理现代化水平,不仅对脱贫乡村具有借鉴价值,而且有助于从理论和实践层面推动农村地区生态环境治理的变革与创新。

一、生态环境治理形势分析

李庄村位于双沟镇东北部的交通节点位置,区位优势明显,距离泗洪县、双沟镇等上位城镇较近,本村农民除户口尚未迁出外,生活与生产分离、就业非农化、居住社区化趋势明显,对生态环境的影响也发生了改变,呈现出以下转型特征:

一是聚落格局集中化。在人口集聚、村庄分化的大格局下,农村人居环境设施的布局、建设及承载容量都要随之变化。李庄村农民基本集中居住,在本村集中居住区有1/3住户,其他分散居住到周边镇、县的居民安置小区。彻底打破原先以"组"为单位的田地与宅基地间隔相望的聚居方式,直接过渡到城镇居民的上楼居住模式,这对环境基础设施提出新的要求。尤其在城乡交界地区,既保留有农业生活习惯,又要遵循城乡社区管理规则。

二是生计来源非农化。李庄村调查农户的工资性收入占总收入的比重达到 2/3 左右。农户生计来源发生改变，生产生活重心也由村内转向村外。农业规模经营加剧，吸引外来人口进入本地就业，并长期租住。这些都导致农户日常利益关注焦点由村庄公共事务转向个人生计安全，也使得农村生态环境治理的受益对象及参与主体发生改变。老人、妇女以及外来人口成为主要群体。农村生态环境治理的项目设计、使用标准等要符合当地常住人群的客观需求。

三是空间治理私人化。农村生态环境整治主要是从与农民相关的外围半公共空间开始的，纯私人空间以倡议或倡导为主（刘燕舞，2022）。半公共空间涉及农民房屋之外的非私人空间。从"十二五"时期河流湖泊清洁、面源污染治理等公共空间的国家治理，到"十三五"时期农户共有的公共空间整治，再到目前的庭院美化、垃圾分类、厕所革命，逐步形成了农户的私人空间治理。一旦农户愿意积极响应，就能获得良好的治理效果。

四是技术需求绿色化。李庄村农业生产废弃物与农村生活废弃物的处理方式较为单一、环保技术适宜性不够。作物种植有机肥与禽畜养殖粪便立体化有机循环尚未构建，二者割裂导致有机肥购置成本和废弃物处理成本增加。由于农户省水、周期性回归等特性，村庄污水处理站较难满负荷运转，造成设备空置和浪费、后期运营维护成本增加。为农村的集中化社区及规模化经营农场提供匹配的环保设施及技术依据是提高农村生态环境质量的关键。

二、农村生态环境治理共性难题

农村生态环境问题最初源于城乡二元分割体制下对农村生态环境的长期忽视。农村生态环境问题的蔓延、恶化逐渐引起了中央和地方的重视。农村生态环境治理政策仍然滞后于问题的产生。当治理方案脱离农村实际，政策模糊性及执行主体冲突性会产生"政策空转"现象（何瓦特 等，2022）。共性难题集中表现在以下两个方面：

1. 钱从哪来：治理资金不足，投入来源受限

农村生态环境治理从整体上看属于公共产品和服务，但是从具体领域和环节来看，公私属性各不相同。我国力图构建以财政资金为引领，金融资本、社会资本、村集体和农民共同参与投入建设的格局。就现实而言，财政资金仍然占据绝对优势，其他资金进入领域不多。供需之间存在明显的资金缺口，导致设施质量与技术服务跟不上，常态化管护机制难以广泛建立。

一方面，农村环保财政资金不足。县镇基层政府的财权和事权不匹配，苏北地区更是如此。基层政府财政能力较弱，承担事务相对更多。在农村环保投入资金总盘子没有持续增长的前提下，环境整治、生态绿化、面源污染治理等相关项目不断增多，加上苏北地区多数县（区）经济增收来源尚不稳固，可用财力不足。李庄村大型环境整治项目只能依靠政府拨款，村集体收入来源有限，而支出名目较多，疲于应付上级检查的各类环保事务。

另一方面，其他类型资金进入困难。农村生态环境治理项目投资规模较大，但是盈利预期不确定，制约了企业等社会资本的积极性。社会资本投资农村环保项目的政策尚不明确，例如垃圾污水处理项目的用地指标难获取以及审批流程较为复杂等，还有光伏发电、垃圾焚烧发电上网补贴不稳定等问题。适用于农村生态环境治理的金融产品种类较少，不仅因项目本身技术设备不成熟、效益不高，而且也受限于融资主体缺乏抵押物、信用水平较低等现实。

2. 事由谁做：治理主体单一，治理效能下降

农村生态环境治理主体包括政府、企业与广大民众，由各级政府顶层设计、安排统领这项工作。因部门间目标不一致且层级间权能落差，管理成效降低，企业和公众的参与程度与参与方向偏离预期。环保政策良好善治的初衷，在不断的协调合作中消弭、在艰难的运作执行中削弱，治理失灵、资源浪费、风险增加、阻力增大都成为农村环境治理的障碍。

从管理层面看,一是环保事权有落差。乡镇和村是直接承担农村生态环境治理任务的最前沿阵地(邵光学,2022)。乡镇环保事权主要由县级及以上政府统筹,环保部门及组织机构往往设立在县级以上。进入"后税费时代",村集体及镇政府对于农村生态环境问题更是陷入了"有责任无权利"的困境(毛渲 等,2022)。二是治理目标不一致。环保问题涉及多个部门。生态资源部门以环境保护为主要目标,水利部门、农业农村部门以及住房城乡建设部门则以农村建设和经济发展为主要目标,相应的环保职责与部门优先性目标存在冲突,这样对于农村生态环境政策的解读和落实,就会产生互相推诿或责权不清的状况。

从市场层面看,企业主动参与环境污染治理、投身环保项目的热情不高。现有环保制度对农村农业污染处罚力度不够,乡村环保建设的标准较为缺乏,加上乡镇环保机构及配套人员不足,法律法规在操作执行过程中困难重重。受到城乡产能梯度转移作用,城市相对落后的产能向农村转移不可避免。乡村环境监管体系不够健全,不少企业还是将农村视为准入门槛低、投资成本低的投机区域。企业即使通过环评,仍然会产生污染处理标准较低而引起居民投诉等问题。如何引导企业投身农村环保项目这一问题值得深思。企业自身研发动力不足,适用性技术储备不够,一旦优惠政策红利期过去,企业难以维持项目的正常运转,更倾向于及时撤出。

从大众层面看,经过多年的农村生态环境治理,村民环保意识明显提高,对周边生态环境污染问题越发敏感(杨凤华 等,2022)。但是对于公共事务的参与还是属于浅层次参与和象征性参与,更多的是事后参与,主要表现为自身环境权益遭到侵害时,通过上访等途径来维权。生产生活方式的改变,并没有带来思想、行为的同步改变,中老年群体尤为显著,而村庄留守人群恰恰是这样的群体。李庄村集中居住区的常住户多是50岁以上的中老年人。脱贫乡村的民众对于政府更容易产生依赖心理,特别是环保等公共产品"搭便车"的思想根深蒂固。公众参与环保事务的路径也有待拓宽,参与形式还缺乏连续性和系统性。

三、农村生态环境治理现代化提升路径

农村生态环境治理现代化的进程,是政府带动企业、农民等各类主体共同实践、改造提升的过程。自上而下的国家治理手段及技术介入,激发自下而上的微观主体内生动力,双方相向而行,推进农村生态环境治理的长治久安。针对李庄村调查及县镇农村生态环境治理现状,提出以下提升路径:

1. 注重顶层设计,提升管理协作效能

强化顶层设计与地方方案的差异性。赋予地方基层更多自主权,允许差别化探索,灵活解读并落实中央文件内容。农村生态环境治理方案要立足农村实际,建立起平等、互动、整体性的新型城乡生态关系。

加强省域管理探索。完善省级层面农村生态环境治理的法律规定,明确农村生态环境治理的执行对象和主体,降低相关政策的模糊性与不适用性。以县域为切入点统筹乡村生态环境建设,赋予乡镇等前线环境治理部门更多权力。为乡镇环保机构配备专业人才队伍,让县镇两级机构共同享有监管执法权力。更多推动生态环保治理向农村基层一线延伸,建立城乡双主体的环境治理网状结构,改变城乡单行关系下的政策与权力倾斜。

理顺部门协作关系。进一步明晰相关部门职能边界,整合各部门力量,加强多部门合作。降低环保部门与其他协作部门共同履职的频率,规避部门间个体理性与公共理性的矛盾。加强各部门政策执行力与执行方式的协调程度,注重城乡之间、部门之间的环境信息共享,减少各部门重复性、交叉性考核。构建跨部门协商平台,缓解条块分割下信息与部门阻隔、信息滞后等问题,形成生态环境部门牵头的城乡生态环境治理共同体。

加大财政资金投入。继续加大政府对脱贫乡村生态环境整治的投入力度，特别是在关键领域和重点环节。除资金总量保持稳定外，进一步优化投入结构，主要用于保险补贴、技术研发推广、应用培训等方面。采用专项经费支出的形式，以奖励或补贴的方式支持环保项目管护运营的正常进行。设立村级生态环境治理专项资金，由上级财政整合各环保项目及财力分摊。鼓励金融机构开发适用于农村生态环境整治专属的绿色金融产品和服务。

2. 发挥市场功能，构建绿色发展格局

划分政府与市场、农民的责任边界，减少过多行政化的包办代替。发挥市场配置资源功能，行政、市场与自治主体相互激发，进一步打破入市的"玻璃门"屏障，增强企业活力，正向激励他们参与农村生态环境治理。

支持企业投身农村环保事业。充分挖掘农村生态资源，彰显生态产品价值，打造以乡村为主体的生态环境产业链，提高农村生态环境市场对企业等社会资本的吸引力。鼓励城乡企业专注农村污水设施处理、卫生户厕生产、垃圾分类、生物质能源开发等绿色产业，为他们提供无息或低息专项信贷，解决用地、审批等难题，让有能力、有意愿的企业参与市场化运作。

深入开展农村地区污染治理。提高企业污染治理水平，加大污染治理力度。针对村庄环境污染和生态破坏的相关问题，树立底线思维和大局观，以人为中心，关注紧要难题，预防次生灾害发生，避免村庄的再次陷落。以李庄村为例，建议近期要减少附近工厂废气和废水排放，加大工厂的空气污染和黑臭水体治理力度；远期适当搬迁部分工艺流程进区入园，与居民区保持更加安全的距离。

强化镇村社区物业管理职责。集中居住后村民主动或被动地成为社区居民。他们要不断地适应由散居村民向新农民、新市民身份的转换，逐渐适应由居住小区物业公司带来的生活环境卫生管理方式。以李庄村为例，生活在原址集中区的农户可以采用由村集体和第三方购买服务的方式开展卫生保洁工作;其他农户分别进入了周边镇、县住宅区,缴纳物业费并得到相应服务理应是正当诉求。

3. 尊重农民意愿,培养自治参与能力

农户作为理性"经济人",当农户环保行为与个人经济利益、社会服务及健康改善发生显著关联时,更容易产生内驱动力。倾听村民的真实反馈,才能制定出切实可行的环境治理政策。

落实惠民最优的环境经济方案,让广大村民能在环境净化与生态保护中获取经济激励。注重适用技术研发,在化肥农药减施的过程中,确保农产品产量和收益不降低。大力开展土壤污染监测与治理研发活动,达成低碳、增产又减污的多重目标。注重推广高效施肥技术,集成应用病虫害绿色防控技术。完善秸秆高值化利用技术,在收集贮运、饲料加工、高分子材料转化等方面深入研发。通过发展农村清洁能源、生物质能源,给生产者补贴,让使用者受益。

形成现代低碳的环境卫生观念。用绿色发展理念指导日常生活十分重要。农村生态环境治理除能带来直观的整洁、干净感受外,疾病的减少也是最明显的结果。通过自身受益反复强化、加深农民现代化生活方式的理念,不只注重硬件设施和条件的优化,更加注重乡村人文环境、村民理念的同步转好。充分重视宣传、示范、教育的作用,弥补正式治理的不足,调动更广泛主体的参与积极性,提高基层组织、志愿者和村民的自治性。

关注迫切真实的公众环境需求。改变基层政府"只对上负责、不对下负责"的态度,充分尊重民意。此次调查询问了农民最希望生态环境改善的方面,其中道路拓宽亮化(31.5%)、污水集中处理(26.9%)、垃圾分类处理(16.9%)三个项目呼声最高;对于沟渠水系清洁(10.8%)、高标准农田改造(4.6%)等也有明确需求;公共厕所保洁(4.6%)、停车位增加(3.8%)也是有待改善的地方。

对比2008年,当时农民最希望改善的方面排名前三位的分别是道路(77.8%)、沟渠水系(6.6%)和农田改造(6.6%)。两次调查中道路改善都排在首位,不同的是,目前的道路需求是拓宽亮化,方便机动车出入、大型机械下田;之前的道路需求是硬化与连通。

就农民付费意愿而言(表9.2),农户自主自愿意识正在觉醒。大多数农户有为自己家园环境卫生付出努力的态度和想法。愿意为环境改善出钱出力的农户占比最大,比例为41.5%;其次是随大流的农户,占29.2%;出力不出钱的农户占15.4%;出钱不出力的农户占8.5%;既不愿意出钱也不愿意出力的农户仅占5.4%。

表9.2 李庄村村民付费态度对比

付费态度	户数/户		比例/%		
	2008年	2022年	2008年	2022年	变化率
出钱出力	125	54	74.8	41.5	−33.3
出钱不出力	5	11	3.0	8.5	5.5
出力不出钱	24	20	14.4	15.4	1.0
不愿出钱出力	7	7	4.2	5.4	1.2
随大流	6	38	3.6	29.2	25.6
合计	167	130	100.0	100.0	0.0

数据来源:课题组当年实地调查结果。

对比2008年,愿意为村庄环境改善自觉行动的农户一直占多数,但比例有所降低,原因与不少农户已经不在本村居住有关。"随大流"的思想上升,农户有从众心理,付费意愿处于结果良好和集体行动的观望状态。只有让群众看到了付费自治带来的实际效果,比如设备损坏能及时修理、服务不到位申诉有回应等,才能更好地唤起他们对支付行为的认同。通过相关分析,付费意愿与收入水平呈现显著的正相关关系,表明居民收入水平的提高有助于环保行为的实施。总而言之,形成"谁受益、谁付费"的自治理念仍然需要历史耐心,意识转化为行动也仍需要付出长期努力。

第十章 从村民自治到"三治结合"

传统的乡村居民在土地上生产,近地而居,进而形成村落,同时产生基于农业生产和乡村生活的公共物品需求。近十年以来,中国社会整体发生了诸多变化:工业化和城镇化程度进一步提高、人口流动更加放开、移动互联网兴起和普及,城乡政策也开始向融合发展的方向转变,各类社会要素纷纷下乡。在这样的大背景下,乡村社会进一步对外界开放,要素和信息的流动更加频繁和便捷,传统中国乡土社会赖以运转的基础开始动摇,有的瓦解、消散,有的转型、进化,形成了当前中国乡土社会的新局面和种种新现象。外在社会环境的剧烈变化,必然对基层治理产生影响。本章以李庄村为案例,主要讨论当前乡村基层治理的情况,试图理解和讨论近十年的中国社会发生了哪些重要变化,以及这些变化又是如何影响乡村社会治理的。

第一节 乡村治理的背景与政策

本节主要基于公共管理的视角,将乡村的基层治理视为满足本村村民对公共产品需求的过程。不管是村民生产生活所需的基础设施,还是各类公共服务,都属于广义公共产品的范畴。村民自然是公共产品的需求方;只要是为本村村民提供公共产品的,无论是政府、公民社会、民间组织还是私人机构等，都视为供给方。狭义的村民只包含户籍在本村的居民，广义的村民其实也包括户籍不在本村但长期工作或生活于此的其他居民。既然是以满足乡村居民对公共产品的需求为目标，那么讨论乡村治理首先就要讨论乡村居民及其需求。接下来，我们从一个较为宏观的视角分析乡村治理面临的内外部社会环境的变化，以及这些变化对治理需求产生的影响。

一、乡村治理面临的内外部社会环境变化

十多年来，中国社会变化巨大，我们主要关注其中居住或工作在乡村的人群，以及对这些人的需求产生重大影响的变化，并对治理的需求做出初步理论的预判。

1. 产业规模扩大、升级和转移带来非农就业机会的变化

十年来，随着中国在全球产业链中参与程度的提高，我国的工业和制造业规模进一步扩大，产业开始转型升级，并从东南沿海向内陆中西部地区、从大城市向小城镇逐步进行梯度式转移。交通物流、信息中介、商务服务等生产性服务业也随之兴起，带动了城镇周边的发展。与此同时，因为产业的转型升级和转移渗透，大城市规模更大，小城镇愈发繁荣。这一切使得农村居民的非农就业机会进一步增多，就近、就地的非农就业更加便利。

非农就业让村民离开了土地，离开了农业生产。虽然土地这一资产的承包权和部分收益权还归属于村民，但农业生产的过程已与其无关。村民作为资产部分收益权的所有者，出于对资产价值实现的追求，有一定的动力去促成生产性公共产品的投资和建设。但这种动力是极其有限的：其一，较高的非农收入使得村民对土地带来的收益依赖降低；其二，生产性公共产品外部性极强，即便李庄村人均耕地面积超过3亩，但由于涉及的村民众多，统一的协商和监督成本极高，无法避免"搭便车"的现象；其三，村民只是土地的承包者，并没有土地的最终处置权和剩余价值所有权。因此总体来看，非农就业

大大降低了村民对农业生产性公共物品和服务的直接需求,即村民对这一部分治理的需求降低,这在我们后续的访谈中也得到了验证。

2. 土地流转带来农业经营主体的变化

随着农村劳动力非农化就业程度的进一步提高,农业成为副业,土地也不再是农民赖以生存的必需品,反而成了效率低下的"口粮田"和"保障田"。为了提升农业生产效率、促进农业适度规模经营、推进农业现代化发展,近十年来,我国政府大力引导农村承包地的规范、有序流转,并从法律层面完善了其各项权能保障。在这样的背景下,这段时期农村的土地流转比例和速度大大提高,形成了各种模式的适度规模经营。包括种植大户、家庭农场、合作社、农业龙头企业等在内的各类新型农业经营主体在农村生根、发展,取代传统的小农户,成了现代化农业生产的主力军。

通过土地流转,一批较大规模的土地经营主体产生了。当前的这些大户,才是农业生产性公共产品和服务真正的使用者。这些大户虽然长期于此工作乃至生活,但他们大部分不是李庄村本村的居民,也不是村集体的成员。归根结底,他们与村民只是经济上的租赁关系。生产性公共物品的提供,主要按照双方合同约定来履行;未进行提前约定的部分,则通过协商和法律判定的方式来解决。理论上来说,生产规模的扩大使得一部分生产性公共产品变成了私人物品,经营主体的减少使得协商一致的可能性大大提高。

土地流转使得村民产生了流转服务方面的新需求。理论上来说,村民可以直接和大户沟通、议价、收取租金,也可委托第三方来进行。委托第三方作为中介统筹流转有一定的好处,因为小农户直接议价沟通成本高,风险也高,议价能力弱。但这种委托关系必须是自愿的,是村民基于成本收益判断觉得有利可图的。那么此时,第三方就成为村民土地资产管理的代理人。上文我们已经分析了村民为何没有动力促成生产性公共产品的投资和建设,再加上法律和政策对农用地特别是基本农田的用途规定得非常"狭窄",承包权的抵押和担保权能在实践中又无法实现,那么第三方中介和农户的经济关系就变得相对简单。即帮农户按需流转土地,获得理想的价格,以及按时按量转交租金。其中较为重要的是,一旦流转双方之间发生矛盾,第三方可以发挥协调能力,降低沟通成本。通常,这个第三方中介是由村集体来担任的。村集体熟悉本村村民,也受到熟人社会的监督,同时具有一定的官方资源,对防止大户违约具有一定的威慑力,是比较理想的中介角色。

3. 农民集中居住带来居住地的变化

推进乡村的集中居住始于21世纪初,工业化城镇化的快速推进一方面促使农村常住人口急剧减少,宅基地出现了大量闲置、盲目扩张以及低效滥用等现象,另一方面导致城镇建设用地出现了明显的短缺。为了促进农村土地资源的有效整合开发、城乡空间的合理统筹发展,2004年起国家出台了一系列促进农民集中居住的政策。农民集中居住通常与土地增减挂钩政策相结合,在这一过程中快速增长的城市和工业园区得到了建设用地指标,出让指标的地方政府得到了财政收入,村集体通过土地整理得到了额外的耕地以及集体建设用地,农民也改善了住房条件,一经提出便在各地开展实践。农民集中居住政策从2004年开始探索,2009年进入推广阶段,2013年开始因为部分地区出现了因规模性推进农民集中居住危害了农民意愿和利益的情况而进入政策调整阶段,2020年进入了集中居住政策的转型时期。

农民集中居住牵涉到拆迁安置的整个过程,也涉及多个村庄和社区在内的多头多级利益相关主体,极其容易爆发各种矛盾和问题。这些矛盾和问题是伴随着现代化进程出现的,跳出了传统乡村治理领域,不是传统体系和模式能够解决的。实际上这个过程中出现的种种治理新需求,恰恰是村庄现代化过程中需要聚焦关注的。

此外,农民集中居住导致生活地点的改变对以村庄为单位的乡村治理对象、内容和方式的影响非常大。农村居民对生活性公共物品和服务的需求,在各自生活的地点产生,也应在当地被满足。因此生活在其他社区的原李庄村村民,其日常的生活性公共物品和服务提供全部由居住地满足,如保洁、治安、娱乐场所等。同样,李庄村也要为现在生活在李庄村的所有居民提供生活性的公共物品和服务。居住地点在空间地理上被打散,使得李庄村这一村庄共同体最终被彻底打破。

4. 基础设施、公共服务和社会保障的城乡一体化

基础设施、公共服务和社会保障是典型的现代国家依靠公共财政提供的公共产品组合。以2006年废除农业税为标志,中国进入了从农业财政向公共财政转变的时期。国家财政不再从农村汲取,相反进入了反哺投入农村的新时期(徐勇,2019)。2007年党的十七大首次提出城乡经济社会一体化建设,加大了对农村基础设施的投入;2014年《国家新型城镇化规划(2014—2020年)》发布,首次提出了中国特色新型城镇化,把推进公共服务和社会保障均等化作为推进以"人"为核心的新型城镇化的重点任务之一;2017年的乡村振兴战略又将农村生产、生态和生活的基础设施建设与公共服务标准水平再次提高。经过十几年的投入和建设,国家财政对农村基础设施、公共服务和社会保障的覆盖越来越全面,建设和服务水平与城市的差距不断缩小。

当前,中国社会的人口流动加速,个体不再长久不变地生活于或隶属于某个社区、某个单位或某个集体。同样,社区、村庄作为中间共同体的存在感和作用也弱化。因此依靠村庄为个人提供公共物品,或者组织个人为村庄建设、维护公共物品和服务出力,难度都大大增加。在这样一个原子化的社会里,由国家为每一个居民、社区或者生产单位提供基础的公共物品和服务,是存在很大的合理性的。广大农村地区作为现代中国的一部分,本来理应公平地接受由国家财政提供的各类公共物品,因为政府部门原本就是乡村治理的重要主体之一。在过去很长一段历史时期内,所谓"皇权不下乡",固然是

因为各地社会公共管理事务复杂多变,唯有依靠当地社会自身的力量方可更好地解决,但也有财政力量不足以覆盖的原因。改革开放以来,我国经济迅速发展,政府财力大大提高,已经具备了向全社会公平地提供基础设施、公共服务和社会保障的能力。由国家提供的基础公共物品和服务,能够保障最基本的一系列需求。

然而,除这些可以标准化提供的建设和服务以外,更多当地"个性化"的需求是无法自上而下提供的,必须依靠当地社会自主提供。当地社会必须依据自身的情况,在组织形式、管理范围、管理内容等方面有所改革和调整,来完成因地制宜的自我供给、自我治理。

由以上分析可以看出,近十年来无论是居住在乡村的人,还是这些人对治理的需求,以及治理的供给都产生了很大的变化。总体来看,工业化、城镇化和农业农村现代化的推进,使人的流动速度加快,打破了原有较为稳定的农村生产和生活格局。不稳定的社区格局又导致了村庄作为共同体的功能弱化。与此同时,国家的力量伴随着对基础设施、公共服务和社会保障等公共物品的标准化供给而渗入乡村社会。在这样的背景下,原来主要依靠村民自治的治理方式和格局显然难以适应时代的新需求。因此,"三治结合"的乡村治理体系应运而生。

二、从"自治"到"三治结合"的政策历程

乡村治理是 20 世纪 90 年代以来广泛流行和兴起的治理理论与中国乡村研究的结合。相比"村民自治"这一概念,乡村治理包含的内容和意义更加复杂和广泛,更能适应当前中国乡村社会的实践现状,因此逐渐成为研究新型基层政治的主流范式和用语。与传统的乡村社会管理或者"统治"不同,乡村治理更强调主体的多元化、权力配置和互动的复杂化、公共利益的最大化与治理过程的自主化。乡村治理的目标明确,范围广泛,只要是有益于增加村民公共利益的,不管是乡村公共物品的供给还是村民公共安全的保障,或是社会纠

纷的解决,都属于乡村治理的范畴。乡村治理的主体不仅包括政府,还包括公民社会、民间组织和私人机构等能够得到村民认可的权威组织机构。在治理过程中,国家公权力和乡村社会的公共权力相互依赖,上下和平行互动,实现对乡村社会的动态治理(苏敬媛,2010)。

1. 国家治理现代化的提出

乡村治理是国家治理的一部分,乡村"三治结合"的基层治理模式是在国家治理现代化的大背景下提出的。2013年,中国经过了35年的改革开放,现代化建设程度得到了极大的提高,但同时国家治理方面的弊端开始凸显:党和政府强势主导的发展模式和强力维稳消极管控的维稳模式遭遇瓶颈、难以持续;全能全控集中化的国家管理模式导致经济社会发展的活力递减,改革创新的动力衰减;腐败现象居高不下,收入分配差距不断拉大,特权现象再度出现,贫富阶层出现固化现象,社会流动机会减少,各类治理主体都出现了行政化现象(何增科,2014)。经济社会的现代化导致人的现代化,具有现代公民意识的社会群体推动着国家治理制度的现代化(何增科,2014)。

作为新时代新要求的积极回应,中共十八届三中全会首次提出"推进国家治理体系和治理能力现代化"。十九大进一步提出,到二〇三五年国家治理体系和治理能力现代化基本实现,到本世纪中叶实现国家治理体系和治理能力现代化,成为综合国力和国际影响力领先的国家。中共十九届四中全会审议通过了《中共中央关于坚持和完善中国特色社会主义制度 推进国家治理体系和治理能力现代化若干重大问题的决定》,该决定从党的领导制度、人民当家作主的制度、中国特色社会主义法治体系、中国特色社会主义行政体系等十个方面,明确了推进国家治理体系和治理能力现代化的具体路径。

国家治理现代化体现了进入新时期以来国家层面的治理思路,而"三治融合"的乡村治理恰恰是这一思路在基层社会治理中的创新展示。

2. 浙江桐乡"三治合一"的实践探索

"法治、德治、自治"结合的乡村治理模式最早来自浙江桐乡的实践创新。浙江省桐乡市位于浙江北部,地处杭嘉湖平原腹地,经济和社会发展水平历来较高。随着现代化的快速推进,桐乡也首先遇到了发展中的各类问题。乡村发展中的各类新情况给乡村治理带来的新挑战就是其中最棘手的一个。高桥镇作为桐乡"三治合一"的首个试点镇,拥有着极为优越的交通优势,作为沪杭高铁、沪杭高速的"双出口",依托高铁和高速迅速发展。但也正因为此,高桥镇在拆迁和发展中遇到了很多矛盾,依靠既有模式无法解决,负面效应叠加,社会隐患加大。

2013年,高桥镇率先试点启动了"三治合一"的建设,在法治的基础上嵌入德治和自治。采用依靠群众、做群众工作的思路,以"百姓参政团""道德评判团""百事服务团"和"百姓议事会"三团一会为主要载体,通过让民众参与公共决策,让利益相关的民众在重大问题上拥有知情权、参与权、建议权,让民众在了解目的和为自己争取最大权益的同时,共同推进重大事项的实施,加快经济发展、百姓致富。"三治合一"的模式在高桥新区高层安置房、三村村土地综合整治项目、桐斜线道路大修等工程中发挥了积极的作用,乡镇社会治理绩效显著提升。

2014年以后,桐乡市政府在其他乡镇和街道逐渐铺开"三治合一"模式建设,明确提出要建构"以评立德、以文养德、以规促德"的德治建设体系,"严格执法、公正司法、全民守法"的法治建设体系及"自我管理、自我服务、自我监督"的自治建设体系,通过实现三者的协同统一,最终形成"党委领导、政府负责、社会协同、公众参与、法治保障"的社会治理创新格局,为当地社会经济发展提供有力支撑(胡洪彬,2017)。

3. 健全"三治结合"的现代乡村治理体系

在国家治理体系和治理能力现代化的大框架下,有了浙江桐乡的经验作为先锋尝试，自治、德治、法治"三治合一"的乡村治理体系被写入中央文件，并逐步完善，成为加快推进乡村治理体系和治理能力现代化的主要路径。

2017年，《中共中央 国务院关于加强和完善城乡社区治理的意见》首次提出"促进法治、德治、自治有机融合"，沿用了桐乡在法治的基础上嵌入德治和自治的思路。当年党的十九大报告再次提出"健全自治、法治、德治相结合的乡村治理体系"。2018年的《中共中央 国务院关于实施乡村振兴战略的意见》和《乡村振兴战略规划（2018—2022年）》提出要"加快推进乡村治理体系和治理能力现代化"，以及"建立健全党委领导、政府负责、社会协同、公众参与、法治保障的现代乡村社会治理体制""坚持自治、法治、德治相结合"，并且明确了"自治为基、法治为本、德治为先"的逻辑关系。2022年中央一号文件再次明确强调"健全党组织领导的自治、法治、德治相结合的乡村治理体系"。

由此可见，自治、德治、法治相结合的乡村治理体系，是在实践基础上总结出来的，能够行之有效地回应当前需求的新时代乡村基层治理路径。法治是国家权力提供的治理底线保障，是人口流动加速、中间层次共同体迅速消亡变化、社会原子化趋势加重背景下的必然选择，也是治理现代化的必然要求；自治是有效应答个性化治理需求、大幅提升本地治理质量的高效模式；德治是能够减少冲突和降低沟通成本的柔性补充。

当然，"三治结合"也未必是乡村治理的唯一解答，但作为一个普适性的框架，可以借之来展开分析。接下来，我们首先对照宏观层面的乡村社会环境变化趋势，简要回顾一下李庄村近年来在非农就业、土地流转、集中居住以及基础设施和公共服务提供方面的变化。接着分别从自治、法治和德治三方面来具体介绍李庄村当前的基层治理情况，并分析原因。

专栏 10.1：李庄村治理基础的变化

近年来，泗洪县和双沟镇发展迅速，加之离家近、生活成本低，成为李庄村村民最常选择的就业地点。除此以外，由于电商和物流的发展，即便是因为各种原因留守村庄的青壮年，也常常在家从事一些简单的加工业，再通过快递物流发出。对于李庄村的居民来说，青壮年劳动力外出务工或创业，不再从事农业生产已经成了理所当然的选择（详见第六章）。

这段时期，李庄村完成了土地整理、土地流转、土地股份合作社成立等一系列促进土地集中和规模化经营的任务（详见第四章）。其中，土地流转几乎都是通过村集体这个中介协商完成的。当前，村内存在零星几户零散种植的小农户，主要的经营主体由种植大户组成。其中仅有4户为本村居民，其余大多是本县乡但非本村的居民。这些大户主要以稻麦两季的粮食种植和红薯种植为主，其中红薯种植作为食品加工的原材料，主要供应位于村内的美阳生态农林有限公司。

李庄村的集中拆迁安置于2010年至2019年分五次完成。当前李庄村已经全部实现了集中居住，但原李庄村村民的居住地点较为分散，本村、外村和镇区各占1/3。对于大部分集中居住的房屋，村民仅仅具有房屋的产权，并不具有土地使用权，即俗称的"小产权房"。但实际上，乡民之间经常达成私下交易。集中居住后，也有原非李庄村村民入住李庄村的集中居住点。

在上级财政以及扶贫帮扶单位的资助下，李庄村当前的公共基础设施建设有了较大的改善，包括路、水、电、网，高标准农田及一般农田水利设施、村部、村医务室以及公共文化娱乐活动场所的建设等。中小学教育全部统一到双沟镇进行，村设有医务室，运营收支由上级财政支持。村民的养老和医疗保险基本

> 全覆盖,由个人缴纳和国家统筹共同完成。上级财政资金覆盖了当前李庄村大部分基础设施和公共服务的供给,包括环境的长效管护等。李庄村很少有自己内部供给的公共产品和服务,也没有相应的能力供给。

第二节 治理之本:村民自治

自治,即自我治理,对应的是"他治",即他者治理。村民自治,就是住在乡村的居民采取自组织的方式对公共事务进行自我管理和自我治理。与村民自治相对应的他治,一般就是指在国家行政框架下进行的"官治"。我国自古就有"皇权不下乡"的传统(徐勇,2019)。乡村自治最开始往往是由社会内部自发形成,源于乡村社会的内在需求,它以血缘和地缘为纽带,实现了低成本的社会组织和管理。在国力强盛的今天,村民自治也是让农民参与国家治理、行使民主权利的现代化国家治理的必然要求。

一、自治现状

当前我国村民自治的主要实现形式还是以行政村为单位的村民委员会。这种自治形式,是由乡村社会基于需要自发产生,但经过国家统一管理和规制的产物。进入新时期以来,经济社会的迅速发展以及城乡融合的态势使得城乡之间包括人和地在内的要素往来流动频繁、迅速,与村民相关的公共事务牵涉到人口流动、集中居住、安置拆迁、集体资产保值增值等问题,远远超出了自然村甚至行政村的范畴,涉及更广大的市场和政府。自治和参与领域的范围逐步扩大,带来了新的挑战。因此出现了一批村民委员会之外的新型村民自治组织,如浙江桐乡的"百姓参政团""道德评判团""百事服务团"等。村民自治也呈现出一种多层次、多类型、多样式和上下互动增强的趋势和特点。

李庄村完成了大部分土地流转,实现了全部集中居住,交通便利,信息通畅,可见其面临的治理环境和治理需求也必然发生了很大的变化。在这样的变化中,李庄村的自治进展如何,我们与村干部以及130名村民交谈后,了解了一些基本情况。

1. 以行政村村民委员会为主体的自治形式更完整规范

李庄村当前的村民自治仍以行政村村民委员会为主要形式。本届村委会共5人,其中主任1名、副主任2名、委员2名。成员中有1名女性,年龄最小的为32岁,最大的为54岁,受教育程度均为高中以上。村委会主任兼村党支部书记,男性,43岁,学历为大专以上,符合近年来江苏推动村干部年轻化的整体方针。

比起上一次调查,村民委员会选举、运行、监督等各方面在形式上显然更加规范了。首先是村民选举的参与、投票,受调查的130个村民中,有94人即72.31%的人表示曾经参加过村民选举,对比上一次调查66.47%的比例显然是增加的(表10.1)。参与过村民选举的人当中,有94.25%的人的投票对象最终当选。与2008年相比,这一比例也有所提高(表10.2)。

表10.1 参加村民选举情况

是否参加过村民选举	2022年		2008年	
	人数/人	比例/%	人数/人	比例/%
是	94	72.31	111	66.47
否	36	27.69	56	33.53
总计	130	100	167	100

表10.2 参加村民选举的投票结果

投票对象是否当选	2022年		2008年	
	人数/人	比例/%	人数/人	比例/%
是	82	94.25	49	87.5
否	5	5.75	7	12.5
总计	87	100	56	100

这与党的十八大以来各地积极探索、组织开展关于村民自治的体制机制改革和管理创新工作息息相关。总体来说，随着村民自治制度和法治建设进程的同步推进，村民自治正在朝着越来越规范的方向前进。根据村主任的介绍，村委会近三次的选举都设有秘密划票间，也都举办了大会进行唱票选举。现在召开村民大会进行选举，必须通知到每个依法享有选举权的村民。如因个人原因不能出席的，必须通过书面形式委托家人或朋友代投票。此外，通信技术的发展和普及也提高了村庄选举参与率。随着智能手机和移动互联网技术的迅速发展、乡村信息基础设施的建设和完善，村务相关信息的通知和传达变得更加方便，村民也更容易实现委托和远程参与。访谈中村干部介绍，村里组建了包含全体村民在内的微信群，非常方便通知的及时发布。

李庄村村部大楼的对面就立有村务公开栏。在便民服务大厅的门口，除挂有"村支部委员会""村民委员会"的牌子以外，还挂着"村务监督委员会"的牌子。可见，从机构设置、流程和形式等方面来看，村民自治近年来得到了更加规范化的完善。

2. 村民对村两委和村级相关事务的了解有限

随着国家政权对乡村社会的渗透越来越深入，村委会呈现出明显的行政化倾向。村民自治组织的行政化倾向是近年来很多地区共有的现象，上级政府将各项任务分解下放到村一级，以搞运动的方式定指标、下任务，比如李庄村日常进行的村庄卫生环境维护等任务，几乎都是来自上一级乡镇政府的指派。这使得村民委员会这一自治组织在某种程度上成为基层政权的延伸和地方政府的代理。反观自发开展的自治行动，相对变得较少。

调查显示，认识村两委全部工作人员的，占样本的62.5%；只认识村书记和会计等主要干部的，熟悉程度一般的，占33.59%。村民对村委会和集体的相关事务依然不了解，如最重要的村集体经济的相关情况，98.46%的被调查者表示并不了解。然而，李庄村已完成了村集体经济的股份制改革,并已确权颁证到户。因此可以看到,村民对村两委的工作人员还是较为熟悉的,但对村里的相关事务却不甚熟悉。对比2008年村民对村委会招待费支出的了解程度,在当年的167个被访谈对象里,只有1个调查对象表示了解支出情况,其他166人表示不了解。

3. 村民对自治的参与意愿较低

村民对自治的参与感和主动性比较低。虽然在自治制度和法治建设的推动下,村民自治的形式越来越规范,选举参与率也越来越高。但就意愿而言,村民对村级自治越来越不关心。在访谈的过程中,被访谈对象直接或者间接地表达了对本村的治理抱有"无所谓""不关心"的态度。相当部分的被调查者也表示因为外出务工或者居住在别的社区"跟村里的联系少了"是重要的客观原因。数据也显示,在没参加选举的人当中,因为"没必要"或者"没时间""在外地"的人占到了72.73%。与2008年相比,因为客观原因不能参加选举的村民比例提高了,从2008年的14.41%提高到了60.6%。考虑到我们访谈的样本大部分都是长年留守村庄的居民,因此实际上因为"在外地"和"没时间"而不能参加选举的村民比例应该是更高的。

然而,村民对于村委会的选举和干部的任命并非毫无想法。在问及"您认为村委会候选人应该如何产生"时,有62.02%的被调查者认为"由村民海选好",认为"由乡镇领导推荐好"的仅占一成。对于村支部书记和村委会主任二职是否应该由一人一肩挑的看法,认为"应该""不应该"和"无所谓"的比例几乎各占1/3。在问及选举投票的依据时,分别有54.26%和43.62%的被调查者认为"公正廉洁"和"能带领大家致富"是最重要的标准,其次是"在村的威信"(27.96%)和"替村民说话"(24.47%)(表10.3)。与2008年相比(表10.4),我们细化了村民选举村干部的标准选项,可以发现两个重要的特点:第一,"公正廉洁"成为村民们心目中合格村干部的最重要标准,村民对公权力的法治和道德规范的要求进一步提高了;第

二、"能带领大家致富"仍然是村民对村干部的重要诉求。

表10.3　2022年村民选择村干部的标准

选举标准	人数/人	比例/%
公正廉洁	51	54.26
能带领大家致富	41	43.62
在村的威信	26	27.96
替村民说话	23	24.47
其他	3	3.19
亲友或熟悉的人	2	2.13
没有其他候选人	1	1.06
总计	94	100

注：本题为多选题，总计为回答问题总人数，故各单项的选择频次和比例加总均大于总计。

表10.4　2008年村民选择村干部的标准

选举标准	人数/人	比例/%
能带领大家致富	16	28.5
保护村民不受外力侵害	12	21.5
其他	50	50.0
总计	56	100

注：本题为多选题，总计为回答问题总人数，故各单项的选择频次和比例加总均大于总计。

4. 驻村企业的污染问题集中引发新矛盾

当问及最不满意的村级公共管理事项时，村民们的不满主要集中在驻村企业带来的环境污染问题（表10.5）。访谈中，不少被调查者提到驻村企业美阳生态农林有限公司（下文简称"美阳农林"）对水和空气造成的污染，以及对居住环境产生的影响。美阳农林是一家农产品加工企业，位于李庄村集中居住点的正北方，2012年通过招商引资落户李庄村,以生产加工红薯粉为主营业务,带动了周边农户的红薯种植。但在生产过程中,其产生的大量污水和有味道的气体却没有妥善处理,对周边居民造成了严重的影响。村民们想了许多办法,包括直接沟通、多次向村里和镇上反映情况,甚至去县里和省里上访,问题依然没有得到妥善的解决,最后有些村民因此不得不搬离李庄村集中居住点。

此外,还有少量的被调查者对村经济发展情况、基础设施的维护、村务公开情况表达了不满。与2008年的调查相比,除了对驻村企业带来的环境污染问题的不满增加,最明显的就是对村里招待费不满的问题已经不存在了。2008年,在我们调查"你对村干部最不满意的事情有哪些"时,选择"招待费"的有42人,占25%。虽然在2005年,江苏省委办公厅、省政府办公厅就出台了《关于加强村级集体财务规范化管理的意见》(苏办发〔2005〕33号),但因为一系列历史和现实的原因,招待费在一些地区仍然存在。2012年,中共中央出台了关于改进工作作风、密切联系群众的八项规定,其中"厉行勤俭节约"成为彻底取消村级招待费的重要依据。自此以后,村级招待费也就成了历史名词,相关问题也自然不复存在。

表 10.5　2022 年最不满意的村级公共管理事项

事项	人数/人	比例/%
招待费	0	0
土地水面承包	8	6.15
村庄建设	1	0.77
环境卫生	20	15.38
土地征用	5	3.85
其他	46	35.38
总计	130	100

注:本题共 130 名受访者,其中 50 名未勾选任何给出选项,但笔者认为不选也表达了"无不满"或"不置可否"的态度,因此仍以 130 作为样本总数,故各单项的选择频次和比例加总均少于总计。

二、自治现状的成因分析

正如前文所述,李庄村当前自治的现状,是因为乡村社会环境导致治理的供需两方面都产生了诸多变化造成的。接下来,我们尝试从这个视角展开,具体就李庄的情况进行进一步的解释分析。

1. 村庄的空心化导致治理需求下降

虽然随着现代化进程的推进,李庄村也在不断发展,但这种发展更像是一种"溢出"效应。不管是工作和事业发展条件,还是生活条件,李庄村都比不上距离较近的镇区、仅40分钟车程的县城,当然更远远比不上经济更加发达的苏南地区。因此,李庄村的青壮年只要各方面条件允许,首选去苏南务工。

我们在村里的访谈很少遇到青壮年村民,少数一些也是因为各种原因不得不回到家乡。比如现年30多岁的LH,就是因为2014年家人生病不得不从苏州回到李庄村生活。一些在家从事手工业的妇女,也是因为要照顾子女而不得不留守。其他在县城或镇上务工的青壮年村民,为了更好的教育资源和生活质量,也尽量把居住的房屋安置到县城。从外村来李庄村购买房屋居住的S阿姨,虽然在李庄村拥有两层一厅五室的住房,但也坚持为未婚的儿子在县城置业安家,因为要求男性至少在县城拥有房产成了周边地区女性结婚的一项硬性要求。数据分析显示,即便是我们调查的130个尚有家人常住李庄村的样本家庭中,也有21.31%的人口在本地居住的时间不足半年,甚至有3.3%的人过年也不回来。据村干部介绍,本村3 000多人口中只有400~500人常住。

可见,即便在向前发展,李庄村在现代化进程中也已经成为一个"次优"甚至"次次优"的选择。人口不再向此处聚集,反而从此处消散。这又如何会产生稳定持久的公共治理需求呢?

2. 农业生产者和村庄常住居民的重组构成新群体

虽然李庄村的人口在不断地外流,但因为土地流转和集中居住的调整,也有新的生产者和居民进入李庄,在此安居和生产。李庄村集中居住的新建住房没有产权证,但如果是本镇居民,只要在村委会进行备案,就可以出资获得相应房屋的居住权。因此一部分本镇外村的居民通过"购买"的方式安居李庄村。上文提到的 S 阿姨就是其中一个。S 阿姨不仅居住在李庄村,还在李庄村新的集中居住区经营着一间小商店,贩卖一些零食和简单的生活用品;同时 S 阿姨和她丈夫二人承包了李庄村 200 亩耕地,规模化种植红薯,并出售给上文提到过的美阳农林(以下简称 M 公司)制作红薯粉。像 S 阿姨这样通过流入土地来李庄村进行生产经营的"外来户"还有好几户。这群生产和生活上的"外来户"和留在李庄村的原住民一起构成了现驻李庄村的新人群。虽然"外来户"在日常生产生活上的基本需求同原住民是一样的,比如日常村庄环境卫生服务、农业基础设施建设等。但李庄村村委会进行选举和决策的时候并未将这部分新居民纳入参与。同时,也没有其他的相关组织专门面向这群新李庄村村民进行组织动员或开展治理。

对外来群体而言,"外来户"和原住民并未形成新的共同体,成员也没有归属感和认同感,更没有较好的争端和矛盾解决的内部自治机制。比如 M 公司和居民之间的矛盾,实际上就是因为:传统村民之间,除了经济生产上的互助合作,还有血缘关系、情感纽带和文化纽带;而 M 公司这一外来企业主体,和当地居民除了经济上的土地租赁使用关系,以及和当地红薯种植户之间的买卖合同关系,并无其他非正式联系。因此其矛盾只能通过行政手段(上访)和法律手段(起诉)等来解决,但也并未获得理想的结果。

3. 土地流转和拆迁安置等过程引发治理新需求

土地流转和农民集中居住,本质上都是对农村生产生活用地的集约节约利用和优化配置,总体方向当然是正确的。但在调整的过程中,因为引入了新事件,带来了新的利益相关者,打破了原来村庄资源分配的稳态,所以引发了新的治理需求。

不管是土地流转还是农民集中居住,流程复杂、环节繁多又因各地情况灵活多变。农村居民一方面很难依靠旧有的生产生活经验,另一方面也很难参照某个标准化的流程。这时候就非常需要能够代表集体利益和各方利益主体展开周旋谈判的自治组织,此为其一。土地流转和集中居住带来的拆迁安置不仅引入了如种植大户、企业等外来主体,还牵涉村干部、地方政府、建设公司等诸多利益相关方。而且在这个过程中的不同事件中,各方主体的利益也不尽相同,其中的关系和矛盾已不是原有的村民委员会能够解决和把控的。纵然依法推进是底线,但如果想要更加高效、稳妥地推进进程,还是需要在更高层面的组织和主持下进行柔性化的民主协商和沟通,来形成一种更高层面、更大范围、更形式多样的自治,此为其二。

但我们很遗憾地看到,李庄村在推进土地集中优化利用的过程中并未做到这一点。因此,尽管集中居住已经尘埃落定好几年,在调研过程中仍有村民向我们表达拆迁补偿款低、集中居住房屋售价高等不满,村民自认为其利益在拆迁集中居住的过程中并未得到很好的保障。此外涉及螃蟹养殖大户与村集体之间关于蟹塘承包地征用的纠纷,正是土地流转叠加征地拆迁带来的双重矛盾,通过行政和法律的干预都并未得到令人满意的解决方案。

4. 国家力量的渗透挤压自治空间

国家力量对乡村社会的渗透一方面使得乡村治理有了最基础的保障,另一方面挤压了村民自治的空间。正如前文所说,李庄村现有的基础设施建设较为完备,各项公共服务和社会保障虽然并未实现和城镇地区完全同质,但也已建立并纳入财政维系的同一体系中,这是国家权力渗透的好处。但同时,也带来了一些副作用,村委会的行政化就是其中之一。

国家意志在广大乡村地区的实施和贯彻是需要建立通路的,通过乡镇政府把任务分解下放到各行政村村委,就是实现的途径。上级政府从人财两方面掌握了村委会的运作,形成"自上而下"的行政管理力量也是必然。从人的方面来说,当前李庄村的村支书是由乡镇指派而不是村民海选的,并且在全国大力推进书记主任"一肩挑"的背景下,也相当于上级直接指派了村主任。对于村支书或村主任的考核,也是由上级按照任务的完成度进行的,有一票否定权。从财的方面来说,基层村级组织的运行需要经费的支撑,然而许多和李庄村一样的行政村本身缺乏资源和收入,在很大程度上要靠上级的转移支付,对上级财政的依赖是极重的。虽然从李庄村账面上看不出上级财政的转移支付,但实际上绝大部分支出都由上级财政直接专项拨付到镇,支撑村级事务的运转,包括基础设施的修建、日常村庄环境的维护以及村两委的工资。李庄村虽然近年来依靠资源的发包,获得了较为稳定的村级集体经济收入,但和庞大的支出比起来只是杯水车薪。此外在财务管理上,"村账镇管"这种由外部的"上级"单位来管理"下级"财务的方式,实际上固化了自上而下的管理模式。

5. 缺乏构建新型自治组织的基础、核心和支持环境

虽然近年来的李庄村存在一定的自治新需求,但自治需要有效的实现形式(徐勇 等,2014)。诸如浙江桐乡的"百姓参政团""道德评判团""百事服务团"和"百姓议事会"等新型自治组织固然高效且接地气,但这类自治组织的构建也需要有一定的组织基础、组织核心和支持的环境,这些都是当前的李庄村所不具备的。随着优质劳动力的流出,李庄村不仅呈现出"空心化",还表现出"弱质化"。村里的原住民以老弱妇幼为主,"外来户"也不具备主动权,很难有能力进行自组织的自治,更不用说存在作为核心人物的领导者了。自治是一项外部性极强的公益活动,有能力的人与其投入巨大的精力和时间帮助村庄解决问题,或者使村庄获得公共收益,不如选择转移到治理有效的城镇地区直接享受治理成果。

新型自治组织的出现需要有一定的社会土壤,也需要适度的政策支持,特别是涉及范围超出村域,以及涉及多方主体的时候。适度的意思就是在自治组织短缺的关键要素和关键过程上,予以恰当的

支持,既不能袖手旁观,也不要揠苗助长。但当前许多地方的政策环境对于自治组织的培育恰恰就处于这两个极端。要么没有任何支持措施,更常见的是以某些政府部门或具有政府属性的部门牵头成立的自治组织,如李庄村现有的巾帼志愿服务支队,就是在县妇联的主导下成立的。不可否认,这样的服务组织对乡村的公共事业必然有积极的作用,也做出了贡献,但同时也完全失去了自治自发的意义。

第三节 治理之基:乡村法治

法治,就是以法律制度为基础进行治理的一种模式。与之对应的,可以是"人治",即以人的意志和主张为中心的治理模式;也可以是"德治",即与法律法规严格的统一规范相对,以民间柔性的道德准则为依据进行治理。从党的十五大正式提出"依法治国",到1999年将"依法治国"写入宪法,到党的十八届四中全会提出"全面依法治国",再到党的十九届六中全会"明确全面推进依法治国总目标是建设中国特色社会主义法治体系、建设社会主义法治国家",依法治国已然成为我国推进国家治理能力现代化的重要目标和重点抓手。

一、法治现状

乡村法治是全面依法治国大框架下的重要组成部分。2018年中央一号文件《中共中央 国务院关于实施乡村振兴战略的意见》(中发〔2018〕1号),第一次在官方话语体系中提出"法治乡村"。法治乡村以乡村振兴战略为时代背景,以提供乡村"有效治理"为历史使命,尊重国家法治与民间规范的良性互动,核心是依法规范乡村事务,重点是对乡村基层政权和公共权力的有效制约,价值追求是保障农民权利、稳定农村秩序,终极目标是营造乡村振兴的法治环境,对促进乡村治理现代化并推进乡村振兴战略具有重要意义(张帅梁,2018)。

中国传统乡村社会追求"无讼"。在乡村这样一个熟人社会出现问题和矛盾时,"告官"并不是首选项,而是利用传统的伦理道德观念来调解和协调。对于相对封闭、世代同作同居的乡村,即便是裁决一时略失公正,也能在漫长的共处中通过别的方式找补回来。但人口的流动、乡民的分化、外来势力的介入打破了原本乡村社会稳定的格局。当理性决策的成分更多,不能够完全依靠"人情"和"面子"解决所有问题的时候,乡村治理求诸法律的需求就产生了。法律由国家制定,也是国家对社会制度性整合的核心要素。因此,乡村法治是国家意志向乡村社会渗透的方式之一,也是与村庄共同体的力量减弱、社会原子化趋势相适配的治理模式。这一规律,在当前的李庄村治理中也得到了鲜明的体现。

1. 法律和法治已经渗透进乡村居民的生活中

根据我们的访谈,"无讼"不再是当前李庄村的绝对状态,法律和法治已经自然地融入了李庄村居民的生活中。调查的 130 个样本中,过去五年内共发生法律纠纷 8 起,其中 4 起通过乡村基层调解解决,4 起通过法庭诉讼解决,法庭诉讼中有 3 起是自己请的律师。这 8 起法律纠纷中,土地、山林、水利等产权纠纷 2 起,债务合同纠纷 1 起,人身、财产权纠纷 1 起,农民工工资纠纷 1 起,日常吵架拌嘴 1 起,其他 2 起。我们可以看到,大部分是经济类的纠纷,且涉及村外个人、企业、行政单位等,这点也得到了镇村干部的证实。据镇司法所工作人员介绍,目前乡村的法律纠纷均以财产和经济纠纷为主,他们每年参与调解的相关个案有 80~100 个。

2. 不同群体对法治的态度与实践程度不同

在我们调查和访谈的人当中,一般是乡村优势群体在遭遇纠纷时更倾向于使用法律工具来解决纠纷,如企业家、种植大户等;反之,普通村民则更倾向于采取上访、媒体干预等非正式手段。比如我们在前文提到过的 L 姓被访户因为承包的水田被征收却未获得土地征用补偿,在与村集体以及乡镇政府协商未果的情况下就选择了上诉。再比如,一位 C 姓大户与前文提到的 M 企业发生了土地租赁合同的纠纷,也选择了委托律师通过法庭诉讼的方式解决。其实 C 姓大户与 M 企业的纠纷金额并不高,约为 2 万元。反观一般村民,前文反复提到的 M 企业排放的废水废气污染周边村民居住环境的问题,在李庄村村民中引起的负面情绪和影响很大。但村民们并没有选择集体诉讼,而是选择了媒体干预、上访等方式。这些方式获得了一些回应,上级政府也确实赴当地了解过情况,最终勒令 M 企业整改并出具合格的第三方环评报告结果,村民们并不满意,但也没有更好的办法。还有一个例子来自 S 姓村民,其爱人因腰椎间盘突出在乡卫生院接受小针刀治疗,因治疗不当变成轻度残疾,日常生活严重受影响,家庭收入也受到了影响,但也从未想过通过法律手段维权。

3. 乡村法治的援助性供给难以扎根落地

双沟镇针对乡村法律法治的公益性和援助性供给很多。据镇司法所的同志介绍,每年都会面向全镇所有的行政村安排公共法律服务和法治宣传。全镇共安排有几十个"法律明白人",每村 1 个人民调解员,还有 13 个法律顾问,并且通过 App 打卡的方式保证每个月赴村服务的频次和时长。此外,还经常安排法治宣传讲座等。但乡镇司法工作人员表示,虽然其中一些措施在乡村纠纷调解方面发挥了一定作用,但更多时候是在做无用功。工作人员分析,现在留在乡村的年轻人少,老年人对法治宣传和援助不感兴趣,也弄不明白怎么回事。

二、法治现状的成因分析

影响李庄村法治现状的因素很复杂,除前文提到的大背景大环境以外,还牵涉法治共识和地方性知识,牵涉到分化的新农民阶层以及多元价值,牵涉到行政权力和司法权力等。我们尝试对这些因素一一进行分析和解释。

1. 有"陌生人"进入的乡村社会产生法治需求

与法治共识相对应的,是乡村的地方性知识。如果把当前推进的在全国范围内通行一致的法律称为"国法"的话,那么传统乡村中由于长期共同生产生活而产生的具有地方特色的伦理关系、道德生活样式以及对人与人之间公平、公正关系的基本理解,可以看作一种"地方法"。地方法通行的区域必须是相对封闭的熟人社会,然而当今的李庄村已然有大量的"陌生人"进入。这些"陌生人"有企业、有大户、有原来的外村居民,而走出去的李庄人自己也成了流入地的"陌生人"。陌生人之间的关系不再通过血缘、地缘而缔结,更多是通过市场、契约而形成。因此,对这样一个有了"陌生人"进入的社会,必然需要更大范围内的法治共识即国家法来制约。这从另一方面也解释了为何李庄村当前的法律纠纷多为经济纠纷,正因为"陌生人"与熟人、"陌生人"与"陌生人"之间是由市场和契约形成的经济关系,且很有可能不待稳固到足以形成情感和精神上的联结时就又再次流动。

但也可以观察到,熟人社会的道德伦理共识在某些领域仍然发挥着主导作用。当我们与被访谈村民第一次提及"纠纷"以及"上法庭"的时候,他们的第一反应仍然是村庄原住民之间和家庭内的纠纷,纷纷表示现在日子好过了,哪里有什么纠纷,有纠纷也不至于闹上法庭。可见,村民们认为经济基础很重要,一般"闹上法庭"这种需要法律介入的事情都和钱有关系,而家庭和同村或远或近的同宗同族的关系是"最后的底线",家丑不可外扬或不足以外扬的原则仍然支配着家庭和宗族领域。

2. 农民角色分化造成司法态度、认知和实践路径的差异

随着工业化和城镇化的推进,农民的角色也出现了分化。当前李庄村的村民以及在李庄村生产的主体主要分为农业雇工、种植大户、企业雇工、个体劳动者和工商户、企业主、乡村干部等几种。不同群体之间的受教育程度、掌握的经济和社会资源、认知水平等均不相同,在同样追求自身利益最大化的情况下,采取的实践路径自然也不同。李庄村的种植大户、企业主等群体一般受过良好的教育,具有较

完备的法律常识,也能够集中一定的经济和社会资源来完成法律诉讼或其他法律程序,获得对自身而言较为理想的结果,形成良性循环。而一般的农业雇工、农民工等本身年纪较大、受教育程度不够高,对于法律和法治的认知不完备,更不具有经济实力和社会地位。可以说,在正式制度的框架中,他们往往处于不利的地位,自然倾向于在法治等正式制度安排外,寻找一种可把握的非制度性因素作为补偿(杨力,2007)。

不仅如此,在影响乡村法治形成和发展的因素中,这种角色和阶层的分化有着更深远的影响。杨力(2007)认为,这些不同群体之间存在优势与劣势地位的区别,形成一种"中心—边陲"的关系形式。位于中心的优势群体不断生产有利于己的地方性知识并整合进乡村司法过程,乡村司法的运作反过来又不断创造有利于优势群体的地方性知识,如此循环往复。而居于边陲的劣势群体,在寻求各种非制度性因素进行补偿、恢复与优势群体之间的力量失衡的过程中,也与正式制度渐行渐远。

3. 乡村法治对行政的过度依赖

在中国当前乃至一直以来的乡村法治中,均存在着对行政的依赖。中华人民共和国的"法律下乡"一直是伴随着"政权下乡"来进行的:1984年,伴随着乡镇基层政权的建设,乡镇也开始普遍设立司法所或司法站,专司法律事务;在大规模的"行政下乡"过程中,依法行政也向乡村渗透;1985年11月,第六届全国人民代表大会常务委员会第十三次会议通过了《全国人民代表大会常务委员会关于在公民中基本普及法律常识的决议》,农村普法活动开始,从此每五年进行一次普法教育,每轮的内容也不同,目前正处于第八轮普法;《中华人民共和国村民委员会组织法》的实施,保障了村委会每一次的换届选举都伴随着相关法律的渗透和传播(徐勇,2019)。

司法对行政的依赖是由乡村社会的实际情况所决定的。一方面,乡民对现代司法缺乏基础的认知和信任,不得不借助行政下乡;

另一方面,司法的过程和政府运作的特征高度重合,使乡民天然用对待行政权力的态度对待司法,强化了司法和行政的重叠。但这样做的影响是,首先,当前我国行政具有自上而下推进的特点,导致司法下乡也采取了同样的方式。虽然推进速度很快,但缺乏对乡村内生激发需求的回应,因此难以落地。其次,乡民难以感受到司法的独立与公正,特别是在与地方政府发生冲突之时(徐勇,2019)。

第四节 治理之魂:乡村德治

德治就是把道德和治理相结合,用道德手段来治理国家。我们认为德治包含两个要素:其一,是作为标准和规范的道德准则,这和法治中的法律是相对应的,这些道德准则可以是成文的,如村规民约,也可以是隐性但所有人心知肚明和默认的;其二,是使人遵守这一道德准则的机制和体制,通常在德治里都是非正式的制度安排,如舆论、道德模范引领等。与自治相比,德治的机制更加隐性和柔性,未必会安排特定的组织通过特定的程序和方法达成特定的目标,更多可能是自然形成的一种机制和逻辑。

一、德治现状

德治是我国历史上素来遵循的主要治国之道。早在先秦时期,孔孟就提出了"仁政"思想,强调统治者的道德引领和示范。董仲舒提出"罢黜百家,独尊儒术"之后,德治思想就被封建社会历代统治者视为基本治国之道。中华人民共和国成立以后,毛泽东逐步形成了以德治为主、法治为辅的治国理念。在改革开放新的时代背景下,以邓小平、江泽民和胡锦涛为代表的共产党人继承和发扬了中国共产党重视共产主义道德建设的治国传统,对新时期社会主义道德建设进行了与时俱进的创新,确立了"以德治国"的基本方略。党的十八大以来,以习近平同志为核心的党中央提出了一系列新思想和新战略,习近平同志所强调的德治是法治基础上的德治,是法治和德治的相互补充、相互促进、相得益彰的治理体系(李元勋 等,2019)。

德治源于乡土社会。在古代各类要素流动缓慢、人口世代定居于某处的大环境下,乡土性的熟人社会是中国漫长历史上的社会基本形态。传统乡村德治主要依靠乡村精英、宗族以及乡规民约三个要素(乔慧波,2018)。乡村精英,又称"乡绅""乡贤",在古代"皇权不下乡"的大背景下,负责管理一方并与统治者沟通。德治强调的是作为一方领袖的乡村精英在道德上的高标准和引领示范作用。宗族是人们依靠血缘缔结的家庭和社会关系,一村或有几个宗族,但亦通过婚姻等关系相互形成联系。宗族的存在为乡村治理提供了一种基于血缘的伦理规范,通过紧密或松散的经济和社会联系,对个体的行为形成有效的约束。乡规民约就是具有地方性特色和局限性的道德准则,由全体乡村社会成员共同达成并遵守。最后,我们认为乡村熟人社会营造的舆论环境,也无时无刻不对个体形成外在压力,敦促其遵守道德规范。

随着传统乡村社会的逐步瓦解,和千千万万正在转型中的中国村庄一样,李庄村的德治也同样面临着挑战。

1. 对本村居民的道德水准评价中上,对道德评价的在意程度不高

在问卷中,要求被调查对象就本村村民在几个维度方面的道德水准进行评价:向上向善、勤俭持家、孝老爱亲、诚实守信、帮助弱小,分别代表了个人道德、家庭道德、社会道德几个维度。从评价结果来看,村民们认为本村人在各方面的道德水准处于中上水平(表 10.6)。不管是哪个维度,基本上六七成的被调查者都认为本村居民做得"不错"。在具体的访谈中,村干部、村民代表等也都纷纷表示,现在人的道德水准都还不错,主要是由于生活水平提高了,相应的素质也有所提高。

表 10.6　对本村居民道德水平的评价　　　　　　（单位:%）

评价	向上向善	孝老爱亲	勤俭持家	诚实守信	帮助弱小
不太好	3.94	3.97	5.60	3.97	4.00
一般	24.41	24.60	24.00	23.81	28.80
不错	68.50	68.25	64.80	70.63	56.80
不好说	3.15	3.17	5.60	1.59	10.40
总计	100	100	100	100	100

当问及"您觉得本村大部分人是否在乎周围熟人的道德评价"时,仅有3成的被调查者认为"很在乎",认为"一般"和"不在乎"的人占到了近一半。可见构成德治基础的熟人社会舆论压力氛围,在李庄正在变淡。

2. 自上而下制定的村规民约作用有限

在李庄村集中居住点广场旁的居民楼墙上,张贴着李庄村的村规民约,在楼间小路旁也竖立着写有村规民约的牌子。李庄现行的村规民约是在上级民政局的引导下制定完成的,共分为遵纪守法、文明礼貌、家庭建设、邻里和睦四个篇章,以及一篇移风易俗三字经,总共732字,几乎涵盖了日常生活中道德准则的方方面面,读来通俗易懂,朗朗上口。然而我们就村规民约询问时,李庄村民均表示,知道但没好好读过,更没办法复述出来。但对于村规民约中宣扬推广的道德准则,大部分村民还是自发认同和遵守的。

3. 党组织在本村发挥了主要作用,家族和宗教势力式微

绝大多数村民肯定了党组织在本村发挥的作用,有82.81%的被调查者认为党组织在本村发挥了积极的作用。截至2022年调查时,李庄村党员共79人,其中男性偏多,有69人;党员年龄结构老化较为明显,50岁以上的有55人,约占70%;大专以上学历的约占25%。党支部共4人,包含女性1名,年龄为30~50岁。除党支部副书记以外,其他全部在村委会交叉任职。

家族和宗教势力在李庄村式微。认为家族和宗教组织在本村发

挥积极作用的仅占 2~3 成,大部分(超过 60%)的村民认为没有任何作用,甚至有 8%~9% 的村民认为已经不存在任何家族或者宗教组织。据镇宣传办介绍,近年来经过规范化治理,全镇仅余 11 个教堂、1 个寺庙、2 441 个登记有宗教信仰的常住居民。而家族组织在乡村的作用和影响甚至还微弱地低于宗教组织。据李庄村村民介绍,近年来村里同宗家族之间的联系已经很淡,日常生活和活动主要以小家庭为主。只有在红白喜事有人情来往的时候,才会通知同宗族的亲戚。村里的族谱依然在修,但也是每过几年一大修,平时几乎没有任何仪式或家族活动。

二、德治现状的成因分析

造成李庄村德治现状的背景和因素,与前两节自治与法治的分析息息相关,也与本书前面相关章节有关联,为避免重复,在此仅作简要分析总结。首先,经济、生活水平和受教育程度的提高,使得村庄人口素质提高,道德水平也相应有所提高;其次,"陌生人"的进入、本村人的大量流出打破了德治的前提,也使人们在更广阔的范围内寻找一种更普遍和即时的正义,此时地方性的道德准则和村庄舆论便显得不再重要,同时也导致了乡村精英一定程度的流失、宗族联系的减少;最后,国家力量对乡村社会的渗透,使得党组织在乡村的权威和公信力进一步提升,但行政力量自上而下的干预,不符合德治自下而上形成的根本机制,使得如此制定的村规民约成了"一纸空文"。

第五节 乡村治理的未来展望

作为一个处在城乡融合发展、现代化加速进程中的苏北小村庄,李庄村的乡村社会基础受到了巨大的冲击,治理模式和方式也随之发生了改变。在这种冲击之下,传统的正在消逝——村庄公共物品的自我供需、地方性的知识和审断、传统道德和舆论环境;现代的正在成长——公共财政和基本公共物品的全面覆盖、法律和法治的认知和实践、道德水平的普遍提高、现代化组织的主导力量增强；转型过程中的阵痛正在持续——尚未成长完善的新型自治组织、有待调和的不同利益群体、不能落地的新村规民约等。同时不能忽视的是在基层治理中行政权力的主导和过度渗透。

李庄村面临的基层治理处境，在当代中国具有一定的代表意义。可以预见的是，这种城乡融合发展和现代化的进程，还将在未来较长的一段时间内持续，乡村治理也必将逐步建立起新秩序和新格局，在这一过程中行政力量的恰当干预和适度收放尤为重要。

新旧交杂的转型期是乡村基层治理在一段时期内要面对的常态。不管是城乡融合发展还是现代化都要经历一段过程，不是一蹴而就的。城乡各类要素之间的流动只是融合发展的第一步，随着探索推进体制机制的一体化，乡村会进一步打开、开放，更多的城市化和现代化的要素涌入，乡村社会还会经历更多的冲击和改变。同样的，乡村的现代化也不是被动改变的，而是在外来因素的冲击下，进行不断的吸收和融合，最终形成具有乡村特色的现代化样式，这同样需要经历一段时间的有机发展。此外，作为治理基础的人的认知和行为模式，需要更长的时间去改变，可能是一代人甚至几代人。因此，拥抱变化，适应这个过程中不断产生的新的治理需求，以及调和新旧模式交替产生的矛盾，是接下来一段时间内乡村基层治理的紧迫任务。

乡村社会和乡村治理必将形成阶段性的新格局和新秩序。虽然过程是漫长的，但乡村社会发展变化趋势是一定的——更加开放、融合和现代化，因此乡村治理改革的大方向不变。法治必然是未来城乡治理的基石，并且会在各个区域、各个领域、各个阶层间越来越趋于一致。相比之下，自治和德治的传统土壤会逐渐消失，但作为传统制度和文化的一部分，自治和德治在乡土中国自有其底层逻辑和优势，未来也必将在相对稳定的乡村社会新格局下蜕变发展，形成新型乡村自治和德治体系。

　　上述过程离不开政策的引导，但也要避免行政力量的过度干预。中国式行政力量介入的优势是迅速、高效，也曾在引领乡村治理转型方面收获一定的成效。然而接下来的一段时间里，乡村的转型和现代化即将进入深水期，面临的都是一些根本性的矛盾和冲突，在进度上不可操之过急。在推进方式上，自治和德治本身就是自下而上地生成和孕育的，将创新、转变的主动权还给社会，就是尊重社会发展的科学规律，如此达成的事实上的高效可能更胜过时间上的高效。此外，不管是法治还是自治，都需要保持一定的独立性。自治需要保持相对于"他治"的独立，而法治则是在"他治"的体系内保持相对于"官治"的独立。只有各方都能在各自的轨道上良好地运行，才能发挥完美的相互补充、相互支持作用，形成新时代的乡村"善治"局面。

第十一章 结　语

党的十八大以来,李庄村在各级政府的帮助扶持下,其农业农村面貌发生了翻天覆地的变化,农村经济社会快速发展,产业结构、就业结构、收入结构、消费结构不断优化,农业农村现代化水平迅速提高。最突出的变化是,耕地已全部流转并由家庭农场和农业企业等新型经营主体经营,工资性收入成为农民收入的主要来源,绝大部分农民已进入集中居住区,住进了崭新的楼房,李庄村已由一个省定经济薄弱村转变为社会主义小康村。

一、村庄现代化的现状评估

农业农村现代化的过程就是机械化、信息化、城乡一体化的过程,其主要标准是农业农村发展达到世界先进水平。村庄现代化是农业农村现代化的基础,农业农村现代化的许多特征将会在村庄表现出来。李庄村村域范围较小,显然不能以一个国家或一个省市的农业农村现代化指标体系来评估其现代化程度。近十多年来,李庄村农业、农村、农民现代化快速发展,但发展进程并不同步,农业现代化程度最高,农村现代化次之,农民现代化相对滞后。

1. 农业现代化基本实现

农业现代化要求构建现代农业产业体系、生产体系、经营体系。党的十八大以来,李庄村农业现代化进入快速发展时期,耕地已经全部流转给家庭农场和农业企业等新型经营主体经营,稻麦等主要粮食作物已经实现了全程机械化,农业已经基本实现现代化。

(1) 构建现代农业产业体系。构建现代农业产业体系就是要推动农村一、二、三产业融合发展,实现农业高质量发展,不断提升农业经济效益。农村一二三产业融合发展是顺应农业从"吃得饱"向"吃得好"转变,从生产功能向休闲、文化、社会等多功能转变的必然选择。李庄村利用自身资源优势,顺应社会消费水平不断升级的要求,在不断调整农业生产内部结构的同时,加快发展农产品加工业,延长了产业链,提升了价值链,实现了农村一、二、三产业的融合发展,农村产业竞争力和经济效益不断提升。

(2) 构建现代农业生产体系。粮食安全是"国之大者"。李庄村贯彻落实"藏粮于地、藏粮于技"战略,切实抓好粮食生产。一是藏粮于地。2006年全村耕地均为中低产田。全村地势西高东低,东部为湖滨滩地,地势低洼;西部属低矮岗坡地,虽有一条机电灌溉渠,但因土质疏松漏水而无法灌溉。村域土质均为黏性土,遇水会有微膨胀。"十三五"以来,李庄村加强农业基础设施和高标准农田建设力度,全村已经建成高标准农田4 500亩,占耕地总面积的43.7%。二是藏粮于技。李庄村坚持用现代物质装备武装农业、用现代科技服务农业、用现代生产方式改造农业,改变农业"靠天吃饭"的局面。2007年时,几乎家家户户都有小型拖拉机、旋耕机、农用三轮车等农机具,机械设备使用效率极低。2012年以来,粮食犁地、种植、植保、收割等主要生产作业由农业服务机构提供,已经实现了全程机械化。

(3) 构建现代农业经营体系。经营体系聚焦经营主体及其经营方式,事关"谁来生产"和"怎么组织生产",是产业兴旺的组织支撑。经营规模小、农业效益低是我国农业普遍存在的问题。李庄村农业经历了从小农生产到规模经营的历史性转变。2010年前,灾荒加上虫害,种地风险大,农民种地积极性不高。2010年以来,粮食价格提高、政府补贴增加,再加上大型机械作业,愿意种地的农民不断增加。

李庄村在农户集中居住的基础上,推动耕地流转,耕地已经全部由家庭农场、农业企业经营,解决了联产承包制实行以来一直没有解决的小规模经营问题。全村确权并流转耕地 9 500 亩,由 11 个家庭农场和农业企业经营,其中本村 4 家,非本村 7 家。最大家庭农场经营面积达 2 255.8 亩。

在农业现代化过程中,李庄村在农业生产的标准化、绿色化、智能化、品牌化、多功能化,以及农产品加工企业与家庭农场建立更为稳固的利益联结机制等方面,还需要进一步努力。

2. 农村现代化水平进步明显

农村现代化包括基础设施现代化、生态现代化、文化现代化、治理现代化等多个方面。在各级政府扶持力度加大和村级集体经济加快发展的背景下,李庄村基础设施、生态环境、乡村文化和治理现代化水平都有了很大的提高。

(1) 基础设施现代化水平明显提升。为完成脱贫攻坚任务和全面建成小康社会,各级政府加大了对农业农村尤其是欠发达地区农业农村的投资力度。李庄村主要道路已经实现硬质化并装有路灯。村域内集中居住区的电力、自来水已实现全覆盖,安装网络设施的农户占 44.44%。村部设有卫生室,方便村民就近看病。村庄基础设施建设的主要问题为交通安全标志仍显不足。李庄村交通干线多,与农田的桥、涵、洞交叉节点也多。目前在进出口通道上的安全标识不够显著,不少地方没有标识。在机动车、电动车快速增加的前提下,与行人混杂通行容易造成车祸。集中居住区各楼层缺少消防设备。楼房居住人员密集,过火电器、线路、燃气等集中,比分散居住的火灾威胁更大。

(2) 生态现代化水平明显提升。山清水秀,人居环境改善,田园风光醉人,表明乡村"生态"振兴。党的十八大以来,国家强调生态文明建设,加强了环境保护。李庄村耕地规模经营、农民集中居住后,生产、生活环境有了很大提升。村庄环境总体干净整洁、生态宜居。

与2008年相比,李庄村集中居住小区的生活污水全部集中进入污水管网处理。生活垃圾收集处理情况有了很大改善,村庄公共环境较为整洁。2014年起李庄村有5名保洁员,垃圾由政府出资集中处理,有长效管护机制。生态环境的主要问题是,农业面源污染和工业点状污染依然存在。农业生产上,化肥农药总量偏高,废弃物处理单一化。村内的2家农产品加工企业存在一定程度的环境污染,河水呈墨绿色,空气中有时弥漫着异味。农村垃圾分类及污水治理运营成本较高。农村垃圾分类程度较低,生产生活垃圾混放比例高,导致垃圾焚烧等处理过程需提高燃油等成本。另外,因农户外出务工及节省等思想,污水收集量不足时,也需添加更多药剂促使设备运行,增加运营成本。

(3) 文化现代化水平明显提升。国家倡导乡风文明建设,重视传统文化的保护与传承。李庄村加大了社会主义核心观的宣传教育力度。李庄村有新时代文明实践站,成立了志愿服务队,站内设置了道德讲堂、志愿者工作站、图书阅览室、中老年活动中心、妇女儿童活动室等,具有理论学习、党员教育、道德宣讲、图书阅览、书画棋牌、健身娱乐等多种功能,是一所集学习培训、专题讲座、文化普及、休闲娱乐、便民服务于一体的综合性活动中心,每2个月举行1次道德讲堂,每个季度进行1次文明家庭宣传。李庄村目前的婚姻方式以自由婚姻为主,代际之间关系比较和谐,宗族组织基本瓦解,邻里关系总体和谐。社会风气有所好转,赌博之风大为削弱,婚丧嫁娶风俗有所简化。乡风文明主要问题为结婚开支总体较大,在宴席彩礼方面还存在着一定的攀比之风。近年来离婚的家庭数量有所增加,说明家庭的稳定性在下降,这与当前人口流动频繁、夫妻分居以及现代个人自由观念盛行有关。随着乡村青壮年人口大量外流,乡村在衰落,乡村文化和习俗也在随着乡村的衰落而衰落,乡村文化的传承和保护刻不容缓。村农家书屋和体育健身场所利用率较低。集中居住拉远了邻里间的距离,淡化了乡村文化,邻里间关系弱化,乡村传统会逐渐消亡。

（4）治理现代化水平明显提升。近十年以来，中国社会整体发生了诸多变化，工业化和城镇化程度进一步提高，人口流动更加放开，移动互联网兴起和普及，城乡政策也开始向融合发展的方向转变，各类社会要素纷纷下乡。外在社会环境的剧烈变化，必然对基层治理产生影响。党的十八大以来，李庄村自治、法治、德治水平不断提升。村庄自治方面，以行政村村民委员会为主体的自治形式更完善规范。村庄法治方面，村设有警务室，还聘请1名村法律顾问。村民的法律意识明显提高，近两年没发生过刑事案件。村庄德治方面，党组织在本村发挥了主要作用，家族和宗教势力式微。村庄智治方面，建有村民微信群和村党员微信群，利用现代通信手段强化村民之间和党员之间的信息沟通与交流。村庄治理的主要问题是，大部分劳动力外出打工，农村以老年人、妇女、儿童为主，留守村庄的人对村庄治理热情不高、能力不足。搬迁到外地新型社区居住的村民，与本村的联系主要是土地联系，对村级事务关心度下降。村民对道德评价的在意程度不高。

3. 农民现代化水平不断提高

贯彻以人民为中心的发展理念、推动农民现代化是农业农村现代化的根本目标。2012年以来，李庄村农民生活有了翻天覆地的变化，但相对于农业现代化、农村现代化，农民现代化仍然相对落后。

（1）农民素质不断提高，但与现代化要求相比仍有较大差距。从劳动力质量来看，李庄村劳动力素质有所提升，主要表现为受教育程度提高、培训参加率增加、健康资本水平提升。但李庄村人口老龄化程度较深、人口抚养比较高，农村人力资本水平不高且增速较慢。与江苏省相比，李庄村劳动力质量仍有较大差距，尤其是农村女性和农村老年人，其受教育水平低、健康资本有限、培训参与率不高。城乡二元藩篱的长期存在与隐蔽化，导致农业转移人口不得不将"抚幼""养老"等人口再生产环节放置农村，由此造成了留守儿童发展、农村老人养老、农村家庭婚姻不稳定等诸多问题,成为农村社会和谐稳定以及可持续发展的"绊脚石"。在人口老龄化和农业现代化的时代背景下,如何实现农村女性和老年人口人力资源的开发和再利用,是缓解我国劳动力短缺、破解"人口红利"困局的重要路径。

(2) 农民收入稳步提升,但进一步增收有较大压力。随着越来越多的农村劳动力向第二、三产业转移,李庄村农民收入也有了较快增长。2007—2021年,调查户家庭人均可支配收入从4 422元增长到18 006元,年均增长7.73%。2021年,样本农户家庭人均可支配收入与全国农民人均纯收入基本持平,但在全省仍处于中等偏下的水平,分别为同期苏北地区、江苏省平均水平的86.02%、74.41%。在县镇创业政策的鼓励下,大力发展"三来一加",促进就近就业。李庄村低收入组与高收入组农户群体的收入差距在逐渐缩小。李庄村农户负债比例较高,借债主要用于购房、看病,以亲友间的民间借贷为主。

(3) 居住条件已有了很大改善,但配套设施建设仍需提高。为了改善农民的居住条件,泗洪县从2009年开始推动农民集中居住。经过先后四轮拆迁,绝大部分农户进入村内外农民集中居住区居住或到城镇买房。农民住进了崭新的楼房,农户住房面积出现了一定程度的扩大,改善了部分农民居住紧张的情况。其中,超过7成的居民已经离开了原村庄居住,并由此带来生产方式、生活方式、治理方式的巨大变化。农户集中居住加快了承包地流转方式,以及农民生活方式和基层治理方式的转变,也为引入农产品加工企业提供了土地保障。拆迁需要注意的问题是,充分尊重农户意愿、加大政策的宣传解释、降低居住生活成本等。

(4) 生活水平不断提高,但与城市居民相比仍有较大差距。李庄村村民恩格尔系数小幅下降,生活水平进一步提高;耐用消费品升级换代,生活设施迈向现代化;交通通信消费快速增长,汽车拥有量不断增加;教育文化娱乐需求增强,教育消费成为新亮点;医疗保健消费较快增长,健康意识逐步增强。农民生活的现代化不仅包括吃饱穿暖,还包括医疗、社保、教育等方面的改善。"十三五"期间,江苏省政府对有劳动力的低收入农户按人均1 600元提供生产资金,低保户、五保户则由财政兜底供养,并在教育、医疗、住房等方面提供保障。至"十三五"末,李庄村483个低收入人口已经全部实现"两不愁三保障"。但由于居民收入来源相对不稳定,其消费层次总体水平较低。城乡居民最低生活保障标准实现了统一,农民保障水平有了较大幅度提高,但目前农民的养老保险水平依然偏低。

李庄村的实践说明,农业、农村、农民三个现代化既相互依存,又相对独立。农业现代化作为产业现代化,是农村农民现代化的基础和关键;农村现代化为农业农民现代化提供必要的保障;农民现代化是农业农村现代化的重要支撑。农业现代化对农村现代化有促进作用,但农业劳动生产率的提高、农村劳动力的外流也会带来农村的空心化。农村现代化比农业现代化涉及的面更广,有赖于城乡基础设施和公共服务一体化体制机制的建立,也有赖于政府财政投入和集体经济发展,所以比农业现代化更难。农民现代化涉及农民素质的提升和生活品质的提高,更是一个长期过程,甚至需要一两代人的努力才能完成。

二、村庄现代化的结构演进

农业农村现代化的过程,不仅是经济社会发展水平快速提升的过程,也是产业结构、就业结构、收入结构、消费结构不断演进和转型升级的过程。进入"十三五"时期,李庄村产业结构不断优化,农村一二产业融合发展格局基本形成,实现了农业单一结构向农村复合型结构的转变。在农业劳动生产率大幅提升的背景下,大部分劳动力转移到第二、三产业,实现了兼业打工者向专业打工者的转变以及从打工向创业的转变。农民收入水平不断提高,工资性收入成为农民收入的主要组成部分,消费由生存性需要向发展性需要转变。李庄村从经济薄弱村向基本实现现代化转变的过程中,经济结构不断演进的规律,在全国具有一定的普遍意义。

1. 产业结构演进

立足并发挥区域自身的资源优势,通过构建现代农业产业体系,形成更加合理的农业产业结构,统筹发展粮食作物与经济作物,推进农牧渔、种养加一体,加快农村一、二、三产业融合,进而使农业产业链更长、价值链更高。2008年以来,李庄村农业产业体系不断横向拓展、纵向延伸,农业资源要素配置更加合理,农产品供给效率不断提升,农业的经济效益、生态效益显著增强。一是在稳定粮食生产的基础上,加快发展经济作物。在保证基本农田种粮的基础上,突出市场导向,更加突出特色农业。二是在稳定发展农业的基础上,加快发展农产品加工业。农产品加工业是农业现代化的重要支撑,有力地促进了农业增效、农民增收和三产融合。李庄村村域内有工业企业3家,其中2家为农产品加工企业。农产品加工业的发展,有效带动李庄村及周边乡镇经济,帮助更多的经济薄弱乡镇走上脱贫致富快车道。

2. 就业结构演进

"配第—克拉克定理"表明,随着人均收入水平的提高,经济增长动力将实现由工业向服务业的转变,此时土地、技术、劳动力等生产要素会转向具有更高市场回报的现代服务业。这一发展规律已为世界众多发达国家的历史经验所证实。改革开放以来,我国产业结构亦出现由农业到工业、再由工业到服务业以及现代服务业的转变升级。就李庄村来看,其劳动力就业结构亦呈现由第二产业向第三产业的转变。因李庄村集中居住后,复垦宅基地与原有耕地一起流转给家庭农场进行规模经营,土地资源流出致使农村劳动力职业非农化的趋势更加明显。李庄村村民与传统农业、传统村落的关系松散化,劳动力已由"半工半农"转变为"全职"产业工人,职业非农化趋势明显,居住空间亦由村庄向乡镇、县城转变。

3. 收入结构演进

随着城镇化水平的快速推进,农民的收入将由以农业经营收入为主转变为以非农就业收入为主。从收入结构上看,李庄村村民工资性收入占据主导地位,经营性收入占比较低,财产性收入和转移性收入成为新的收入增长点。一是工资性收入"压舱石"作用显著。承包地大量流转出去,给农户家庭务工就业提供了更多的时间和机会。130个调查农户中,有家庭成员在本地或外出务工的户数高达112户。二是经营性收入已不再是重要的"增长极"。李庄村农户的承包地基本上都从普通农户流转到家庭农场,目前以农业生产经营为主的农户已非常少,农户家庭从事其他非农产业经营的也比较少。三是财产及转移性收入激发增长"新活力"。随着农村改革红利持续释放,财产性收入增长较快,成为农民增收的新亮点。土地流转租金是目前李庄村财产性收入最重要的一项。

4. 消费结构演进

居民生活消费支出主要包括食品烟酒、衣着、居住、生活用品及服务、交通通信、教育文化娱乐、医疗保健、其他用品及服务八大类。随着收入水平的提高,生活消费将从基本的吃穿方面的生存性消费向发展和享受性消费倾斜。与十多年前相比,李庄村居民在收入水平较大幅度提升的基础上,消费水平和消费结构也相应发生了较大的变化。用于食品烟酒方面的饮食消费占比稳居第一,健康类消费支出占比位居第二,教育文化娱乐消费支出占比位居第三。整体而言,李庄村农户家庭生活消费仍处于物质消费低度满足的消费模式,其衣食住行及生活服务等基本物质与服务消费满足程度偏低。医疗消费支出占比偏高,是李庄农户家庭不得不面对的刚性压力消费,在很大程度上挤压了其他方面的消费,导致"挤出效应";教育支出高满足率与高边际倾向比较明显,是一项李庄农户家庭主观支付意愿强烈的刚性消费支出。

三、村庄现代化的动力转换

村庄现代化的实现离不开政府和社会的扶持。一个村庄无法选择自身的区位，但村庄利用区位优势的能力是不一样的。村庄对外应争取更大的政策扶持，对内应尽可能利用一切可以利用的资源，力争在区域内率先实现现代化。李庄村作为"十一五"时期的省定经济薄弱村，各级政府的强力帮扶为其摘掉省定经济薄弱村的帽子做出了贡献。进入"十三五"时期，李庄村深化农村体制机制改革，不断提升生产力发展水平，进入主要依靠自身资源发展的内生发展时期。

1. 李庄村现代化的外部条件

政府的扶持政策对于村庄现代化有重要影响。对于经济薄弱村而言，外部帮扶对其快速发展会有更加重要的意义。一是国家农业农村优先发展方针带来的有利条件。党的十八大以来，脱贫攻坚战略的实施、乡村振兴战略的实施、农业农村优先发展方针的贯彻落实，为李庄村由脱贫致富奔小康向基本实现现代化迈进提供了较好的政策环境。政府通过千村万户帮扶工程、脱贫致富奔小康工程等政策举措，对李庄村的基础设施建设、产业发展、集体经济发展、农民就业、低收入人口社会保障等进行了扶持。二是苏北地区"四化同步"发展带来的有利条件。江苏是沿海发达省份，较高的工业化、城镇化、信息化水平对农业农村现代化有重要推动作用。李庄村所在的宿迁市在江苏省相对落后，但也是江苏发展速度较快的地区，省委省政府对宿迁市、泗洪县、西南岗地区有较多的政策扶持，这为李庄村的农业发展、劳动力转移、村庄基础设施建设提供了有利条件。

2. 李庄村现代化的内生能力

市场经济下，经济薄弱村内生发展能力主要取决于村级集体和农户的市场竞争力。进入21世纪，李庄村先后经历发展启动、体制变革、结构转型、有效治理等四个阶段。在政府精准帮扶下，李庄村通过资源高效利用、产业竞争力提升、产权制度改革、市场意识培育，实现了由外生发展向内生发展的转换。

资源高效利用是村庄内生发展的物质基础。村庄资源既包括地形、气候、土地等自然资源，也包括村干部、经营能人、技术能人、普通劳动者等人力资源。李庄村土地和耕地面积较大，开发强度也较高，土地资源利用效能持续提升，村内空间资源利用与管理取得明显成效。对于村庄而言，人力资源往往比自然资源更加重要。在承包地充分流转的前提下，创业和打工成为李庄村村民的主要就业渠道，农民的市场经济意识有了明显增强。

产业竞争力提升是村庄内生发展的关键。资源优势若不能转化为产业优势，经济薄弱村的内生发展还是无法持续。产业竞争力强主要体现在产业结构优、经营主体竞争力强、生产要素先进等方面。一是延长农业产业链，推动农村产业融合发展。提升产业竞争力的基础和前提是选准产业发展方向，即在调查研究的基础上，结合市场需求和本地资源优势，推动农业结构的适应性调整，建立有区域特色和竞争力的产业体系。李庄村农业结构的调整和农产品加工业的发展，延长了农业产业链，同时也推动了农业劳动力的转移，增加了农民收入。二是发展新型经营主体，推动农业经营方式全面转型。在劳动力转移和耕地集中平整的背景下，大力发展家庭农场、农业企业等新型经营主体，推动耕地向规模经营集中，有利于提升产业发展质量。李庄村在农民自愿的基础上，引导农户将承包地流转给11个新型经营主体经营。相对于小农生产，新型经营主体产量更高、成本更低、经济效益更好。三是发展生产性服务业，推动农业生产方式全面升级。良好的农业社会化服务体系是实现农业规模经营的条件。随着社会化服务体系的发展，李庄村稻麦等主要作物实现了全过程机械化，改变了原来户户有拖拉机、生产成本较高的状况，农业全要素生产率有了较大提升。

产权制度改革是村庄内生发展的重要枢纽。李庄村的实践说明，村庄发展不是直线进行的，一项突破性的变革可能会导致村庄发展的突飞猛进。通过宅基地换房,李庄村村民实现了由分散居住向集中居住的转变,并由此带来承包地的流转,实现了农业分散经营向规模经营的转变、农民外出就业的增加以及农产品加工企业的发展。通过集体产权制度改革和各级政府的帮扶,村级集体收入不断增加。

市场意识培育是村庄内生发展的重要保证。经济薄弱村内生发展能力不足的一个重要原因是部分农民因循守旧、观念落后,对政府的帮扶存有依赖性。培养现代市场经济的自主意识、竞争意识、参与意识成为经济薄弱村摆脱落后、提升内生发展能力的重要路径。一是自主意识。村级集体经济组织、农户是发展主体,也是市场主体,有权决定发展的项目和发展的方式,政府不应代替农户做决策。二是竞争意识。竞争意识是市场经济下农户前进的强大动力。到沿海发达地区和城市打工提升了村民的思想素质和技术文化素质,农民的竞争意识和竞争能力明显增强。低收入农户看到周围的农民在勤劳致富,不再安于现状,逐步树立了勤劳致富的先进理念。三是参与意识。参与意识不仅推动农民的政治参与,还会推动农民的经济参与、生态参与、文化参与。通过完善村庄自治,让村民参与到村庄发展项目的规划、实施、监督、评估等各个环节,增强他们对发展项目的拥有感、对效益的获得感,在项目实施和管理过程中接受市场理念、转变发展观念,不断提高内生发展能力。

展望未来,随着经济社会的发展,镇村撤并的趋势将会继续,以降低行政成本,增强规模效应。2020年双沟镇兼并了周边的四河乡、峰山乡。苏南发达地区行政村大部分已经撤并,小的行政村也在5 000人左右,大的行政村甚至在2万人以上。由于李庄村周围缺少发达村庄,李庄村至今还没有被兼并过。李庄村将来被撤并的可能性较大,8 000~10 000人的村庄规模较合适。村庄合并后不会降低居民的生产生活质量,但会降低行政成本。江苏是沿海发达省份,将在2035年基本实现农业农村现代化。李庄村虽然可能被撤并,但基础设施现代化、产业现代化、农民生活现代化等村庄现代化的进程不会终止。李庄村有望在 2035 年跟上全省步伐基本实现现代化。

　　对一个典型村庄的解剖有利于深入了解村庄现代化的演变过程、动力机制等,但一个村的调研是有一定局限性的。中国人口众多,历史悠久,地域辽阔,且经济发展不平衡程度高,这就决定了中国乡村社会的差异。依据经济社会发展程度的不同,可以分为发达村庄、中等发达村庄、欠发达村庄。不计入边疆少数民族地区,仅以人口密集的汉族居住区为例,中国乡村社会就有十分不同的村庄类型,且这些类型具有明显的区域特征。依据村庄结构的差异划分为南方农村、北方农村和中部地区的农村;按东中西部地区的经济发展水平差异可将中国不同区域的村庄划分为三种类型:低度分化村庄、中度分化村庄、高度分化村庄(贺雪峰,2018)。从功能视角看,中国乡村可分为集聚提升类、城郊融合类、特色保护类、搬迁撤并类、生态保护类 5 种类型(刘恬 等,2021)。希望有更多的学者对不同类型的村庄进行调查研究,以丰富村庄现代化的内涵与实现路径,为有中国特色的农业农村现代化贡献智慧和力量。

参考文献

白莹,蒋青,2011.农民集中居住方式的意愿调查与分析——以成都市郫县为例[J].农村经济(7):111-114.

蔡昉,2012.避免"中等收入陷阱"——探寻中国未来的增长源泉[M].北京:社会科学文献出版社.

曹立,徐晓婧,2022.乡村生态振兴:理论逻辑、现实困境与发展路径[J].行政管理改革(11):14-22.

曹永福,杨梦婕,宋月萍,2013.农民工自我雇佣与收入:基于倾向得分的实证分析[J].中国农村经济(10):30-41+52.

常红晓,2006.江苏:"农民集中居住"得失[J].财经(24):108-110.

陈立旭,潘捷军,等,2009.乡风文明:新农村文化建设——基于浙江实践的研究[M].北京:科学出版社.

陈明,2022.农业农村现代化的世界进程与国际比较[J].经济体制改革(4):151-159.

程漱兰,李爽,2022.新中国农村集体土地制度形成和演进的历史逻辑以及若干热点问题探究[J].中国农村观察(3):19-31.

仇叶,2020.乡村工业化模式与农村土地制度变迁——一项对沿海地区集体经营性建设用地制度的研究[J].中国农村经济(4):101-123.

单静,朱薇薇.泗洪:系列帮扶措施助力5 693人成功创业[N].宿迁日报,2022-04-23(A3).

董欢,2007.乡风文明:建设社会主义新农村的灵魂[J].兰州学刊(3):75-78.

杜志雄,包宗顺,2012.发达地区贫困村的艰难起飞:江苏泗洪李庄村[M].北京:中国社会科学出版社.

方先明,胡丁,2022.乡村振兴中的集体经营性建设用地入市的经济增长效应[J].江苏社会科学(2):117-128.

费孝通,1998.乡土中国生育制度[M].北京:北京大学出版社.

费孝通,2001.江村经济——中国农民的生活[M].北京:商务印书馆.

高珊,周春芳,2009.农村劳动力参与培训的现状及需求分析——以江苏省为例[J].安徽农业科学,37(32):16021-16022+16030.

关彦智,2015.河北省农村居民消费结构研究[D].河北:河北农业大学.

国务院发展研究中心农村经济研究部课题组,叶兴庆,程郁,2021.新发展阶段农业农村现代化的内涵特征和评价体系[J].改革(9):1-15.

何传启,2019.中国现代化报告2019——生活质量现代化研究[M].北京:北京大学出版社.

何瓦特,唐家斌,2022.农村环境政策"空转"及其矫正——基于模糊—冲突的分析框架[J].云南大学学报(社会科学版),21(1):116-123.

何增科,2014.理解国家治理及其现代化[J].马克思主义与现实(1):11-15.

贺雪峰,2018.村庄类型及其区域分布[J].中国乡村发现(5):5.

贺雪峰,2018.关于实施乡村振兴战略的几个问题[J].南京农业大学学报(社会科学版),18(3):19-26+152.

贺雪峰,印子,2015."小农经济"与农业现代化的路径选择——兼评农业现代化激进主义[J].政治经济学评论,6(2):45-65.

洪银兴,王荣,2019.农地"三权分置"背景下的土地流转研究[J].管理世界,35(10):113-119+220.

胡洪彬,2017.乡镇社会治理中的"混合模式":突破与局限——来自浙江桐乡的"三治合一"案例[J].浙江社会科学(12):64-72+157.

胡艳,2008.农村留守儿童心理健康状况的调查研究[D].南昌:南昌大学.

黄宗智,2010.中国的隐形农业革命[M].北京:法律出版社.

姜力月,2022.中国式现代化语境下的农业农村现代化——基于大历史观的多维探析[J].理论建设,38(3):11.

姜长云,李俊茹,2021.关于农业农村现代化内涵、外延的思考[J].学术界(5):10.

金高峰,2009.贫困村脱贫与农业生产方式转变——基于对江苏省李庄村个案的调查分析[J].乡镇经济(5):4.

卡尔·马克思,弗里德里希·恩格斯,2009.马克思恩格斯文集第八卷[M].中共中央马克思恩格斯列宁斯大林著作编译局,编译.北京:人民出版社.

冷波,2022.农村人居环境治理过密化及其解释[J].内蒙古社会科学,43(3):156-162.

李伯华,李雪,王莎,等,2022.乡村振兴视角下传统村落人居环境转型发展研究[J].湖南师范大学自然科学学报,45(1):1-10.

李春,2019.以移风易俗为抓手推进乡风文明[J].社会主义论坛(3):52-53.

李贵成,2021.生活质量视域下新生代农民工闲暇生活方式研究[M].北京:科学出版社.

李江一,秦范,2022.如何破解农地流转的需求困境?——以发展新型农业经营主体为例[J].管理世界,38(2):84-99+6.

李利宏,2016.资源型地区集体产权个体化后的村庄治理[J].江西社会科学,36(6):232-236.

李实,张钰丹,2020.人力资本理论与教育收益率研究[J].北京大学教育评论,18(1):59-79+189-190.

李小燕,赵相斌,2019."乡风文明"与乡村特色文化产业的协调发展[J].长春理工大学学报(社会科学版),32(3):71-74+94.

李永芳,2002.我国乡村居民居住方式的历史变迁[J].当代中国史研究(4):49-57+126.

李羽林,2019.中国农村家庭消费倾向的同伴效应研究[D].成都:西南财经大学.

李元勋,李魁铭,2019.德治视角下健全新时代乡村治理体系的思考[J].新疆师范大学学报(哲学社会科学版),40(2):70-77.

李周,温铁军,魏后凯,等,2021.加快推进农业农村现代化:"三农"专家深度解读中共中央一号文件精神[J].中国农村经济(4):2-20.

刘凤芹,2003.不完全合约与履约障碍——以订单农业为例[J].经济研究(4):22-30+92.

刘骥,2018.科技变革与新型劳动力需求:教育如何有效应对[J].教育经济评论,3(2):36-51.

刘骥,郑磊,2019.人力资本与全球增长新动能:对我国教育发展的启示[J].教育经济评论,4(5):17-32.

刘凯,2018.中国特色的土地制度如何影响中国经济增长——基于多部门动态一般均衡框架的分析[J].中国工业经济(10):80-98.

刘守英,2018.土地制度与中国发展[M].北京:中国人民大学出版社.

刘松,吴智涛,顾俊萍,2021.乡村振兴背景下我国农村地区资源利用路径研究——以贵州省黔东南州为例[J].山西农经(14):124-125.

刘恬,胡伟艳,杜晓华,等,2021.基于村庄类型的全域土地综合整治研究[J].中国土地科学,35(5):100-108.

刘彦随,龙花楼,李裕瑞,2021.全球乡城关系新认知与人文地理学研究[J].地理学报,76(12):2869-2884.

刘燕舞,2022.生活治理:分析农村人居环境整治的一个视角[J].求索(3):116-123.

洛克,1964.政府论:下篇[M].叶启芳,瞿菊农,译.北京:商务印书馆.

毛渲,王芳,2022.城乡融合视角下的农村环境治理体系重建[J].西南民族大学学报(人文社会科学版),43(3):190-196.

孟菲,2018.兴盛农村文化、焕发乡风文明的思考——以无锡市为例[J].江南论坛(6):25-27.

潘丹,宋嘉音,周应恒,2022.中国农村集体产权制度改革的政策工具分析:基于2010—2020年的政策文本[J].农村经济(4):25-34.

彭维聪,2021.乡村振兴背景下乡风文明建设路径探析[J].文存阅刊(27):184.

祁康,2018.淮阴区农民收入与消费的变化特征及趋势分析[D].南京:南京农业大学.

乔惠波,2018.德治在乡村治理体系中的地位及其实现路径研究[J].求实(4):88-97+112.

乔鑫,李京生,2022.内生发展视角的乡村规划理论与实践[M].北京:中国建筑工业出版社.

冉慧慧,2021.新时代"美好生活需要"实现中消费结构转型升级研究[D].兰州:西北师范大学.

冉冉,2015.中国地方环境政治:政策与执行之间的距离[M].北京:中央编译出版社.

邵凤丽,2020.家风家训与乡风文明建设:山西闻喜裴柏村的个案研究[M].北京:中国社会科学出版社.

邵光学,2022.中国共产党百年农村生态文明建设回溯考察与历史经验——学习贯彻党的十九届六中全会精神[J].农村经济(5):11-19.

申端锋,2019.集中居住:普通农业型村庄的振兴路径创新[J].求索(4):157-164.

苏敬媛,2010.从治理到乡村治理:乡村治理理论的提出、内涵及模式[J].经济与社会发展,8(9):73-76.

苏星鸿,2020.新时代乡村振兴战略中的农村生态治理:理论逻辑、现实困境和实践路径[J].天水师范学院学报,40(1):34-41.

孙玉杰,龚敏飞,邱小雷,等,2015.基于GIS的泗洪县土地利用总体规划实施评估[J].资源科学,37(10):2001-2009.

汤姆·蒂坦伯格,琳恩·刘易斯,2011.环境与自然资源经济学(第八版)[M].北京:中国人民大学出版社.

唐浩,陈奕沙,李明贤,2022.充分利用农村土地资源发展集体经济:约束、模式和出路[J].农村金融研究(2):22-28.

田琨,2018.乡村振兴战略·乡风文明和治理有效篇[M].北京:中国农业出版社.

田毅鹏,胡东森,2021."农民集中居住区"政策的起源、演进及其模式化[J].中国农业大学学报(社会科学版),38(5):17-30.

万远英,2018.民俗文化:新农村乡风文明建设[M].北京:中国社会科学出版社.

王春光,2021.新社会转型视角对乡村振兴的解读[J].学海(5):26-35.

王浩.为乡村消费升级再加把力[N].人民日报,2021-08-13.

王兰,2020.新内生发展理论视角下的乡村振兴实践——以大兴安岭南麓集中连片特困区为例[J].西北农林科技大学学报(社会科学版),20(4):65-74.

王磊,2019.龙头企业如何引领农业产业现代化[J].农村工作通讯(16):55-56.

王善信,2013.城乡建设用地增减挂钩背景下农民被上楼问题分析[J].战略决策研究,4(3):90-96.

王旭东,2010.中国农村宅基地制度研究[D].北京:财政部财政科学研究所.

王泽农.以生态环境高水平保护推动农业农村高质量发展[N].农民日报,2022-06-16.

魏程琳,史源渊,2015.农民集中居住的实践类型、困境与对策——基于江苏P县的实证分析[J].华中农业大学学报(社会科学版)(1):88-95.

魏后凯,2019.深刻把握农业农村现代化的科学内涵[J].农村工作通讯(2):1.

吴理财,刘磊,2018.乡风文明是乡村振兴的应有之义[J].政策(4):50.

吴晓刚,2006."下海":中国城乡劳动力市场转型中的自雇活动与社会分层(1978—1996)[J].社会学研究(6):120-146+245.

伍嘉冀,杨君,2018.走向"终结"抑或迈向转型:传统"小农"的现代转向[J].西北农林科技大学学报(社会科学版),18(1):83-88.

西奥多·舒尔茨,2017.对人进行投资[M].吴珠华,译.北京:商务印书馆.

肖卫东,梁春梅,2016.农村土地"三权分置"的内涵、基本要义及权利关系[J].中国农村经济(11):17-29.

谢会强,王涵,谭宇航,2023.中国农业农村现代化发展水平的时空演变特征及区域差异研究[J].世界农业(3):85-96.

徐学庆,2018.乡村振兴战略背景下乡风文明建设的意义及其路径[J].中州学刊(9):71-76.

徐勇,2019.国家化、农民性与乡村整合[M].南京:江苏人民出版社.

徐勇,赵德健,2014.找回自治:对村民自治有效实现形式的探索[J].华中师范大学学报(人文社会科学版),53(4):1-8.

许爱霞,吴军,2019.定西市农村土地资源利用现状调查研究[J].农业科技与信息(16):53-54+62.

扬·杜威·范德普勒格,2013.新小农阶级:帝国和全球化时代为了自主性和可持续性的斗争[M].潘璐,叶敬忠,等,译.叶敬忠,译校.北京:社会科学文献出版社.

杨凤华,蔡佳雯,2022.公众参与农村生态环境治理存在的问题及对策研究——以江苏省为例[J].经营与管理(4):121-126.

杨锦秀,刘敏,尚凭,等,2023.如何破解乡村振兴的内外联动而内不动——基于成都市蒲江县箭塔村的实践考察[J].农业经济问题(3):51-61.

杨力,2007.新农民阶层与乡村司法理论的反证[J].中国法学(6):157-165.

杨世义,尹聪平,2021.新时代背景下乡风文明建设的现状及发展路径研究[J].农业经济问题(10):145.

姚再明,2022.中国的现代化与小农困境——小农现代命运的三种争论[J].青岛农业大学学报(社会科学版),34(2):20-25.

叶继红,2018.江苏集中居住区居民生活质量研究[M].北京:人民出版社.

于法稳,2022.新农村乡风文明的时代特征及建设路径[J].人民论坛(5):29-31.

余永和,2013.小农命运的论争与小农经济的再认识[J].农村经济(9):12-15.

余泳泽,尹立平,2022.中国式环境规制政策演进及其经济效应:综述与展望[J].改革(3):114-130.

张爱武,王芬,2012.社会主义新农村乡风文明建设的理论基础[J].辽宁省社会主义学院学报(4):70-72.

张诚,刘旭,2022.农村人居环境整治的碎片化困境与整体性治理[J].农村经济(2):72-80.

张国民,刘芳,刘旭芳,2013.论新农村乡风文明之系统特征[J].系统科学学报,21(2):90-93.

张晖,2022.扎实推进农民农村共同富裕[J].红旗文稿(16):35-37.

张会吉,薛桂霞,2022.我国农村人居环境治理的政策变迁:演变阶段与特征分析——基于政策文本视角[J].干旱区资源与环境,36(1):8-15.

张帅梁,2018.乡村振兴战略中的法治乡村建设[J].毛泽东邓小平理论研究(5):37-43+107.

张伟,刘辉,2022.农户参与视角下农村集体产权制度改革成效研究——基于湖南、江西两省315份农户调查数据分析[J].价格理论与实践(3):169-172+205.

张文明,章志敏,2018.资源·参与·认同:乡村振兴的内生发展逻辑与路径选择[J].社会科学(11):75-85.

赵海林,2009.农民集中居住的策略分析——基于王村的经验研究[J].中国农村观察(6):6.

赵卫华,2022.农民工家庭消费结构及对相对贫困治理的启示[J].甘肃社会科学(3):188-197.

郑丁豪,朱世欣,2023.中国式农业农村现代化的主要特征及实现路径[J].农村·农业·农民(A版)(1):8-11.

郑风田,傅晋华,2007.农民集中居住:现状、问题与对策[J].农业经济问题(9):4-7+110.

周春芳,苏群,常雪,2020.自雇农民工的经济同化强于受雇农民工吗?——农民工自我雇佣的决定因素与高质量经济同化[J].西部论坛,30(1):50-63.

周娟,2016.家庭农场的本土化实践与发展[M].武汉:华中科技大学出版社.

周力,2022.江苏农村发展报告(2022)[M].北京:社会科学文献出版社.

周力,沈坤荣,2022.中国农村土地制度改革的农户增收效应——来自"三权分置"的经验证据[J].经济研究,57(5):141-157.

朱启臻,2017.乡风文明是乡村振兴的灵魂所在[J].农村工作通讯(24):33-34.

朱雄君,何治民,2011.我国乡风文明建设的百年历程探寻[J].民族论坛(3):24-26.

索 引

拆迁政策　151-153,156-158,160,164,167

产权制度　14,67,68,87,94-96,302,303

产业结构　2,10,16,35,39,43,62,104,122,123,239,293,299,300,303

产业竞争力　2,294,302,303

承包地　22,23,45,50,71,74,75,82,87,88,139,141,151,176,177,264,280,298,301,303,304

城乡二元结构　2,38,104,135,168

城乡建设用地　142,144-146,157

村庄拆迁　14,15,138,139,147,158,165,168

村庄类型　305

村庄绿化　250

村庄现代化　1,3,5,6,8-11,14,265,293,299,302,304,305

德治　15,269,270,282,287-292,297

发展性需要　15,171,173,299

法治　15,141,169,214,268-270,274,275,282-288,290-292,297

公共事务管理　27,90,91

公共文化　200,218-220,229,230,271

共同富裕　4,21,32,35,64,67,171,173,174,178,188,236

股份合作　28,41,54-56,87,97,98,271

规模化　24,30,36-39,45,49,54,64,68,73,82-85,95,117,157,165,170,239,255,271,279

合作社　28,33,36,44,54-57,59,61,77,82,85,87,97,194,240,264

环境治理规划　233

婚丧嫁娶　195,219,221,222,296

婚姻　15,129,131,132,137,196,201-203,209,288,296,298

婚姻稳定性　132

机械化　4,36,40,42,44,48,49,55,170,240,293,294,303

基层治理　2,15,16,94,236,248,262,268,270,291,297,298

基础设施　4,5,12,20,24,36,39,48,56,72,90,91,95,97,135,145,154,170,190,193,195,211,233,236,241,248,252,254,262,266,267,270-272,274,277,279-281,294,295,299,302,304

集体产权　14,67,68,93-96,98,304

集体经济　19,20,31,32,72,90-93,96-98,146,274,275,281,295,299,302,304

集体资产管理　90

集中居住　12,15,21,24-26,35,36,39,44,57,61,62,64,71,102-104,116,117,119,121,126,128,129,133,138,139,143,144,149,151,152,157,164,166-170,173,177,189,206,210,217,222,225,226,238,241,245-247,249,251,253,254,257,259,265,270-273,276-280,289,293,295,296,298,300,304

家庭　1,2,10,15,21,23,28,38,44,52,56-59,63,64,67,80,86,101-106,108,110,112,116,117,119-121,126-137,151,154-157,162,163,165,166,174-179,181-183,185-192,195,196,199,201-213,216,222,237,245,246,278,284,285,288-290,296,298,301

家庭结构　100,101,103,105,116,132,201

家庭农场　11,36,39,40,54,56-58,61,63,64,77,81,85,98,194,239,264,293-295,300,301,303

家庭收入结构　165

交通设施　42,250

经济薄弱村　1,9-11,13,19,20,177,293,300,302-304

就业结构　2,14,16,99,122,293,299,300

垃圾处理　233,249

邻里关系　15,196,201,202,212-214,296

留守儿童发展　136,297

龙头企业　28,36,44,54,56,59,61,65,97,194,264

绿色化　36,47,65,255,295

美好生活　171-174,185

内生动力　8,74,76,96,230,258

内生发展　6-10,77,95,302-304

内生能力　9,302

农村空心化　2

农村三集中　148

农村土地制度　4,68,69,83,85,93,94,97,135,139,140,168

农村现代化　3-6,168,293,295,

297,299

农村宅基地　15,88,138－143,145

农村宅基地制度　139

农地所有权　86

农民集中居住　2,14,15,36,134,
　　138,139,142－150,157,165－
　　167,169,170,265,279,280,295,
　　298

农民居住现状　153

农民现代化　3,6,16,260,293,297,
　　299

农业产业链　32,33,36,43,193,
　　300,303

农业产业体系　4,14,36,43,300

农业经营体系　4,5,36,39

农业农村现代化　1－6,8－11,15,
　　30,94,95,97,117,134,169,181,
　　196,234,239,267,293,297,299,
　　302,304,305

农业生产体系　4,5,36,47,48

农业现代化　3－6,16,37,39,44,60,
　　61,65,67,77,85,94,168,264,
　　293,295,297－300

区域比较　28

人口老龄化　100,106,108,116,
　　117,133,136,297,298

人口资源　116

人力资本　100,109,111,114,116,
　　132,297

社会保障　10,12,21,25,26,33,38,
　　133,137,171,173,188,194,266,

267,280,302

社会经济影响　129,134

社会事业　24

生产环境　239,241

生产条件　28,30,48,50,67

生产效率　37,42,46－48,50,85,264

生存性需要　15,171,173,299

生活环境　15,25,165,213,231,
　　244,245,249,250,259,295

生活条件　14,28,33,145,157,168,
　　210,278

生活质量　4,5,8,12,15,22,29,35,
　　129,132,134,136,171,172,176,
　　188,192,195,204,232,242,278,
　　304

生态环境　2－4,13,15,25,42,71,
　　72,135,231－238,241,244,254－
　　260,295,296

市场意识　302,304

收入差距　174,177,178,181,298

收入群体　178,181,187

收入水平　14,23,28,29,35,57,
　　122,124,125,171,172,175－
　　180,183－187,189,192,204,
　　210,220,226,261,299－301

熟人社会　88,132,223,265,283,
　　285,288,289

水利设施　48,59,250－252,271

土地管理法　87,88,93,138,140－
　　142,146

土地经营　45,69,71,74－77,82,83,

85,86,88,166,181,264

土地利用　10,72,74,77,85,88,136,145,150,151,157

土地流转　28,39,41,45,54,56,59,71,73-76,78,80-82,87,88,91,95,177,225,264,270,271,273,278-280,301

土地增减挂钩　15,93,139,143-145,147,150,152,157,168,169,265

土地资源　8,12,14,22,36,67-75,78,80,81,88,91,93-98,119,129,132,141,150,170,265,300,303

外来主体　280

外生发展　6,7,10,303

污染源　47,241

污水处理　135,195,234,237,238,244,246,248,255,256

现代农业　3,14,20,36,37,39-43,47,50,53,54,59,60,62,64,65,77,85,96,146,293,294,300

乡村治理　3,4,131,235,262,263,265-270,280,282,283,288,290-292

乡风　197,201,207,229

乡风文明　15,196-203,207,210,213-215,219,223,225,228-230,296

消费环境　183,192,195

消费结构　6,16,29,171,175,176,183-187,194,195,293,299,301

消费倾向　175,185,186,191,194

小产权房　138,142,156,271

小农生产　14,36,37,39,59,62,239,294,303

新时代文明实践　15,20,25,196,226-230,296

新型农业经营主体　37,39-41,53,54,76,77,85,86,194,264

行政力量　165,228,290-292

移风易俗　15,196,199,201,219,221,289

宅基地权属　88

政策支持体系　134

志愿服务　26,199,227,228,230,282,296

治理体系　4,5,61,232,268,269,288

治理需求　263,270,273,278,279,291

中国式现代化　1,93,94,96,171,172,231

自然资源　21,145,234,303

自治　7,15,26,27,92,93,96,238,259-262,267,269,270,272-275,278-282,287,290-292,297,304

宗教　215-218,225,289,290,297

宗教徒　218

宗教信仰　12,15,196,215-218,220,290

后 记

江苏省社会科学院农村发展研究所长期从事"三农"问题研究，研究领域涉及政治、经济、文化、社会、生态等各个方面。自1997年农村发展研究所成立以来，全所科研人员承担了一大批国家自然科学基金课题、国家和省哲学社会科学基金课题、各级政府委托的横向课题和中外合作课题，产生了一大批较有影响的理论研究和决策咨询研究成果。在2018年江苏省社会科学院第一批重点学科评选中，"农村经济学"有幸被评为四个重点学科之一。

2006年以来，农村发展研究所对反贫困进行了大量研究。2008年农村发展研究所全体科研人员在原所长包宗顺的带领下先后3次赴李庄村进行专题调研，并于2012年出版著作《发达地区贫困村的艰难起飞——江苏泗洪李庄村》，2015年以来承担多项省政府扶贫办委托的第三方评估项目。与此同时，还承担了多项与反贫困相关的国家社科基金课题。2020年农村发展研究所承担国家社科基金重大项目"中国共产党反贫困思想百年发展史研究（1921—2021）"子课题五"决胜全面小康：中国共产党反贫困思想的逐步成熟（2012—2021）"，2021年承担国家社科基金一般项目"贫困的动态性与精准脱贫后低收入人口实现共同富裕研究"，2022年承担国家社科基金一般项目"农户分化视角下农村低收入人口迈向共同富裕的路径与政策研究"。

李庄村地处江苏省宿迁市泗洪县双沟镇,是江苏省"十一五""十二五"时期的经济薄弱村,也是江苏省社会科学院挂钩帮扶村。在各级政府和社会各界的帮扶下,李庄村于"十三五"初期摘掉了省定经济薄弱村的帽子。李庄村由脱贫致富奔小康向现代化迈进的历程和经验在全国经济薄弱村中有一定的典型意义。李庄村自成立以来没有被兼并过,有较为完整的档案资料,加上我们对李庄村的长期关注,我们决定将李庄村作为经济薄弱村迈向农业农村现代化的典型加以研究。

在长期的调查中,以李庄村孙涛书记为首的村干部和广大村民给予了我们热情的支持和帮助,不厌其烦地给我们提供全面的资料和介绍村里的情况,许多村民与我们的科研人员成了知心朋友。在此还要一并感谢多次接待我们、与我们座谈并提供资料的泗洪县委县政府相关部门、双沟镇党委及政府相关部门的领导。

中国农村正处于急剧变化之中,李庄村又是一个极其复杂的村庄,深刻读懂它不是一件轻而易举的事。本书的出版只是调查研究暂告一个段落。李庄村已经成为本研究所的一个固定观察点,我们将会持续关注李庄村现代化过程中的点点滴滴,不断深化对经济薄弱村现代化发展规律的研究。

根据各位科研人员的研究方向和研究专长确定其写作任务,具体写作分工如下:

第一章　徐志明

第二章　张良

第三章　金高峰

第四章　赵锦春

第五章　周春芳

第六章　吕美晔

第七章　曹明霞

第八章　顾纯磊

第九章　高珊

第十章　刘明轩

第十一章　徐志明